Ingeborg Tetzlaff

Malta und Gozo

Die goldenen Felseninseln –
Urzeittempel und Malteserburgen

DuMont Buchverlag Köln

Umschlagvorderseite: Blick auf Mdina
Umschlagrückseite: Landschaft auf Gozo
Umschlagklappe vorn: Blick in die Anlage der Mnajdra
Frontispiz: Im Steinzeittempel der Ħaġar Qim

© 1977 DuMont Buchverlag, Köln
7. Auflage 1988
(Nachdruck der 6., überarbeiteten und aktualisierten Auflage 1988)
Alle Rechte vorbehalten
Satz: Rasch, Bramsche
Druck und buchbinderische Verarbeitung:
C & C Offset Printing Co., (H. K.) Ltd.

Printed in Hong Kong   ISBN 3-7701-0869-8

Kunst-Reiseführer in der Reihe DuMont Dokumente

Zur schnellen Orientierung – die wichtigsten Orte der Malteser Inseln auf einen Blick:

(Auszug aus dem ausführlichen Ortsregister S. 217)

Attard	135	Mġarr (Malta)	30; 184
Baħrija	41	Mnajdra	35; 175
Birkirkara	182	Mosta	183
Blaue Grotte	172	Paola	112
Borġ-in-Nadur	178	Qrendi	173
Buskett Gardens	144	Rabat	138
Comino	192	St. Agathas-Katakomben	142
Dingli-Klippen	169	St. Anton's Garden	135
Floriana	108	St. Julian's	110
Ġgantija (Gozo)	31; 186	St. Pauls-Katakomben	140
Għain Tuffieħa	184	Selmun Palace	212
Għar Dalam	13; 177	Skorba	29; 183
Ħaġar Qim	33; 173	Sliema	110
Ħal Tarxien	36; 112	Tas-Silġ	180
Hypogäum von Ħal Saflieni	38; 132	Valletta	71; 98
Inquisitor's Palace	144	Verdala Palace	144
Kalypso-Grotte (Gozo)	190	Victoria (Gozo)	188
Kordin	29	Vittoriosa	110
Marsalforn Bay (Gozo)	190	Wied-iż-Żurrieq	172
Marsaskala	10	Xemxija	26
Marsaxlokk	180	Xlendi (Gozo)	190
Mdina	135	Żebbuġ	26
Mġarr (Gozo)	191	Żejtun	182

In der Umschlagklappe: Übersichtskarte von Malta und Gozo

In der rückwärtigen Klappe: Stadtplan von Valletta

Für Dr. Brigitte Beer,
die gleichgesinnte Freundin
früher und später Jahre

Inhalt

Steine und Schiffe 9

Die Geschichte des Archipels 13

Die beiden Hochkulturen Maltas 24
1 Jungsteinzeit 25
Inseln der Gräber und Tempel (25), Die Tempel von Kordin, Skorba und
Mġarr (28), Die Ġgantija auf Gozo (31), Ħaġar Qim (33), Mnajdra (35), Ħal
Tarxien (36), Das Hypogäum von Ħal Saflieni (38), Eine feminine Kultur (39),
Chronologie der prähistorischen Epochen (40)
2 Unter dem Johanniterkreuz 42
Im Heiligen Land (42), Auf Zypern (43), Auf Rhodos (44), Im Exil (46),
Großmeister auf Malta (47), Die Johanniter auf Malta (47), Die ersten drei
Jahrzehnte (47), Die Flotte (65), Die große Belagerung 1565 (67), Die neue Stadt
Valletta (71), Baumeister des Ordens (73), »Allen Christen, die in Not sind,
helfen« (74), Vom Ausgang des 16. bis zum Ende des 18. Jahrhunderts (75),
Kapitulation vor Napoleon (77)

Unterwegs auf den Malteser Inseln 97
1 Valletta und seine Nachbarstädte 98
Erster Rundgang in Valletta 98
Zweiter Rundgang in Valletta 106
Hafenrundfahrt 107
Die Städte um Valletta: Floriana – Sliema – Birġu (Vittoriosa) – Paola 108
Ħal Tarxien 112
Das Hypogäum von Ħal Saflieni 132
2 Ausflüge 134
A   Nach Mdina und Rabat über Attard 134
B   Nach Verdala Palace, zum Inquisitorenpalast, den Buskett-Gärten und
den Dingli-Klippen mit den sogenannten Karrenspuren 144
C   Nach Wied-iż-Żurrieq mit der Blauen Grotte und den Tempeln Ħaġar Qim
und Mnajdra 172

	D	Għar Dalam – Borġ-in-Nadur – Marsaxlokk Bay – Tas Silġ – Żejtun	177
	E	Birkirkara – Mosta – Skorba und Mġarr – Römische Bäder bei Għain Tuffieħa	182
3	Gozo		185
	Die Ġgantija		186
	Rundgang durch Victoria		188
	Ausflüge: Kalypso-Grotte – Marsalforn Bay – Xlendi – Bay of Qawra – Ta'Ċenċ – Kirchen auf Gozo – Mġarr		190
4	Comino		192

Praktische Reisehinweise 193

Wissenswertes vor Reiseantritt 194
Anreise 197
Kurzinformationen von A–Z 198
Anhang: Maltas Badebuchten und ihre Umgebung 211

Literaturhinweise 213
Nachweis der Abbildungen 214
Register 217

Landschaft im Innern Maltas

Steine und Schiffe

»Je ferai halte,
car l'age m'alourdit un peu,
aux blanches terrasses de Malte,
entre l'eau bleue et le ciel bleu.«

(*»Und ich werde mich niederlassen,*
denn das Alter macht mich ein wenig schwer,
auf Maltas weißen Terrassen,
zwischen blauem Himmel und blauem Meer.«)

(Théophile Gautier, deutsch von Eckart Peterich)

Die kleine Inselgruppe, die heute die Republik mit dem Namen Malta umfaßt, galt nicht zufällig schon dem alten Homer als »der Nabel des Meeres«. Zwischen Abend- und Morgenland, zwischen Afrika und Europa im Zentrum des Mittelmeers gelegen, in der Frühzeit der Menschheit von der vollkommenen Einsamkeit des Meeres umgeben, war ihr schon durch ihre geographische Lage ein einzigartiges Schicksal bestimmt. Der Reisende, der sich nicht nur an ihren sonnigen Stränden erholen will, wird ein wenig davon, wenn auch etwas durchaus Gegensätzliches, spüren, sobald er auf Malta landet.

Erst in unserem Jahrhundert kann er das auf zweierlei Art tun. Wer im Flugzeug über Sizilien hinweg übers Meer kommt, sieht zuerst *Gozo* wie eine goldene Götterburg aus der blauen See steigen, unzugänglich, unnahbar, ein Felsplateau mit ringsum senkrecht steil abfallenden Küsten, grün nur, wenn der erste Herbst- oder Frühlingsregen seine Fruchtbarkeit weckte (Farbt. 24).

Gozo ist klein, nur 67 qkm groß, die nahe »Kümmel-Insel« *Comino* noch kleiner. Sie besteht einzig aus 2,5 qkm Fels und Schafweide.

Malta übertrifft Gozo noch an Kargheit. Überdies sind seine 246 qkm fünfmal so dicht bevölkert wie Deutschland, ein Geschick, das viele Probleme birgt.

Die Fahrt vom ungefähr in der Mitte der Insel gelegenen Flugplatz wird den Reisenden schon ein wenig mit dem Charakter dieser größten der Inseln vertraut machen, mit ihren unscheinbaren Dörfern, die von prächtigen Barockkirchen überragt sind, mit den Feigenkaktushecken um die Äcker, den arabisch anmutenden, mauerumgürteten Gehöften mit dem weißen Wohnturm, auf dessen Flachdach die Wäsche flattert. Und mit seiner Dürre und Armut. Nur eiserner Fleiß erzielt in diesem quellenlosen Land, das sein Wasser mit Windmotoren aus der Tiefe des Gesteins pumpen muß, gute Erträge an Gerste, Weizen,

STEINE UND SCHIFFE

Klee, Gemüse und den großen Melonen und Kürbissen, die man monatelang dekorativ auf hohen Mauern aufgereiht sieht. Obst kommt von Gozo, wo Apfel und Birne, Pfirsich und Pflaume gedeihen, auch Orangen und hier und da kleine, doch ausgezeichnete Bananen.

Im sehr frühen Frühling allerdings überzieht diesen gelbleuchtenden Boden ein Blumenteppich aus Blüten von Hahnenfuß, Ringelblumen, Kamille, Aronstab, Anemonen und kleinen Orchideen, und am Weg wuchern bald Fenchel und Kaperngesträuch. Nach dem ersten Herbstregen kommen kleine Narzissen und Herbstzeitlosen hervor. Und doch starren Disteln unbarmherzig hoch und bizarr das ganze Jahr über an allen Wegen, Symbol der steinigen Unfruchtbarkeit des kleinen Archipels.

Ohne Wälder ist Malta, Garten- und Parkanlagen freilich gibt es. Doch verraten Ortsnamen, daß es ehemals bewaldet war. »Wied il-lug«, das heißt, daß hier einmal Pappeln wuchsen; das Städtchen »Żebbuġ« muß einmal von Olivenbäumen umgeben gewesen sein; im Namen »Balluta« ist die Vokabel für Eiche verborgen. Punier und Römer, überhaupt alle seefahrenden alten Völker, die hier landeten, dürften die Baumlosigkeit durch ihren Schiffsbau gefördert und damit die heutige Dürre verschuldet haben. Wo Bäume fehlen, gibt es kein Wild, wo Weiden fehlen, keine bäuerliche Viehwirtschaft. Kaninchen und Hühner liefern Fleisch, einige Kühe im Stall und Ziegen die dringend gebrauchte Milch; Gruppen – nicht Herden! – von Schafen finden dürftige Nahrung. Ihre Wolle wird unermüdlich von Frauen und Mädchen verarbeitet, ohne daß die aufgewandte Mühe den Fleiß lohnt. Zu groß ist das Angebot, zu niedrig sind die Preise.

Der goldgelbe, so leicht zu bearbeitende und sich an der Luft verhärtende Globigerinenkalk bestimmt die Farbe des Landes und das Bild seiner Städte und Dörfer wie auch das Leben der Menschen auf den Inseln.

Dies ist das eine Gesicht Maltas. Das andere sieht der Reisende, wie es immer schon der Fremde sah und wie es sich auch heute noch für jeden der vielen Mittelmeerreisenden darbietet. *Valletta*, die Hauptstadt, hat einen der besten Naturhäfen der Welt mit fingerartig tief ins Land greifenden Buchten (s. den Plan S. 109), einen erstaunlichen, ringsum wehrhaft befestigten Hafen (Farbt. 1), der von der Zeit an, in der den Anrainern des Mittelmeers die Seefahrt möglich wurde, die Geschichte der Inseln bestimmte und sie noch heute bestimmt, wenn nun auch nicht mehr so entscheidend wie noch während des letzten Krieges. Malta – das bedeutete schon in der frühesten Antike Zentrum des Mittelmeers, bedeutete Warenumschlagplatz und politische Macht, Gefährdung wie Zuflucht, war Verteidigungsbastion des Westens gegen den Osten, des Nordens gegen den afrikanischen Süden. Und eine immense Werkstatt zur Reparatur beschädigter Schiffe. Die Docks des Grand Harbour und seine Warenlager gaben und geben Tausenden Arbeit und Brot, jahrhundertelang auch Sklaven in Ketten und noch immer Seefahrern aller Nationen. Ohne diese einzigartigen Häfen Vallettas könnte die ständig wachsende Bevölkerung Maltas kaum leben.

Dann sind da noch die kleineren Buchten, in denen jetzt nur die buntfarbigen Fischerboote ankern: im Südosten *Marsaxlokk* (Farbt. 14), nördlich davon *Marsaskala*, Häfen, in denen einst Seeräuber und Türken landeten und die friedliche Bevölkerung brandschatzten und verschleppten und von denen jetzt nur noch Fischer zu bescheidenen Fängen in ihren Booten ausfahren. Häfen, Seefahrt, Dockarbeit und Fischfang – auch das ist Malta.

England hat Malta mehr als hundertsechzig Jahre lang besessen. Seltsamerweise hat sich in diesen letzten beiden Jahrhunderten wiederholt, was schon einmal etwa zwei und ein halbes Jahrtausend lang das Geschick der Inselgruppe war: die fremden Herren hinterließen so gut wie keine sichtbaren Spuren ihres Daseins auf den Felseninseln.

Verzierung am Bug eines Schiffes. Der Delphin ist ein sowohl heidnisches wie christliches Symbol und gilt als Retter aus Seenot; hier verlangt er nach der Traube, dem Symbol Christi

Wer im letzten Jahrzehnt mehrfach Malta besuchte, konnte beobachten, wie sich die Charakteristika britischen Lebens immer mehr verloren, obwohl der englische Besucherstrom keineswegs abgerissen ist. Statt dessen nimmt zu, was wir als mittelmeerische Daseinsform empfinden: die Unmittelbarkeit und Buntheit des Lebensstils, die Freude an unzähligen pompös begangenen kirchlichen Festen. Kirchen entstehen nach wie vor, so zahllose es schon gibt. Wo man auch ist, wird man ihre Türme und Kuppeln rings um sich in Nähe und Ferne entdecken, und noch immer besteht dieser Hang zum Übergroßen, Üppigen, wenn es um Gotteshäuser geht. 330 000 Malteser sind zu ernähren – eine schwierige Aufgabe für ein Land, das vorwiegend felsig ist und nur in bescheidenem Maße in fruchtbaren Talsenken Frühkartoffeln, Zwiebeln, Tomaten, Südfrüchte, Getreide und Tabak erzeugt. Mit der Bevölkerungszahl stieg allerdings auch der Fremdenverkehr an, so daß das fleißige Volk in den letzten Jahren ein soziales Netz aufbauen konnte. Heutzutage sind alle Bewohner sozialversichert und erhalten kostenlos Arzt- und Krankenhausbehandlung sowie Medikamente. Dies ist um so wichtiger, als fast alles, was industriell erzeugt wird, von draußen kommt und dadurch recht teuer ist.

Auch der Schulbesuch ist gratis. Nach einer so radikalen Umstellung, wie sie der Abzug der Engländer und das Nachlassen der Bedeutung des Hafens mit sich brachten, ist dieser Aufschwung erstaunlich schnell gelungen. Bettler sah man auch früher nie auf Malta; heute wirkt niemand so, als litte er Not.

Maltas Zukunft dürfte im Ausbau seines Fremdenverkehrs liegen. Es besitzt goldene Sandstrände und tiefblaue kleine Felsbuchten, in denen die bunt gestrichenen schöngeschwungenen Fischerboote einen besonderen Reiz bilden. Hier übt das Mittelmeer seinen uralten Zauber aus. Die Meerfrau am Steven des Bootes, die ihre weißen Arme nach einer Traube im gemalten Laubwerk ausstreckt, ist sie noch eine Najade, die nach der Frucht des Dionysos

Pfeil und Schlange als Ornament an einem Kahn in Marsaxlokk

Ein plastisch farbiges Auge fehlt kaum einem der aus der phönizischen Galeere entwickelten Dghajsa

verlangt, oder schon eine heidnische Nixe, die nach dem Weinstock Christi und einer unsterblichen Seele Sehnsucht verspürt? Die Arabesken am Heck – hinterließen arabische Seeräuber, die hier überwinterten, ihr Ornament? Das Zeichen des Kreuzes, schützend immer wieder im Rankenwerk rings um den Bootsrumpf ausgespart – ein Erbe aus der Zeit der Ordensgaleeren? Malta hat sich anverwandelt, was ihm entsprach. Seine Fischerboote tragen alle am Vordersteven ein Augenpaar, das alte magische, Böses abwehrende, forschend in die Meeresweite hinausschauende Augenpaar der Vorzeit (Abb. 19). Wenn die Schiffseigner im Winter die barocke, holzgeschnitzte Form von Braue und Lid frisch bemalen, denken sie wohl kaum an die magische Augenspirale, die den Zugang zum Allerheiligsten in *Hal Tarxien* sperrt (Abb. 25). Aber daß sie ihren Booten mit diesem nach Gefahr ausspähenden Augenpaar einen schützenden Zauber verleihen, hat ihnen uralter Glaube überliefert.

Zwar werden und sind heute tiefe Einschnitte des Meeres ins Land mit sandigen Stränden wie *Mellieħa Bay* und *St. Paul's Bay* dem Fremdenverkehr erschlossen, und in *Salina Bay* wird wie in Urzeiten Meersalz gewonnen, aber es bleibt dabei: eine Küste von 136 km Länge auf einer Insel von nur 246 qkm Gesamtfläche – das ist ein Schicksal.

Mit diesem Schicksal, und das heißt mit der Geschichte des Landes, sich wenigstens im Umriß zu befassen, ist unerläßlich, will man in Malta mehr als nur eine sonnige Urlaubslandschaft sehen.

Drachenornament am Heck eines Fischerbootes, das außerdem einen Fries mit Sternen als Heilszeichen trägt

Die Geschichte des Archipels

*»Verunreinige nicht die Quelle,
aus der zu trinken du einmal
froh sein könntest.«*

Malteser Volksweisheit, in jahrtausende-
langem Umgang mit fremden Herren
erworben

Malta hat schon vor Hunderttausenden von Jahren zu Europa gehört.

Eine Landbrücke verband einst den kleinen Archipel mit Sizilien, und über diese Landbrücke müssen vor undenklichen Zeiten Menschen einer kleinen langschädeligen Rasse,
wahrscheinlich aus Anatolien stammend, und die Tiere eingewandert sein, deren Knochen
der deutsche Professor Issels 1865 in *Għar Dalam,* der »Höhle der Finsternis«, entdeckte
(Abb. 85; s. S. 177). Er hat damit der Wissenschaft ein Rätsel aufgegeben, das bis heute noch
nicht restlos gelöst worden ist. Denn man fand in ihr, teils versteinert und von Gestein
umschlossen, teils lose umherliegend, eine unglaubliche Menge von Knochen der verschiedensten Tierarten bunt durcheinandergemischt. Wie aber Braunbären, urzeitliche Flußpferde, Rothirsche und längst ausgestorbene Zwergelefanten, Füchse und Riesenhaselmäuse
in solcher Fülle hier zusammengedrängt und wie ihre Gerippe vollständig durcheinanderge-
würfelt werden konnten, wußte niemand bisher überzeugend zu erklären. Es wurde vermutet, eine große Flut habe all diese Tiere in die Höhle gespült; eine andere Theorie sprach von
einer Hitzeperiode, in der sie dort Schutz und Schatten gesucht hätten, doch das verängstigte
Nebeneinander von Raubtier und Pflanzenfresser, Land- und Wassergetier blieb ebenso
unvorstellbar.

Indessen ist es der Forschung in den letzten Jahren doch gelungen, einiges Licht in das
Dunkel des urzeitlichen Geschehens in der Höhle Għar Dalam zu bringen. Man kann jetzt
die Tierknochenfunde der untersten Schicht in die große Zwischeneiszeit mit einem Alter
von ungefähr 250 000 Jahren datieren. Flußpferde sind hier am häufigsten vertreten, aber es
gibt auch drei Zwergformen des Elefanten (Elephas mnaidrensis, Elephas melitensis und
Elephas falconeri), deren kleinste nicht größer als ein Bernhardinerhund geworden ist. Man
darf annehmen, daß Nahrungsmangel in steigendem Maße zu diesen Zwergformen geführt
hat, wie das auf Inseln bei Mensch und Tier nicht selten vorkommt. Seltsamerweise wurden
in dieser ältesten Schicht auch die Knochen eines gigantischen Schwans gefunden, der also
günstigere Lebensbedingungen gehabt haben wird als die winzigen Elefanten. All diese Tiere
müssen über eine damals noch bestehende Landbrücke zwischen Malta und Sizilien

DIE GESCHICHTE DES ARCHIPELS

eingewandert sein, wahrscheinlich durch veränderte Klima- und damit Lebensumstände immer weiter südwärts getrieben. Zum afrikanischen Kontinent bestand jedenfalls keine Verbindung.

In einer höher gelegenen, also jüngeren Schicht fanden sich vor allem Rotwildknochen, die wahrscheinlich in die feuchtkalten Endperioden der letzten Eiszeit zu datieren und etwa 10 000 Jahre alt sind. In dieser wie in der sehr viel älteren Schicht fehlt jede Spur, die auf Anwesenheit von Menschen schließen ließe.

Später allerdings ist die Höhle, wenn auch wohl nicht regelmäßig, so doch immer wieder bewohnt gewesen, obwohl nur wenige Beweise dafür erbracht werden konnten. Aber seit dem frühen Neolithikum haben Menschen in Għar Dalam gelebt. Ihre Anwesenheit ist nicht nur durch Knochenreste und Brandspuren, sondern auch durch die ältesten Tonscherben der Inseln bezeugt, doch konnte sie nichts mit der urzeitlichen Tierkatastrophe zu tun haben, die, nach den verschiedenen Bodenschichten zu urteilen, lange vor ihrer Zeit stattgefunden haben muß. Diese Menschen, die ihre Toten in tiefen nierenförmigen Schachtgräbern bestatteten, gelten heute als die ältesten nachweisbaren Bewohner Maltas. Bruchstücke ihrer Tongefäße, die man in der Höhle fand, weisen durch ihre Druck- und Kerbornamente auf eine Herkunft von Sizilien und den Äolischen Inseln, wo solche rote Keramik üblich war. Doch fand man auch einen Tierhenkel östlicher Art (Abb. 81), und manche Muster lassen an Syrien und Palästina denken. Kontakte mit andern Mittelmeervölkern haben also schon in der Jungsteinzeit bestanden. Die Abgeschiedenheit in der Einsamkeit des Meeres half jedoch bald einen eigenen Stil ausbilden. Diese Scherben werden heute in das 5. Jahrtausend v. Chr. datiert.

Der eigene Stil ist wesentlich von dem beeinflußt, was die Inselbewohner an Material dafür in ihrer Heimat vorfanden. Damit kommen wir zum geologischen Aufbau des Archipels. Hans Rychener schreibt darüber: »Die geologische Struktur Maltas ist sehr einfach. Der Idealschnitt zeigt die fünf horizontalen Gesteinsschichten: zuunterst lagert harter Korallenkalk, darüber liegt eine mächtige Bank von Globigerinenkalk, auf diesen folgen eine Schicht blauen Tons und Mergels, ein dünnes Band aus Grünsandstein und zuoberst der sogenannte Korallenkalk, der sich nur schwer vom unteren unterscheiden läßt.« Der Globigerinenkalk, der sämtlichen Bauten, den Tempeln der Urzeit wie den Kirchen und Festungsbauten der Malteserritter, ihren warmen Goldton verleiht, besitzt einige vorzügliche Eigenschaften. Er läßt sich erstaunlich leicht schneiden und bearbeiten – sogar mit der Axt! – und man kann ihn mit geringer Mühe aushöhlen und formen (Abb. 115). Ist er jedoch längere Zeit der Luft ausgesetzt, so verhärtet er sich immer mehr, bis er schließlich zu jenem die Jahrtausende überdauernden Stein wird, aus dem die neolithischen Tempel zusammengefügt sind.

Mit den Menschen, die im Neolithikum, etwa im 4. Jahrtausend v. Chr., das Felsendunkel der Höhle Għar Dalam bewohnten, beginnt die Geschichte Maltas.

Ein Jahrtausend später hatte das namenlose kleine Volk unbekannter Herkunft sich monumentale Tempel errichtet und ohne Töpferscheibe und mit unzulänglichstem Werkzeug eine Keramik geschaffen, deren Formvollendung und erlesene Dekoration jede

Höhlenwohnung auf Malta

gleichzeitig in Westeuropa entstandene übertrifft. Es hatte seine gewaltige Leistung im Dienst des Göttlichen und der Toten vollbracht, ohne dem eigenen irdischen Dasein Bedeutung beizumessen; denn bis heute fand sich auf den Felseninseln, für die Stein der naturgegebene Baustoff ist, keine Spur seines profanen Lebens, kein Rest einer Stadtmauer, eines Königspalastes, einer Siedlung, ja nicht einmal der Grundriß eines Wohnhauses. Gewiß, Malta und Gozo waren zu jener Zeit noch bewaldet, erst die Phönizier und Punier haben die Inseln durch ihren Holzverbrauch für den Schiffsbau in kahle Steinwüsten verwandelt. Es ist also denkbar, daß die Menschen der Jüngeren Steinzeit, aus der die Tempel stammen, selbst in bescheidenen Hütten aus Holz, in Zelten aus Häuten und Stoffen und natürlich auch – wie noch heute hier und da – in Höhlen lebten. Festzuhalten bleibt: Malta besaß keine Herrscherburg wie das alte Mykene, keine Wehrtürme wie Sardinien, keine Paläste wie Kreta, von dem, was in Ägypten etwa 500 Jahre später entstand, ganz abgesehen. Es besaß Tempel, Kultgegenstände und Götterbilder.

Wann diese hohe Kultur – denn von einer hohen Kultur muß man sprechen, wo Menschenhand im Dienst der Gottheit so Großartiges erschuf – entstand, ist ebensowenig gesichert wie die Frage, warum sie so unvermittelt in ihrer höchsten Blütezeit unterging. Sie umfaßt einen Zeitraum von ca. 1000 Jahren, dies allein weiß man. Die erste Siedler dürften Malta von Sizilien aus zwischen 3800 und 3600 v. Chr. erreicht haben (Għar Dalam).

Die Bauweise jenes rätselvollen Volkes der Vorzeit beruhte auf dem wohlüberlegten Zusammensetzen und Ineinanderpassen riesiger Blöcke und Platten ohne jedes Bindemittel zu kleeblattförmigen Apsiden. Das hatte vermutlich auch eine kultische Bedeutung. Denn Menschen, die schon verstanden, Gefäße zu formen und jenen eigenartigen Bodenbelag zu entwickeln, den man »Torba« nennt (ein zementartiges Fußbodenmaterial aus dem lokalen

15

DIE GESCHICHTE DES ARCHIPELS

Globigerinenkalk, das zerquetscht, gewässert und gestampft wurde), wären wohl auch imstande gewesen, etwas dem späteren Mörtel Ähnliches zu erfinden. Doch wäre ihnen vielleicht ein aus kleineren Steinen aufgemauertes Bauwerk als der Erhabenheit ihrer Gottheit unwürdige Wohnstatt erschienen.

Korallenkalk ist ebenfalls immer wieder beim Tempelbau verwendet worden. Da er rötlich ist und damit der Farbe des Blutes nahekommt, wurde er gern an bevorzugter Stelle eingesetzt, z. B. für Altäre und die Nischen der Idole. Wie überall in prähistorischer Zeit wurde auch Ocker benutzt; auf Malta beweisen es Farbreste an Innenwänden. Ocker ist schon sehr früh, schon in der Altsteinzeit, als Farbe des Lebens und des Blutes verstanden worden. Indem man die Toten damit bestreute, wollte man ihnen wohl die Auferstehung sichern.

Wie Feuerstein und Obsidian ist auch Ocker eingeführt worden, sobald es eine Schiffahrt zu dem etwa 100 km entfernten Sizilien mit primitiven Fahrzeugen wie Einbäumen und Flößen gab. Alle drei Materialien dienten neben praktischen Zwecken vor allem dem Kult: Ocker zum Färben von Tempelwänden an besonders heiligen Orten, Feuerstein zum Bearbeiten des Steins (wozu aber auch Tierknochen und -hörner benutzt wurden), Obsidian als Messer zum Schlachten der Opfertiere. Im jüngsten der Tempel, in Ħal Tarxien (Farbt. 16; s. S. 36 ff.), wurde hinter der Relieffront eines Altars in einer sichelförmigen Öffnung, die durch eine gutpassende Steinplatte verschlossen war, die scharfe Flintklinge des Opfermessers gefunden, das zur Tötung der hier dargebrachten Tiere diente. Flint (Feuerstein) wurde aus Sizilien, Obsidian aus Lipari eingeführt, beides gewiß in sehr beschränkten Mengen, solange es nur wenige wagemutige Seefahrer gab, die sich das Übersetzen von Insel zu Insel in kleinen Booten zutrauten. Der Preis für so kostbare Güter muß für das an Bodenschätzen sehr arme Malta enorm hoch und das so Erworbene damit wohl vornehmlich für die Tempel bestimmt gewesen sein.

Die Zahl dieser Sakralbauten muß einmal ganz ungewöhnlich hoch gewesen sein; es ist kaum zu bezweifeln, daß unter dem riesigen Areal Vallettas und seiner Nachbarstädte noch viele Trümmer liegen, die auch künftig unentdeckt bleiben werden. Das kleine Volk auf den Inseln während der Jungsteinzeit muß von tiefer Frömmigkeit gewesen sein: vielleicht ist auf Malta gar ein besonderer Wallfahrtsort der Urzeit zu vermuten. John D. Evans schreibt in seinem Maltabuch: »Wir kennen etwa dreißig Stätten mit Bauwerken dieser Art, aber nur knapp ein Dutzend besitzt heute noch nennenswerte Gebäudereste. Diese sind dazu noch sehr unterschiedlich in Größe und Anlage. Es gibt Stätten, die wenige Quadratmeter messen und solche, wie Ħal Tarxien, wo die Gebäude eine Fläche von mehr als 5400 Quadratmeter umfassen.«

Die Epoche des jungsteinzeitlichen Tempelbaus scheint ein jähes Ende gefunden zu haben. Wir werden wohl nie erfahren, welcher Schicksalsschlag diese hohe Kultur im Augenblick ihrer höchsten Blüte zum Untergang verurteilte. Lange Zeit glaubte man, daß Eroberer mit metallenen Waffen das friedliche Inselvolk gnadenlos vernichtet und vielleicht teilweise in die Sklaverei entführt hätten. Heute neigt man eher zu der Vermutung, daß die Pest oder eine andere Epidemie die Insel entvölkerte und seine Sanktuarien veröden ließ. Der Untergang muß überraschend, erbarmungslos und alles Leben vernichtend gekommen sein. Die Einwanderer, die später – noch wissen wir nicht, um wieviel später – die Insel zu ihrem Lebensraum machten, gehörten einem ganz anderen Kulturkreis an, der die Gottheit unter fremden Formen verehrte, seine Toten verbrannte und in Urnen bestattete und der vor allem etwas kannte, was den Vorgängern fehlte: Metall.

Auch ihre Existenz ist noch eine prähistorische, und wir kennen nicht einmal ihren Namen. Doch vermögen wir sie durch ihre Bezüge zu anderen Völkern nun schon mit größerer Sicherheit zeitlich einzugliedern und können sagen, daß sie etwa in der Mitte des 2. Jahrtausends v. Chr. ankamen und daß die nach ihrer bedeutendsten Niederlassung benannte *Borġ-in-Nadur-Phase* (s. S. 179) ungefähr von 1400 bis 800 v. Chr. andauerte. Das Metall hat die Lebensform dieser Menschen weitgehend bestimmt. Sie besaßen Dolche und Äxte aus Bronze, das heißt, Waffen. Aber Waffen besaßen auch ihre Feinde. Und so waren sie, anders als ihre Vorgänger, gezwungen, ihre Siedlungen als fest ummauerte Plätze auf Höhen nicht allzu nah am Meer anzulegen, um sich vor Überfällen zu schützen. Sie umrundeten ihre verhältnismäßig kleinen Fliehburgen mit ungefügen Steinmauern und bestatteten ihre Toten in Brandfriedhöfen und unter Dolmen. Gefährdung und Verteidigungsbereitschaft kennzeichneten diese Zeitspanne. Ihre Keramik zeigt, daß sie Kontakte zur mykenischen Kultur und zu den Völkern des späten griechischen Bronzezeitalters unterhielten und deren maskulinen, streng linearen Formenschatz übernahmen. In diese und die folgende Epoche werden heute die Brandfriedhöfe, Dolmen, kleinen Rundbauten und die rätselhaften Schleifspuren eingegliedert.

Um 900 v. Chr. scheint dann eine weitere Einwanderungswelle Malta von Süditalien her erreicht zu haben. Wahrscheinlich waren es Flüchtlinge aus Kalabrien, die sich auf der nun spärlicher bewohnten Insel niederließen. Sie bevorzugten, wie es dem griechisch beeinflußten Land, aus dem sie kamen, entsprach, sorgfältig eingeschnittene Mäander- und Zickzackmuster (Abb. 84). Diese, nach dem einzigen größeren Fundort *Baḥrija* benannte Periode überschneidet sich mit der Borġ-in-Natur-Kultur zeitlich und wird zwischen 1000 und 800 v. Chr. datiert. Ihr Bezug zum Süditalien der Eisenzeit ist unverkennbar.

Phönizier und Punier (s. a. Abb. 109–113) haben die maltesischen Inseln rund 600 Jahre lang besessen. Ein altes Wort sagt (und hat bis in unsere Tage Gültigkeit behalten), daß Malta stets der stärksten Macht im Mittelmeer gehören wird. So war es nur selbstverständlich, daß die Phönizier, als sie von ihren Stadtstaaten an der kleinasiatischen Küste aus begannen, auf Handelsfahrten ins westliche Mittelmeer vorzustoßen, sich des einzigartig günstigen Naturhafens bemächtigten und schließlich die ganze Inselgruppe in Besitz nahmen. Dies geschah, noch ehe die großen griechischen Kolonisierungen begonnen hatten. Jahrhundertelang beherrschten die kleinasiatischen Phönizier und nach ihnen die Punier aus ihrer afrikanischen Tochterstadt Karthago das Mittelmeer und damit auch Malta. Von ungefähr 1000 bis 218 v. Chr. währte ihre Herrschaft.

DIE GESCHICHTE DES ARCHIPELS

GRIECHEN sind nie Herren von Malta geworden. Sie gründeten erst im 8. und 7. Jahrhundert auf dem benachbarten Sizilien ihre Kolonien und machten dann den Phöniziern, die den kleinen Archipel schon ein Jahrhundert früher wegen seiner ausgezeichneten Häfen besetzt hatten, immer wieder zu schaffen. Dennoch ist es ein griechischer Seefahrer, von dessen Aufenthalt auf der Inselgruppe schon in sagenhafter Vorzeit im östlichen Mittelmeer berichtet wurde: Odysseus. In der Antike hielt man *Gaulos,* das heutige *Gozo,* für Homers Insel »Ogygia«, die Insel »am Nabel des Meeres«, in der die schöne Nymphe Kalypso den schiffbrüchigen Helden sieben Jahre lang in liebevoller Gefangenschaft hielt (s. S. 190).

Greift Homers Schilderung der Insel Ogygia-Gaulos-Gozo in vorgeschichtliche Zeit und in den Bereich der Sage zurück, so ist griechischer Einfluß doch auch in historischer Zeit verbürgt. Die Nähe der hellenischen Kolonien auf Sizilien und die lebhafte griechische Seefahrt sind nicht ohne Einwirkung auf die maltesische Kultur geblieben. Es gab eine Zeit, in der *Melite,* wie die Insel im Altertum hieß, gleichzeitig griechische und punische Münzen schlagen ließ. Zumindest der Handelsverkehr mit Großgriechenland muß also lebhaft gewesen sein, und sicherlich haben griechische Seefahrer schon früh auf ihren Fahrten nach Westen in maltesischen Buchten geankert. Selbst in den langen Jahrhunderten, in denen Melite und Gaulos dem römischen Weltreich angehörten und von Sizilien aus durch römische Statthalter verwaltet wurden, scheint ihre Kultur eher griechische als römische Züge getragen zu haben, wenn man davon absieht, daß natürlich die phönizisch-punische Kultur immer noch überwog.

ROM hat im Jahre 218 v. Chr. Malta im Zweiten Punischen Krieg gewonnen, und Karthago verlor damit diesen unschätzbaren Stützpunkt im Mittelmeer an die neue Weltmacht. Das bedeutete jedoch nicht ohne weiteres und sogleich auch einen Kulturumbruch. Vielmehr scheinen die Römer hier wie auch in anderen eroberten Ländern die einheimischen religiösen und zivilen Bräuche weitgehend unangetastet gelassen zu haben, so daß die phönizisch-punischen Glaubensinhalte mit ihrem Astarte-, Baal- und Melkart-Kult noch lange erhalten blieben. Erst allmählich vollzog sich der Gestaltwandel der Götter, der aus einem Astarte-Tempel einen der Juno geweihten, aus einem für Melkart einen für Herkules machte – ein Vorgang, der bis in die christliche Zeit anhielt. Rom hat Malta etwa 700 Jahre Frieden beschert; denn zu Rom gehören, bedeutete in den Jahrhunderten um die Zeitenwende Frieden, weil die Weltmacht fast alle Gebiete rund um das Mittelmeer besaß. Wohl erwähnt Cicero, daß arabische Seeräuber in den abseits gelegenen Buchten Maltas zu überwintern pflegten – und auch heute noch werden solche »Seeräuberhöhlen« gezeigt –, aber wie sie den berühmten Juno-Tempel nicht plünderten, dürften sie sich auch der Bevölkerung gegenüber zurückhaltend gezeigt haben, um nicht von dem straff organisierten Militär der Inselherren aufgestöbert zu werden. Diese betrachteten die Malteser als Barbaren, da sie nicht lateinisch oder griechisch sprachen. So überlebte das Punische noch Jahrhunderte als Landessprache, wie sich auch sonst die beiden einander so fremden Kulturen erst ganz allmählich ablösten.

Sonderbar gering sind die Spuren der einstigen Weltmacht auf den maltesischen Inseln. Etwa sechzig römische Schiffswracks sollen den Archipel umgeben, aber kein Rest eines

18

Amphitheaters, keine Tempelsäule, kein Aquädukt hat aus ihrer Zeit überdauert. Einzig die *Römische Villa in Rabat* (Abb. 58–61; s. S. 138) zeigt sehenswerte Relikte der lateinisch-heidnischen Antike. Ähnlich zeugen die nahegelegenen *Katakomben* von der christlichen Antike. In den Herbststürmen des Jahres 60 nach Christi Geburt strandete ein damals noch namenloser Schiffbrüchiger an der Nordküste von Malta, dessen Glaube dazu beitragen sollte, die Welt zu verändern: der Apostel Paulus. Der Verkünder einer neuen Religion, ein hochgebildeter Mann und römischer Bürger und als solcher berechtigt, seinen Prozeß in der Hauptstadt des Weltreichs zu führen, erreichte schwimmend oder an eine Planke geklammert die Küste, während das Schiff, das ihn als Untersuchungsgefangenen nach Rom bringen sollte, unterging. Die Apostelgeschichte berichtet, daß Paulus bei seiner Abreise einige Monate darauf schon die ersten Christen auf Malta zurückließ (s. S. 139f.).

Das heutige *Mdina* (s. S. 135) war damals die Hauptstadt. Die Ausdehnung der Katakomben in ihrer Umgebung zeigt, daß die römische Inselhauptstadt *Melite* nur eine schon sehr viel ältere, nämlich die punische, vielleicht sogar schon bronzezeitliche Tradition fortsetzte und erheblich größer und von mehr Menschen bewohnt war als das kleine heutige Mdina. Dabei scheint der griechische Einfluß vom nahen Sizilien, mit dem Malta ja auch eine Verwaltungseinheit bildete, noch jahrhundertelang kaum weniger stark gewesen zu sein als der rein römische. Aber nach 270 Jahren der Zugehörigkeit zum Weltreich war die Landessprache noch immer Punisch, wie aus vorhandenen Inschriften der Zeit hervorgeht.

VANDALEN haben vielleicht vorübergehend auch Malta besetzt, als Geiserich 429 mit seinem Volk, dem Druck der Westgoten in Spanien nachgebend, nach Afrika auswich. Da ihnen ihre Flotte als Machtbasis diente, werden sie die Häfen der Insel als Stützpunkt gebraucht haben. Zum Zusammenbruch des Wohlstands, den der kleine Archipel genoß, solange das römische Imperium intakt war, haben sie sicherlich beigetragen.

OSTGOTEN sind gewiß Herren der Inselgruppe gewesen; 494 wurde sie dem Ostgotenreich Theoderichs eingegliedert, wie historisch erwiesen ist. Doch haben beide Germanenvölker keine Spuren auf Malta zurückgelassen, konnten es wohl auch nicht in einem Zeitraum von rund 100 von Kriegswirren erfüllten Jahren, in denen Besitz nirgends gesichert war und die Heerzüge der Völkerwanderung den ganzen Mittelmeerraum beunruhigten. Es sind dies die »dunklen Jahrhunderte« in der Geschichte Maltas, über die so gut wie nichts bekannt ist und die noch lange andauern sollten.

BYZANZ wurde schließlich der legitime Erbe Roms. Kaiser Justinian erklärte 533 dem Vandalenkönig Geiserich den Krieg, und im selben Jahr noch landete seine Flotte unter Belizar auf Malta – auf dem Weg nach Nordafrika, wie so manche Flotte schon vor ihm. Byzanz, das heißt Ostrom, blieb über 300 Jahre, eine Zeit, die den Inseln, den wenigen überlieferten Quellen nach, ein ziemlich ruhiges Gedeihen ermöglichte, aus der jedoch erstaunlicherweise kaum mehr als einige Grabsteine mit Inschriften auf Lateinisch und Griechisch erhalten blieben. In all diesen Jahrhunderten scheint Malta von den fremden Herren nur verwaltet, nicht jedoch mit ihrer Kultur durchdrungen worden zu sein.

DIE GESCHICHTE DES ARCHIPELS

ARABER sind im Jahr 869 n. Chr. unter Mahomet ibn Khafadha mit einer Flotte gelandet; sie haben die Inseln im Laufe des Jahres 870 fest in ihren Besitz gebracht und dann von Tunis aus bis 1090 beherrscht. Das ist eine verhältnismäßig kurze Zeitspanne, gemessen an den über 1000 Jahren, die Ostrom und später die Ostgoten – nur durch die vorübergehenden Eroberungen durch Germanenzüge während der Völkerwanderung unterbrochen – Gelegenheit hatten, Malta mit ihrer Kultur zu prägen. Man muß also schon eine gewisse Affinität der Bevölkerung für das arabische Element voraussetzen, wenn es den Sarazenen gelang, so viel Einfluß auf die Sprache des kleinen Archipels zu gewinnen, daß sie noch heute zur Hälfte aus einer Mischung nordafrikanisch-arabischer Dialekte besteht, sowohl was die Grammatik als auch was das Vokabular betrifft. Die andere Hälfte (jedoch nur des Wortschatzes) setzt sich hauptsächlich aus sizilianischem Italienisch mit Einsprengseln anderer Sprachen, besonders aus dem Englischen, zusammen.

Es lag nahe, anzunehmen, daß eine so rasche und gründliche Aufnahme des Arabischen auf dessen Zusammenhang mit dem Punischen beruhte, das noch lange nach der römischen Besetzung Landessprache blieb; doch haben neuere Forschungen ergeben, daß kaum Spuren des Punischen im heutigen Maltesisch fortleben. Arabisch geblieben oder geworden – wie aus Melite Mdina wurde – sind vielfach Ortsnamen: nicht nur *Mdina* und *Rabat*, auch *Mosta*, *Żejtun* und *Birkirkara* z. B. und die Namen manch anderer Orte noch sind sarazenischen Ursprungs, ebenso viele Familiennamen, von denen in späteren Jahrhunderten die einiger bedeutender Familien ins Italienische oder Spanische übersetzt wurden, um sie dem europäischen Adel anzugleichen.

Sollte man nicht aus so starkem arabischen Einfluß schließen, daß sich die Sarazenen in diesen zwei Jahrhunderten nicht nur auf eine gewinnbringende Verwaltung beschränkten, sondern wirklich auf den Inseln Fuß faßten? Noch manches andere spricht dafür. So hat der malteser Bauernhof bis heute die arabische Bauweise bewahrt: er ist ein fest von Mauern umschlossener Hof, den ein zweistöckiger, abweisender, von außen nicht zugänglicher kleiner Turm überragt, in dessen Obergeschoß die Familie eng zusammengedrängt in ein bis zwei Räumen schläft, während darunter der Stall für das Vieh liegt (Abb. 62).

Auch die hübschen farbigen, ringsum verglasten hölzernen Balkone, die weder in Valletta und seinen Vororten noch in den kleinen Landstädtchen fehlen, sind arabischen Ursprungs (Abb. 3). Sie sind gewöhnlich zweifarbig gehalten, während das steinerne Haus selbst in einer dritten Farbe getönt und oft mit Schnitzereien oder Ornamenten verziert ist, die jedem Haus den persönlichen Akzent geben. Demgegenüber steht ein Minimum an greifbaren Resten sarazenischer Kultur. Gewiß, die Bastionen *Mdinas* und die Wälle von *Fort St. Angelo* am Grand Harbour stammen schon aus arabischer Zeit, doch sie bezeugen nur strategische Begabung und Erfahrung in der Festungsbaukunst, die sich die späteren Herren der Inseln gern zunutze machten. Und sonst: einige dekorative, starkfarbige Scherben und einige Grabsteine mit Korantexten in kufischer Schrift in den Museen Maltas und Gozos (s. Abb. 108) – das ist alles. Keine Moschee, kein Minarett, kein maurischer Bogen. Daß ein Sträßchen Mesqita Street heißt, darf nicht zu der Annahme führen, hier habe ehemals eine Moschee gestanden; »mesqita« ist die maltesische Vokabel für eine kleine Kirche.

Ein so vollkommenes Verschwinden einer Kultur, die in Sprache und Lebensweise so vieles geprägt hat, ist wohl nur durch die konsequente Zerstörung alles Sarazenischen durch den Johanniterorden zu erklären, dessen eigentliche Aufgabe, neben der Krankenpflege, die Vernichtung der Araber war. Die Normannen, denen es 1090 gelang, die Inseln zu erobern, haben jedenfalls den Islam als Religion nicht bekämpft. Gegen Zahlung eines Tributs durften seine Anhänger weiter ihre Glaubensriten frei ausüben, so wie es vorher die Christen unter den Arabern gedurft hatten.

NORMANNEN haben unter Graf Roger von Hauteville, der von Kalabrien aus Sizilien schon erobert hatte, im Jahre 1090 auch die maltesische Inselgruppe in das süditalienisch-sizilische Reich eingegliedert. Die Verehrung, die die Bevölkerung noch heute dem Andenken Rogers zollt, läßt darauf schließen, daß dieser wirklich um das Wohl des Landes bemüht war; auch müssen so viele Christen unter der arabischen Herrschaft ihrem Glauben treu geblieben sein, daß ein christlicher Herrscher hochwillkommen war. Roger hat in der Hauptstadt *Mdina* sogleich den Dom (s. S. 137) wieder aufgebaut, der in den vergangenen Jahrhunderten verfallen war. Die vielen kleinen im Lande verstreuten würfelförmigen Kirchen gehen auf die Normannenzeit zurück.

HOHENSTAUFEN wurden zu Erben des Normannenreichs durch die Heirat Konstanzes, der Enkelin des Grafen Roger, mit Kaiser Heinrich VI. im Jahr 1194. Dies hat aber wohl kaum irgendwelche wesentliche Veränderungen auf den Inseln herbeigeführt, denen Graf Roger ein Gemeinderecht mit einem großen Maß an Selbstverwaltung gegeben hatte. In den vierundsiebzig Jahren staufischer Herrschaft blieb Malta abseits der Weltgeschichte. Mit der Hinrichtung Konradins durch Karl von Anjou in Neapel fiel es, wie Sizilien, an das HAUS ANJOU, das nun das Erbe der Hohenstaufen antrat. Nach der Sizilianischen Vesper, der Vertreibung der Anjou aus Sizilien im Jahre 1282 gelangte die Großinsel in den Besitz Peters von Aragon, der ein Schwiegersohn des Staufers Manfred war. Auf Malta jedoch konnten sich die Anjou mit Unterstützung der Engländer noch bis 1284 behaupten. Danach wurde ihre Flotte von den ARAGONESEN vernichtet und Malta mit Sizilien zu einem Königreich vereint.

An KASTILIEN gelangten die Inseln durch Heirat; seine Könige betrachteten sie deshalb als persönliches Eigentum, das sie beliebig verpfänden konnten. Als sie das zum zweiten Male taten, setzten sich die Malteser dagegen so nachdrücklich zur Wehr, daß der Handel rückgängig gemacht wurde und ein königliches Dekret ihnen die Zugehörigkeit zur sizilianischen Krone verbürgte. Wie wenig Interesse für die kleinen Felseninseln bestand, geht aus diesen Verpfändungsgeschäften deutlich hervor. Es macht verständlich, daß die Malteser heute alle diese Jahrhunderte mit ihrem ständigen Besitzerwechsel kurz als die »normannischen« bezeichnen, womit sie insofern recht haben, als die Normannen und das, was sie leisteten, am nachdrücklichsten fortwirkten. Die Könige von Kastilien hinterließen jedenfalls ebensowenig Spuren wie die Häuser der Staufer, der Anjou und Aragon.

DIE GESCHICHTE DES ARCHIPELS

SPANIER sind die letzten Herren der Inseln in diesen dunklen Jahrhunderten gewesen. Durch die Heirat Isabellas von Kastilien mit Ferdinand von Aragon im Jahr 1469 und die Entdeckung Amerikas stieg Spanien rasch zur europäischen Großmacht auf. Kaiser Karl V. überließ Malta 1530 dem aus Rhodos vertriebenen Johanniterorden, für den es zur eigentlichen Heimat wurde, die er jahrhundertelang mit seinem Blut verteidigte. Erst von dieser Zeit an begann Malta wieder eine Geschichte zu haben und eine neue, betont christliche Kultur zu entwickeln.

Die MALTESERRITTER sind ungern gekommen. Aber sie hatten keine andere Wahl, als das Geschenk Karls V., der sie mit Malta belehnte, dankbar anzunehmen. Ihr Orden war durch die Türken von Rhodos vertrieben worden, und wollten sie nicht auf die Erfüllung ihres Gelübdes, die Ungläubigen zu bekämpfen, die Heiligen Stätten und die dorthin Pilgernden zu schützen und die Kranken zu pflegen, verzichten, so mußten sie die unfruchtbare Felseninselgruppe zu ihrer Heimat und zum uneinnehmbaren Bollwerk des Christentums gegen den andrängenden Islam machen. Malta wurde »der Schild Europas«, der das Abendland vor der Überflutung durch Türken und Araber bewahrt hat. Die Ordensritter, die es heroisch verteidigt haben, drückten dem kleinen Archipel den Stempel ihrer christlichen Kultur auf, einer Kultur der Hochrenaissance und des Barock und des katholischen Adels Europas. Von 1530 bis 1799 haben die Ritter des Heiligen Johannes von Jerusalem Malta besessen und haben dort Befestigungen, Kirchen und Paläste gebaut, alle vom selben Geist beseelt, dem es an Geltungsbewußtsein und Sinn für fürstliche Repräsentation keineswegs fehlte.

Obgleich also viele Völker über diese Inseln hinweggegangen sind, legen einzig zwei große, religiös bestimmte Kulturen heute noch Zeugnis ab von der Kraft, mit der sie das Leben auf Malta einmal prägten: der steinzeitliche Fruchtbarkeitskult mit seinen urtümlichen Tempeln und der heiligen Spirale und das ritterlich-kämpferische Christentum des 16. bis 18. Jahrhunderts mit seinen Kirchen und Festungen. Was die Urzeit an steinernen Zeugen hinterließ, ist von einmaliger Größe in Europa (s. S. 25 ff.); die Bauten der Ritter des Heiligen Johannes von Jerusalem spiegeln die Wirksamkeit eines christlichen Ideals bis an die Schwelle des 19. Jahrhunderts (s. S. 42 ff.)

NAPOLEON hat im Juni 1798 auf seinem Ägyptenfeldzug Malta ohne jede Kampfhandlung erobert und die Herrschaft der jahrhundertelang so wehrhaften Ritter beendet (s. S. 77 ff.). Ein neues Zeitalter war heraufgekommen. Aber Malta blieb nur zwei Jahre Besitz der revolutionären Franzosen, die alles andere als beliebt waren. Schon im September 1800 hatte ENGLAND die Inseln in seiner Hand, herbeigerufen von den konservativen tief religiösen Maltesern, die das atheistische französische Revolutionsheer haßten und sich, wie eine Inschrift am Palace Square in Valletta besagt, freiwillig der neuen großen Seemacht anvertrauten. »Die Liebe der Malteser und die Stimme Europas vertrauen dem großen unbesiegten Britannien diese Insel an. A. D. 1814.« Es war das Jahr, in dem England dieser Besitz im Vertrag von Paris offiziell bestätigt wurde.

GROSSBRITANNIENS KRONKOLONIE zu sein, brachte im 19. Jahrhundert für Malta mancherlei Vorteile. Der Grand Harbour wurde zum bedeutenden Umschlaghafen, der von vielen Schiffen angelaufen wurde, die wiederum neue Hafenanlagen und Werften brauchten und damit der in dieser Zeit rasch wachsenden Bevölkerung Arbeit gaben. Der alte Satz, daß Malta stets der stärksten Macht im Mittelmeer gehöre, bewahrheitete sich wieder einmal. Trotz steigendem Wohlstand blieb es jedoch stets um Unabhängigkeit bemüht und setzte durch Verfassungsänderungen verschiedene Grade von Autonomie durch. In unserem Jahrhundert hat es noch einmal eine große Belagerung, das unablässige Bombardement der deutschen Luftwaffe im Zweiten Weltkrieg, wahrhaft heldenhaft durchgestanden. Besonders die Jahre 1941 und 1942 waren für die Bevölkerung schwer, weil zu den furchtbaren Zerstörungen noch der Hunger kam. Das kleine Gozo hat damals das Äußerste für die Ernährung der größeren Insel geleistet. England hat unter schweren eigenen Verlusten durch fünftägige Luftangriffe im August 1942 einen Konvoi mit Lebensmitteln und Öl durch die Straße von Gibraltar nach Malta gebracht und damit das Schlimmste abgewendet.

Die ungewöhnliche Tapferkeit und Ausdauer der Bewohner des kleinen Archipels wurde von König Georg VI. mit dem Orden »The George Cross« geehrt. Die Abkürzung »G. C.«, die gelegentlich hinter dem Namen Malta steht, bezieht sich auf dieses Kreuz, das auch in dem weißen Teil der Flagge des jungen Staates zu sehen ist.

Seit dem 21. September 1964 ist Malta von Großbritannien vollständig unabhängig, und am 13. Dezember 1974 wurde es zur selbständigen Republik erklärt mit Dom Mintoff als Premierminister. Am 1. April 1979 sind die letzten britischen Truppen abgezogen; der Union Jack weht seitdem nirgends mehr über den Inseln. Die Sorgen des kleinen Staates im Zentrum des Mittelmeers, in dessen Häfen es sehr viel stiller geworden ist, sind damit nicht kleiner geworden.

Die beiden Hochkulturen Maltas

Sie können hier sogleich zur Lektüre des Reiseteils (S. 97 ff.) übergehen. Wollen Sie aber die vorgeschichtliche Hochkultur, deren Zeugen Ihnen auf Ihren Ausflügen begegnen und die nichts Vergleichbares in Europa haben, näher kennenlernen und wollen Sie Genaueres über den Malteserorden wissen, dessen Spuren Ihnen hier auf Schritt und Tritt entgegentreten, dann sollten Sie zuvor diesem kulturgeschichtlichen Überblick einige Aufmerksamkeit widmen.

Zuerst sind Entstehungsgeschichte und zeitliche Aufeinanderfolge der jungsteinzeitlichen Sanktuarien dargestellt; dabei werden auch die bedeutsamen, auf den Kult bezogenen Funde geschildert, die in ihnen gemacht wurden und die Sie jetzt im Archäologischen Nationalmuseum in Valletta und im Archäologischen Museum in Gozos Hauptstadt Victoria ausgestellt finden.

1 Jungsteinzeit

> *»Tod und Leben, Vergehen und Werden sind die*
> *zwei Seiten der Kraft, die sich ewig zwischen zwei*
> *Polen bewegt.«*
>
> J. J. Bachofen, ›Das Mutterrecht‹

Inseln der Gräber und Tempel

Es ist noch nicht so lange her, daß man die ägyptischen Pyramiden für die ältesten Tempelbauten an den Küsten des Mittelmeers hielt; heute jedoch weiß man, daß die Megalitharchitektur des Malteser Archipels älter und Zeuge einer hohen, erst in unserem Jahrhundert erforschten Kultur ist. Beim Anblick dieser aus ungeheuren hochaufgerichteten Blöcken zusammengefügten Tempel stellt sich die Frage, wie es möglich war, daß sich der so merkwürdige kleeblattförmige Grundriß, der sich später zur Form eines fünfblättrigen Zweiges entwickelte, ausbilden konnte – ein Grundriß, dem alle Kantigkeit, ja das Rechteck überhaupt fremd war. Wahrscheinlich waren die Tempel für eine Gottheit bestimmt, die über und unter der Erde mächtig war, eine Fruchtbarkeitsgottheit, die Tod wie Leben in ihre Obhut nahm, und entwickelten sich aus den Felsengräbern der frühen Siedler.

Neuerdings wurde die Vermutung aufgestellt, daß die Tempel die liegende Gestalt der Großen Göttin in ihren üppigen Formen wiedergeben sollten. Dagegen spricht die Entdeckung einer Nekropole auf Malta vor etwa 30 Jahren, deren Grabhöhlen zum Teil eine erstaunliche Verwandtschaft mit den ältesten der bisher bekannten Tempel zeigen. Die nischenartigen Kammern dieser Grüfte, gelegentlich durch einen kurzen Korridor verbunden, waren so in den Fels gehöhlt, daß man Wandvorsprünge als Deckenstützen stehen ließ. Der Grottencharakter dieser unregelmäßig aneinandergeschlossenen Apsiden scheint dann für die Tempelarchitektur übernommen worden zu sein, obwohl er über der Erde insofern sinnlos war, als die trennenden Wände hier keine Felslast abzustützen hatten. Die starke Ummantelung des gesamten Baukomplexes, die noch der Grabhöhle entspricht, findet sich bei den kleinen ältesten Tempeln und ebenso bei der Ġgantija auf Gozo. Es wäre jedoch sicherlich falsch, wollte man diese Übereinstimmung der Bauformen einfach als ungeschickte, einfallslose Nachahmung ansehen. Der älteste Kult ist zweifellos den Toten gewidmet worden. Für die Sanktuarien über der Erde übernahm man dann bewußt die überlieferte Form, die als geheiligt galt. Wie noch heute in unseren Kirchen für die Verstorbenen gebetet wird, mag das auch in jenen frühen Zeiten getan worden sein, wobei das Gebet für sie mit dem Gebet an sie verschmolz. Der Bezug dieser neuen oberirdischen Heiligtümer zum Kult

25

DIE HOCHKULTUREN MALTAS: JUNGSTEINZEIT

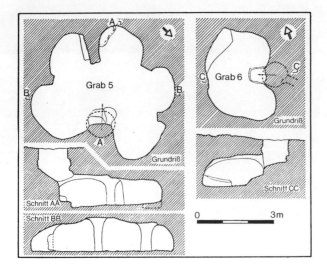

Grundriß und Schnitt der Gräber 5 und 6 in Xemxija

Keramiken aus den Gräbern von Xemxija (10 und 12 cm hoch)

der unterirdischen Mächte hörte jedenfalls nicht auf zu bestehen, wie die Schächte für Opferspenden und die Schwellenaltäre in ihnen beweisen, die ins Erdinnere führen.

Als Beispiel hierfür gelten die fünf Gräber von *Xemxija* an der St. Paul's Bay und die Gräber von *Żebbuġ* (Abb. 95). Sie sind dem Laien meist nicht zugänglich, doch genügt schon ein Vergleich des Grundrisses von Grab 5 in *Xemxija* mit dem des kleinen Tempels von *Mġarr*, der der ältere ist (s. S. 30, 184), um einzusehen, daß hier die von der Natur diktierte Form einer in den Stein gehöhlten Grabanlage ohne zwingenden äußeren Grund auf einen oberirdischen Tempel übertragen wurde. Es konnte nur ein Motiv dafür geben: die Gottheit, die unter der Erde verehrt wurde, war die gleiche, der man den Dienst über der Erde weihte. Die These, daß die eigenartige Tempelform wirklich aus der Nachbildung der Grabhöhlen entwickelt worden ist – die umgekehrte Reihenfolge wäre ja kaum denkbar –, erfährt tatsächlich eine Bestätigung durch die massive Steinummantelung des ältesten der großen Tempel auf den Inseln, der *Ġgantija* auf Gozo. Die Räume, die durch die Buchten der Apsiden auf deren Rückseite, also der Außenseite des Tempels, entstanden, ganz und gar mit Steinschotter aus- und aufzufüllen und dann erst die gesamte Rückfront mit einem Halbrund aus senkrecht aufgerichteten Blöcken zu umgeben, das wäre überflüssig und

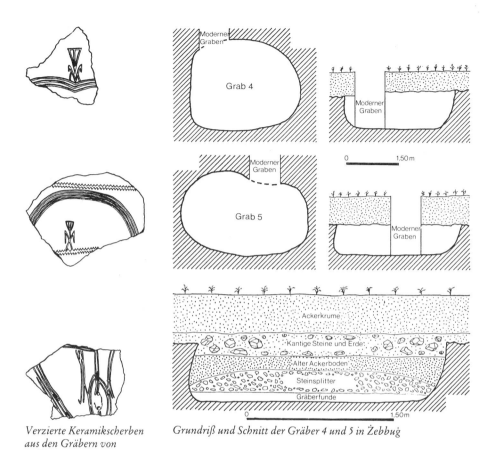

Verzierte Keramikscherben aus den Gräbern von Żebbuġ

Grundriß und Schnitt der Gräber 4 und 5 in Żebbuġ

sinnlos, wirkte hier nicht die Erinnerung an die unterirdischen Grabanlagen nach, die wie überall in Westeuropa in der Frühzeit zugleich den Toten geweihte Heiligtümer waren.

»Die Grundrisse der einfachsten dieser Tempel, die kleineren von Mġarr und Kordin, sind unregelmäßig gelappt, gleich den größeren Grabstätten in Xemxija«, schreibt D. H. Trump hierüber und fährt fort: »Doch schon früh bekommt der Grundriß eine unregelmäßige Kleeblattform. Die meisten Tempel bestehen aus mehreren Bauten, oft zwei, gelegentlich sogar vier. Die größeren in Mġarr, Kordin und im zuletzt entdeckten Skorba haben drei deutlich halbrunde, sich auf einen viereckigen Hof öffnende Räume. Ein Durchgang führt zur gewölbten Fassade und in den offenen Vorhof hinaus. Noch später erweiterte man den Grundriß, indem den beiden halbrunden Räumen zwei gleiche Apsiden gegenübergesetzt wurden, so daß es nun im ganzen fünf waren (Ġgantija, Ħaġar Qim), wobei der letzte Raum

DIE HOCHKULTUREN MALTAS: JUNGSTEINZEIT

schon bald zu einer flacheren Nische wurde (die nördlichste in Ġgantija, Mnajdra und Tarxien). Dies war die gebräuchlichste Form, doch einem der vier Tempel der Anlage in Tarxien ist sogar noch ein drittes Apsidenpaar angegliedert.«

Wem aber wurden die Tempel errichtet, für die es kein Vorbild im ganzen Mittelmeerraum gab? Daß die sogenannte »dicke Frau«, deren monumentaler Torso in dem letzten der Steinzeittempel, in Ħal Tarxien, gefunden wurde (Abb. 29), jene geheimnisvolle Gottheit ist, der man auf den Inseln diente, eine Gottheit, unter deren Schutz Lebende wie Tote standen, wie aus vielen Hinweisen hervorgeht, darüber besteht kaum ein Zweifel. Aber es ist noch nicht einmal gewiß, wenn auch sehr wahrscheinlich, daß es wirklich eine weibliche Gottheit war, die so eindeutig Fülle und Fruchtbarkeit verkörperte. Die sehr viel kleineren, höchstens einen halben Meter hohen Figuren, die sich bei den Ausgrabungen in den Tempelräumen gefunden haben, sind wohl teils als Exvotos, teils als Priesterinnen, vielleicht auch als ihr »Gefolge« anzusehen, jedenfalls nicht oder nur ausnahmsweise als Darstellungen der Gottheit selber.

Bei ihrer Betrachtung drängt sich dem Laien eine eigentümliche Unstimmigkeit in der Behandlung von Brust und Schenkeln auf. Der Busen dieser Gestalten entspricht nicht der überbetonten Weiblichkeit der Hüftpartien; er ist, obwohl schwammig, eher der eines überernährten Mannes. Man ist versucht, hier von Doppelgeschlechtlichkeit zu sprechen – ein Gedanke, der vielleicht nicht abwegig ist und sich nicht unbedingt auf die Gottheit selbst beziehen müßte, sondern auch beide Geschlechter als Bittsteller und Beter in einer Person zusammenfassen könnte.

Vielleicht ist hierbei daran zu erinnern, daß die Pharaonen mit einem fast weiblichen Unterkörper dargestellt wurden, weil sie – als Nachkommen von Göttern – das männliche und das weibliche Element in einer Person darstellten. Aus der Nachbarschaft beider Länder könnte man auf einen ähnlichen Vorgang schließen: aus der Urmuttergottheit hätte sich dann eine doppelgeschlechtliche Gottheit entwickelt.

An sich läßt die gleichzeitige Verehrung von Phallen als dem männlichen Prinzip den Schluß zu, daß neben, ja vielleicht über ihm, das weibliche in Form einer üppigen Frauengestalt stand. Nicht zufällig trägt wohl die maltesische Kultur jener letzten vorchristlichen Jahrtausende bis hin zu ihrer Keramik stark feminine, man möchte sagen mutterrechtliche Züge. Danach wäre auf den Inseln die »Große Göttin« des Mittelmeerraumes verehrt worden, die Urmutter, aus deren Schoß unaufhörlich neues Leben quillt und die auch den Toten Wiedergeburt schenkt.

Die Tempel von Kordin, Skorba und Mġarr

Das Gebiet um den heutigen Großen Hafen scheint ein religiöses Zentrum gewesen zu sein, wie nicht nur der bedeutende Tempel von Ħal Tarxien mit seinen immer erweiterten Anlagen und das Hypogäum beweisen, sondern auch die drei Tempel auf den Corradino-Höhen in der Zone des Grand Harbour, von denen die beiden älteren den Bombenangriffen

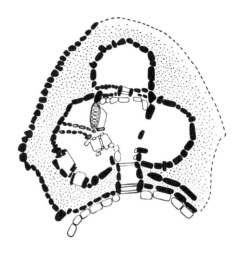

Grundriß des Tempels Kordin III

von 1941 zum Opfer gefallen sind. Der dritte, als *Kordin III* bezeichnete, gehört zu den frühesten auf Malta. Er zeigt schon die Kleeblattform, besitzt aber auch die feste, scheinbar sinnlose Steinummantelung, die seine Herkunft aus dem Grab- und Totenkult dartut. Wenn Trump in seinem Buch ›Malta: An Archaeological Guide‹ von seiner Besichtigung mehr oder weniger abrät, so mit der Begründung, »er zeigt nichts, was nicht anderswo besser zu sehen wäre«.

Ähnliches gilt für den erst 1960–63 ausgegrabenen Tempel von *Skorba* (Abb. 93; s. S. 183), dem die Wissenschaft besonders viele neue Erkenntnisse verdankt. Er liegt ganz in der Nähe von *Mġarr*, von dort auf einem 1 km langen Fußweg oder auch auf der Straße mit dem Wagen erreichbar, ist jedoch ringsum eingegittert, das Tor ist verschlossen, und der Versuch, den Schlüssel dafür zu erlangen, pflegt selbst fachkundigen einheimischen Führern zu mißlingen. Blicke durchs Gitter lassen mit einiger Mühe den Typ des ältesten kleeblattförmigen Tempels der sogenannten Ġgantija-Phase erkennen. Ein 3,40 m hoher Block aus Korallenkalk ragt noch, die Mauerreste beherrschend, empor, so daß man etwas von der ehemals majestätischen Anlage ahnen kann.

Interessanter als die Tempelreste von Skorba sind die dort gemachten Funde und die sich daraus ergebenden neuen Erkenntnisse. Sie weisen zurück in die Għar Dalam-Phase (s. S. 13, 177), die Zeit der ältesten nachweisbaren Besiedelung Maltas. Holzkohlenreste ermöglichten zwei Radiocarbontests, die beide eine Datierung ins 4. Jahrtausend ergaben. Auch erbrachten die Funde wichtige Informationen über Haustiere und Feldfrüchte. Sie bestätigen, daß es so früh schon Schafe, Ziegen und anderes Vieh auf Malta gab und daß Gerste, Emmer, Linsen und eine frühe Weizensorte angebaut wurden.

Im Archäologischen Nationalmuseum in Valletta sind den Skorba-Funden zwei Vitrinen gewidmet, von denen die eine auch aus derselben Periode stammende Funde aus Għar

DIE HOCHKULTUREN MALTAS: JUNGSTEINZEIT

Dalam zeigt. Diese Stücke sind also ins 4. bzw. 5. Jahrtausend zu datieren. Mit ihren eingedrückten Mustern schließen sie sich eng an die sizilianische Stentinello-Kultur an. In der zweiten Vitrine sind Keramiken aus der sogenannten grauen und roten Skorba-Phase (Abb. 94) ausgestellt. Auch hier werden Bezüge zu Sizilien deutlich und seltsamerweise durch die kleinen weiblichen Stein- und Terrakottastatuetten mit den dreieckigen Gesichtern sogar zu den frühen Kykladen-Idolen in Violinform. Das ist, als ob vom Hörensagen her Bekanntes in eigenständige Form umgesetzt wurde.

Die beiden Tempel von *Mġarr* (Abb. 96; s. S. 184) sollte man sich ansehen, wenn einen die Entwicklung interessiert, die zum Bau der fünf großen steinzeitlichen Heiligtümer führt. Sie stehen am Anfang der Epoche, die auf Malta mehr als ein Jahrtausend umfaßt, und bei ihnen, die noch bescheidene Ausmaße haben, ist die Herkunft aus dem Gräberkult unverkennbar. Der Grundriß des älteren von beiden, der wie ein Anbau an den größeren wirkt, ist mit seinen vier Apsiden so unregelmäßig gelappt, wie es Grabkammern, die man in den gewachsenen Stein schnitt, eben sein mußten. Ein rätselaufgebender Grundriß für einen Tempel, von dem Evans mit Recht sagt, daß sich schließlich sehr viel einfachere Formen für ein Bauwerk aus Stein denken lassen. Weist nicht auch der gewölbte Vorhof, der die Form des zunehmenden Mondes nachahmt, in den – kleiner – die eigentliche Tempelschwelle wie das Bild des abnehmenden Mondes hineinragt, auf einen Bezug zu diesem Gestirn, das durch sein scheinbares Wachsen, Vergehen und Wiederkehren in allen frühen europäischen Kulturen in ein nahes Verhältnis zu Tod und Totengottheiten gebracht wurde? Die

Grundriß des jüngeren, größeren Tempels von Mġarr ▷

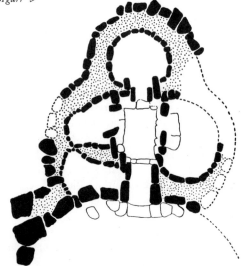

Grundriß des älteren Tempels von Mġarr

30

mondförmigen Schwellen der Megalithtempel Maltas enthalten in den Stein gehauene Löcher für Opfergaben an die Erdmutter, sind also zugleich Eingang und Altäre. Auch dies sollte man in Betracht ziehen, wenn man sich um eine Deutung der Tempel und der in ihnen verehrten Gottheit müht.

Die Ġgantija auf Gozo

Das machtvollste der noch erhaltenen Heiligtümer ist zugleich auch eines der ältesten. Aus einzelnen Felsblöcken von gewaltigen Ausmaßen kyklopisch errichtet, thront es noch immer weithin sichtbar auf einem Plateau im Innern der kleinen Insel Gozo über sanften Hügelwellen, die damals wie heute Bauern- und Hirtenland gewesen sein mögen. Das Volk nennt die geheimnisvoll großartige Anlage Ġgantija (s. S. 186) und gibt damit der Vorstellung Ausdruck, daß es nicht Menschenhände gewesen sein können, die dies Bauwerk geschaffen haben. Gigantenhände scheinen tatsächlich die mächtige Umfassungsmauer roh aufgetürmt zu haben, die hinter einer breiten Umwallung aus Steinschutt die beiden urzeitlichen Tempel verbirgt (Farbt. 22, 23). Wie die meisten steinzeitlichen Gräber und viele Kultstätten – auf Malta seltener als anderswo – ist das Sanktuarium nach Osten ausgerichtet, und das bedeutet hier, daß die beiden Halbrunde der Vorhöfe Malta

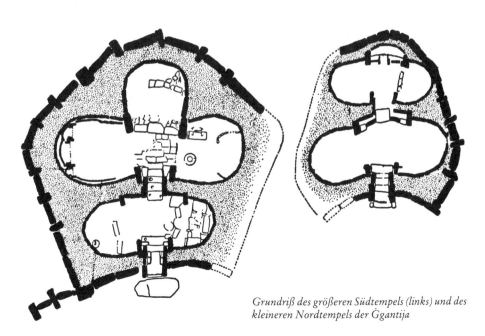

Grundriß des größeren Südtempels (links) und des kleineren Nordtempels der Ġgantija

31

DIE HOCHKULTUREN MALTAS: JUNGSTEINZEIT

zugewendet sind, nicht aufs offene Meer hinausweisen – ein Bezug, der, obwohl vermutlich durch religiöse Vorstellungen gegeben, die eigentümlich nach innen gekehrte Geisteshaltung der Erbauer zu bestätigen scheint.

Die Gottheit, die in diesen Tempeln verehrt wurde, scheint eine weibliche gewesen zu sein, eben jene mittelmeerische Erdmutter, unter deren Schutz Lebende wie Tote gedacht wurden und deren Kult durch die Seefahrer der jüngeren Steinzeit bis zu den nördlichsten Inseln Europas verbreitet wurde. Daß sie die Herrin der Ġgantija war, bezeugt auch eine Sage: Eine Riesin mit einem Säugling an der Brust soll die machtvolle Tempelanlage in ihrem steinernen Mauermantel mit der Arbeit eines Tages und einer Nacht erbaut haben. Das Bild dieser titanischen Götterfrau, des Quells aller Erdenfruchtbarkeit, begegnet uns immer wieder auf Malta in den frühen Frauenstatuetten von kolossaler, ja ungeheuerlicher Üppigkeit, die sich überall in den Sanktuarien der Inselgruppe gefunden haben. Die Neigung zum schematisierten Idol, zur Abstraktion von Körperform und Gesicht beim Abbild der Gottheit hat das Volk auf den maltesischen Inseln nicht besessen. Es hielt an dem fettleibigen Urmuttertypus einer noch jugendlichen, stets vom Hunger bedrohten Menschheit fest, wie er uns durch die sogenannte »Venus von Willendorf« bekannt ist. In der Ġgantija wurde keine ihrer Statuen gefunden. Aber die Göttermutter, die später in der Volkssage die Gestalt einer Riesin mit ungeheuren Kräften annahm und zu homerischer Zeit

Der Felsblock in der Mitte der Rückwand der Ġgantija scheint das Tempelhalbrund zu tragen und zu stützen

die der Nymphe Kalypso, die »mit goldener Spule webte«, hat wohl das hier verehrte schöpferische weibliche Prinzip verkörpert, während das männliche im Phallus verehrt wurde.

Staunend steht man in der Stille des Mittags unter dem offenen, afrikanisch hellen Himmel in diesen Rundräumen aus gewaltigen Monolithen, Ausdruck eines geheimnisvollen, ahnen- und erdgebundenen Glaubens, sieht Tabernakel, Opfergabenschacht und Altartisch aus lastenden, mühsam geglätteten Steinplatten schwerfällig gefügt und umwandert schließlich das umfassende urzeitliche Mauerrund, um sein ganzes gigantisches Ausmaß zu erfahren. Was die sagenhafte Riesengöttin hier aufgetürmt hat und was davon übrigblieb, wirkt auch heute noch befremdend großartig. Sehr seltsam berührt, etwa in der Mitte der Rückwand, ein ungeheurer, alles beherrschender Block, der das ganze Tempelhalbrund von hinten mit elementarer Kraft zu tragen und zu stützen scheint, auf eigentümliche Weise die unter ihrer Last gebeugte Gestalt eines dienenden Riesenmannes von gedrungenem Körperbau annehmend.

Ħaġar Qim

Der Felsenbau der Ġgantija atmet die dunkle Kraft eines Glaubens, der sich den Toten als Hütern und Spendern der Fruchtbarkeit tiefer verbunden fühlte als himmlischen Mächten. In den späteren Tempeln der Ħaġar Qim, der »Steine des Gebets« jedoch (Farbt. 17, 18; Abb. 71–77; s. S. 173 ff.) und der benachbarten Mnajdra (Farbt. 19, 20; Abb. 78–80; s. S. 175 ff.) muß auch eine lichtere Manifestation des Göttlichen verehrt worden sein. Heute liegt das Heiligtum unweit von Qrendi in der vollkommenen Einsamkeit der Südwestküste von Malta, die unzugänglich ist und steil ins Meer fällt. Der Weg dorthin führt über eine baumlos kahle, kaum gewellte Hochebene, deren fahle Steinfarbe das Gefühl zeitloser Verlassenheit noch erhöht. Steppenhaft karg ist der felsige Boden, dessen armselige Krume der Wind vom nahen Meer als Staub hinwegträgt. Verloren in seiner Weite liegen die kyklopischen Ruinen des alten Tempelbezirks.

Die Fassade von Ħaġar Qim ist die großartigste aller prähistorischen Sanktuarien auf den Inseln und ein Höhepunkt der Megalithkultur (Farbt. 18). Was bei der Ġgantija noch als ungefüges Riesenwerk erschien, hat hier Menschenmaß angenommen, wurde geordnete und bewußte Monumentalität. Ein weites, mit Bodenplatten belegtes Halbrund ist von einer Mauer aus gleichmäßig hohen, sauber behauenen quadratischen Blöcken eingefaßt, über denen eine Doppelreihe Decksteine wie Querbalken lagert.

Durch das schattige, aus drei gewaltigen Felsplatten gefügte Tor in der Mitte der Front betritt man das Heiligtum. Der klare Grundriß der Ġgantija ist hier schon durch einen differenzierter ausgebildeten Kult und verwirrende spätere Anbauten zu einem wenig übersichtlichen Gebilde aus Apsiden und steinernen Schreinen, trennenden Schranken, Tabernakeln und kammerartigen Hinterräumen geworden (Abb. 71). Die Schönheit Ħaġar Qims beruht auf dem goldfarbenen Globigerinenkalk, der hier ausschließlich zum

DIE HOCHKULTUREN MALTAS: JUNGSTEINZEIT

Bau benutzt wurde, und aus seiner wundervollen Bearbeitung. Eine besondere Freude an der Wirkung des Steins scheint zu dieser Zeit in Malta aufgekommen zu sein. Über die Arbeitsweise schreibt Evans: »Das erste rohe Zurechthauen geschah wohl in eben der Weise, in der man beim Aushöhlen des weichen Gesteins der Felsgräber vorging, etwa im Hypogäum, wo sich in einigen Teilen die angewandten Methoden anhand von steinernen Schlägeln oder Klöpfeln sowie von Picken aus Hörnern und Geweihgabeln noch nachweisen lassen. Die Oberfläche wurde wahrscheinlich in mühevoller Weise mit Hilfe kleiner Feuersteinklingen geglättet. Für einen Teil dieser Arbeiten könnte man auch Breitbeile aus Hartstein verwendet haben; sie treten aber unter den Funden bekanntlich so selten auf, daß dies als unwahrscheinlich gelten muß. Die Vorderkanten der aufgeschichteten Blöcke sind stets ein wenig konvex.«

Auch die Kultgegenstände wurden nun feiner ausgebildet. Im Hauptgang stehen rechts und links zwei pilzförmige Altäre (Abb. 73), zu denen sich in der minoisch-mykenischen Kultur genaue Entsprechungen finden. Auch das Spiralmotiv taucht schon auf einer Globigerinenkalkplatte auf und das »Augenmotiv«, das in Ħal Tarxien in so großartiger Weise als trennende Schranke am Ende des Mittelgangs eingesetzt worden ist (Abb. 25). Die ersten intensiveren Berührungen mit der Kultur der Ägäis müssen stattgefunden haben, ohne doch den religiösen Gehalt und die eigenständige Entwicklung auf den Inseln sonderlich beeinflußt zu haben. Ein reicheres Ritual wird entstanden sein, dessen Bedürfnisse Bauelemente und Kultgegenstände bestimmten. Besonders schön ist ein dreiviertel Meter hoher Altar, der jetzt im Archäologischen Nationalmuseum in Valletta steht (Abb. 75). Seine Punktierung aus unzähligen kleinen Bohrlöchern hob ihn sicherlich sehr wirkungsvoll von den glatten Tempelwänden ab. Darüber hinaus trägt er einen höchst eigenartigen ornamentalen Schmuck, vielleicht das uralte, weithin verbreitete Symbol des Lebensbaums: Ein stilisierter Zweig oder Baum steigt aus einem verhältnismäßig kleinen Gefäß auf jeder seiner vier Seiten auf und treibt nach links und rechts je zwölf Blätter ohne Zweige. Spuren von Rot beweisen, daß der Altar ehemals die Farbe des Lebens trug.

Daß sich zu Füßen dieses Altars mit dem Pflanzensymbol fünf unförmig dicke Figuren unbestimmbaren Geschlechts fanden, erhöht noch die Rätselhaftigkeit des an ihm geübten Kultes. Diese kleinen Kalksteinstatuetten haben eine Höhe von 20 bis 50 cm und befinden sich heute im Archäologischen Nationalmuseum Valletta (Abb. 74), wie auch die sogenannte »Venus von Malta«, ein weiblicher, an die »Venus von Willendorf« mit ihrer unförmigen Fülle erinnernder Torso aus Terrakotta, der nur 12,7 cm hoch ist und damit in Größe und Art den Gestalten der Muttergottheiten der um Jahrtausende älteren Altsteinzeit zuzuordnen ist (Abb. 77). Darf man aus seinem Fundort im Tempelkomplex von Ħaġar Qim schließen, daß hier schon sehr früh, im Anfang der Besiedelung Maltas, ein »heiliger Ort« gewesen ist? In dem Kult der Tempelerbauer hat diese kleine Urmutter wohl nur noch als ferne Erinnerung ihren Platz gehabt, doch ganz in den Hintergrund ist ihre Funktion als Schöpferin allen Lebens auf Malta in diesen Jahrtausenden nicht getreten.

Auf die scheinbare Geschlechtslosigkeit, richtiger wohl Doppelgeschlechtlichkeit der Kalksteinfiguren, die uns in anderer Form auch noch später begegnen wird, haben wir schon hingewiesen. Der Platz zu Füßen des Altars, an dem diese fünf Figuren gefunden wurden, scheint sie allerdings zu Votivgaben oder etwas derartigem zu stempeln.

Mnajdra

Nur einen Kilometer von Ħaġar Qim entfernt liegen die »Mnajdra« genannten drei Tempel (Farbt. 20 u. vordere Umschlagklappe), von denen der kleinste, ganz rechts gelegen, noch die ursprüngliche Kleeblattform zeigt und älter als Ħaġar Qim ist. Nach ihm wurde zuerst der südwestlich gelegene erbaut (s. S. 176). Er besitzt auf seiner rechten Seite wie Ħaġar Qim ein Orakelloch. Auch die von hinten zugängliche Kammer, von der aus gesprochen, aber auch ein sichtbares Zeichen gegeben werden konnte, fehlt nicht, wie nun überhaupt eine wachsende Anzahl von Nebengelassen auf eine Vermehrung der Priesterschaft schließen läßt. Man möchte annehmen, daß die Trennung von Laien und Geistlichkeit sich im Lauf der Jahrhunderte immer mehr ausbildete und daß die Inseln vielleicht schließlich überhaupt von ihrer Priesterschaft beherrscht wurden. Die gesamte Kultur trägt keinerlei maskulin-königliche, sondern eher feminine Züge, obwohl es ihr keineswegs an Majestät und Würde mangelt.

Blick durch die Vorhofmauer der Mnajdra aufs Meer

DIE HOCHKULTUREN MALTAS: JUNGSTEINZEIT

Zum Orakeldienst, der jahrtausendelang überall in Europa von Priestern und Schamanen, besonders häufig auch von Frauen ausgeübt wurde, weil er Trost, Hoffnung und Rat spendete, kamen offenbar in den jungsteinzeitlichen Tempeln Maltas auch Wallfahrten um Genesung von Krankheiten hinzu. Dafür zeugt, daß in der *Mnajdra* eine kleine weibliche Tonfigur gefunden wurde, die alle Symptome einer an einem Bauchtumor Erkrankten aufweist (heute im Archäologischen Nationalmuseum Valletta). Man kann sich als ihre Stifterin nur eine Heilung Erflehende oder von Dankbarkeit erfüllte Geheilte vorstellen. Jahrhundertelang werden die »Mühseligen und Beladenen« zu den königlichen Tempeln über dem Meer gewallfahrtet sein.

Vielleicht ist gerade in diesem Zusammenhang ein Phänomen zu erwähnen, das dem Besucher schon in Ħaġar Qim, besonders eindrucksvoll aber am Eingang zur Kammer der Pfeilernischen im Südtempel der Mnajdra begegnet: die Dekoration bedeutsamer Bauteile mit einer Unzahl winziger, in den Stein gebohrter Näpfchen, deren Punktwirkung sie von der Ruhe der umgebenden Felswände wirkungsvoll abhebt. Der Umstand, daß sich diese »Näpfchenbohrungen«, vereinzelt oder sehr gehäuft, überall in Europa seit der sogenannten »Dolmenzeit« finden, läßt vermuten, daß es sich hierbei um mehr als nur ein Schmuckmotiv handelt, ja, daß wahrscheinlich sogar mit dem Akt der Bohrung ein magischer Vorgang vollzogen wurde. Finden sich solche Näpfchen doch nicht nur auf der Oberseite von Decksteinen von Dolmen, sondern auch auf der dem Toten zugekehrten Unterseite. Der schwedische Forscher Sune Lindquist berichtet, daß sie in Südskandinavien seit der Dolmenzeit vorkommen und dort »Elfenmühlen« genannt werden und fügt hinzu: »Ihre außerordentliche Verbreitung – Westeuropa, Mittelmeerländer, Orient – macht es wahrscheinlich, daß sie auf demselben Einfluß beruhen, der die Sitte des Megalithgräberbaus nach dem Norden gebracht hat.« Das Tun, hier der Akt der Bohrung, hat demnach die magische Bedeutung einer Beschwörung, eines Gelübdes oder eines Dankes, wie ursprünglich alle früheren Höhlenmalereien und späteren Felszeichnungen überhaupt.

Ħal Tarxien

In dem weiträumigen Tempelkomplex von Ħal Tarxien hat sich die Megalithkultur auf Malta vollendet. Man kann sich schwerlich etwas anderes als einen Abstieg danach vorstellen (s. Grundriß S. 111, Tempelfassade S. 131 und Tempelfassade S. 37 links oben). Doch tasten wir über den Fortgang der Geschichte des gläubigen kleinen Volkes in den fraglichen Jahrhunderten noch, und vielleicht für immer, im Dunkeln. Möglicherweise hat auch eine Seuche oder Inzucht es ausgerottet. Jedenfalls blieb Malta für Jahrhunderte unbewohnt. Später ist ein anderes Volk gekommen und hat seinen Brandfriedhof mit Urnen und zahlreichen Grabbeigaben über einer fast 1 m hohen Sandschicht in den Ruinen des Westtempels angelegt. Wieviel Zeit inzwischen vergangen war, wissen wir nicht.

Im Archäologischen Nationalmuseum von Valletta befindet sich das kleine Kalksteinmodell eines Tempels, das in *Ħal Tarxien* gefunden wurde und eine Vorstellung davon vermittelt, wie Fassade und Bedachung eines Sanktuariums in der Spätzeit der Neolithkultur

 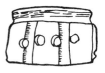

Links: Kalksteinmodell einer späteren Tempelfassade, rekonstruiert nach Fragmenten, die in Mgarr gefunden wurden. Oben: Steinamulett aus Ḥal Tarxien in Form eines megalithischen Bauwerks (Länge 2,5 cm)

ausgesehen haben. Dort stehen auch die Originale des Torsos der Großen Göttin und der spiralgeschmückten Schranken, Schreine und Tierfriese und des Altars, in dem hinter einer herausnehmbaren Platte ein Opfermesser aus Flint gelegen hat (s. S. 112f.). Die Funde an Gefäßen und Kleinplastiken ergänzen das Bild vom Inventar des Tempels. Das Vorbild der ursprünglich 2,50 m bis 2,75 m hohen Fruchtbarkeitsgöttin, die dort am Eingang des südlichen Sanktuariums stand, mit ihren unförmig verdickten Schenkeln und Beinen, wird in den nackten und bekleideten Figürchen wiederholt – selbst der Volant am Rocksaum findet sich wieder. Während der Tempel von Ḥal Tarxien in seinen Rankenornamenten und der dort gefundenen Keramik ägäische Einflüsse zeigt und besonders die kretische Vorliebe für pflanzliche Motive von dem Inselvolk bereitwillig aufgenommen wurde, hielt es in der Darstellung des Göttlichen an ältesten Vorstellungen unverbrüchlich fest. So scheinen auch in Ḥal Tarxien neben der Großen Mutter und der merkwürdigen doppelgeschlechtlichen

Ritzzeichnung eines tanzenden Mädchens auf einer Scherbe aus Ḥal Tarxien (Höhe ca. 4,5 cm)

DIE HOCHKULTUREN MALTAS: JUNGSTEINZEIT

Gottheit – die uns an die geschlechtslosen Engel des Christentums denken läßt – noch phallische Steine verehrt worden zu sein; denn kleine, hier gefundene Modelle zeigen Schreine mit solchen rotbemalten Idolen, die ebenso wie die Statuetten offenbar Nachbildungen sakraler Objekte waren, die als Votivgaben gestiftet wurden.

Amulette wurden ebenfalls getragen. Die mit Ösen verzierte, nur 2,5 cm große Wiedergabe des megalithischen Bauwerks aus Ħal Tarxien bestätigt die Heiligkeit, die man schon der formalen Wiederholung des Tempelbaus zuschrieb. Künstlerisch vollendet ist die Mehrzahl der Gefäßformen und ihre Verzierung, wahrhaft bezaubernd ein Scherbenstückchen von nur ungefähr 4,5 cm Größe, auf dem ein tanzendes Mädchen dargestellt ist, jener Idealtyp einer dickschenkeligen Frau mit kleinen Füßen und Händen, der uns noch heute manchmal unter den jungen Frauen des Landes begegnet.

Das Hypogäum von Ħal Saflieni

Das eigenartigste unter den fünf sehr eigenartigen großen Sanktuarien Maltas ist ohne Zweifel das *Hypogäum von Ħal Saflieni* (Abb. 41–43; s. S. 132 f.), das nahe bei Ħal Tarxien in Vallettas Vorort Paola liegt. Es hat in Europa nicht seinesgleichen. Die Kammern und Kultsäle dieser riesigen Katakombe sind im Laufe der Jahrhunderte immer tiefer in einen natürlichen Hügel getrieben worden, so daß, je weiter nach unten man in dieses erstaunliche Labyrinth vordrang, seine architektonische Vollkommenheit zunahm, bis jäh die Arbeit an ihm unterbrochen und für immer eingestellt wurde.

Die ganze Anlage umfaßt ein Gebiet von rund 145 qm, und es ist keineswegs ausgeschlossen, ja vielmehr höchst wahrscheinlich, daß vor oder über dem Hypogäum einstmals ein oberirdischer Tempel stand, von dem durch die städtische Überbauung des Geländes jetzt zwar keine Spur mehr erhalten ist; Reste wurden gefunden. Auch unter der Ġgantija auf Gozo soll sich ja ein solches Labyrinth befinden. Die Gottheit, die hier verehrt wurde, galt sicher als über und unter der Erde mächtig, sonst wäre sie wohl kaum unter den gleichen Formen und in einander so ähnlichen Räumen verehrt worden. Das unterirdische Heiligtum lehrt uns, besonders in seinen vollkommenen tiefgelegenen, sichtlich einem nun voll ausgebildeten Kult geweihten Sälen, wie die oberirdischen Tempel in der Spätzeit der Kultur ungefähr ausgesehen haben müssen. Denn hier, wo keine monumentalen Platten mit unsäglicher Mühe aufzurichten und einzupassen waren, sind sie sorgfältig nachgeahmt worden, indem man ihr Abbild aus dem Globigerinenkalk des Berginnern höhlte und glättete (Abb. 41, 43). Die Architektur ist, obwohl die Voraussetzungen völlig andere waren, die gleiche. Die geheiligte Form des Tempeltors aus drei gewaltigen Quadern, die fensterartige Öffnung, die das Mysterium der Schwelle wahrt, der kreisrunde Opferschacht, der ins Erdinnere führt, hier mit Steinstöpseln zu verschließen – dies alles finden wir unter der Erde wieder. Aber auch den Grundriß der frühen gelappten Grabstätten von Xemxija an der St. Paul's Bay.

In diesen Katakomben von Ħal Saflieni wurden, wie mehrere Jahrtausende später in den christlichen, Gottesdienste gehalten und Tote bestattet. Aber es wurden auch Orakelsprüche verkündet, und wahrscheinlich nahmen Rat- und Hilfesuchende ihre Zuflucht zu den geheiligten Stätten, um im Tempelschlaf Offenbarung und rettende Weisung zu erhalten. Im Museum von Valletta gibt es eine entzückende kleine Frauengestalt, die schlafend auf einem Ruhebett liegt (Abb. 44). Sie wurde wie eine andere, ähnliche im Hypogäum gefunden und stellt möglicherweise eine der Priesterinnen dar, die dort unten in der roten Dämmerung der Kulträume ihrer Göttin durch Weissagung diente – vielleicht aber auch nur eine Gläubige, die im Tempelschlaf durch einen Traum Hilfe erfuhr und durch die Stiftung ihres Terrakotta-Abbildes der Großen Mutter danken wollte. Auch diese nur 12 cm lange Tonplastik dokumentiert wie alle anderen in den Sanktuarien der Inseln gefundenen die Vorliebe für breit ausladende Schenkel, Hüften und Arme, die in überraschend winzige Füße und zierliche Hände münden.

Auch andere Funde lassen darauf schließen, daß das unterirdische Heiligtum Tempelfunktion ausübte. Die beiden kleinen vollplastischen Fische dürfen wohl als Opfergaben aufgefaßt werden, wenn auch der eine von ihnen, aus weichem Stein gemeißelt, seltsamerweise wie ein Mensch auf einem Ruhebett liegt. Seine Bedeutung ist natürlich schwer zu enträtseln. Doch wäre es nicht denkbar, daß er den Dank für einen besonders glücklichen Fang darstellte und daß mit dem Bett, auf dem er liegt, seine Größe angegeben werden sollte? Oder aber, daß man, wie es für ein frommes Volk selbstverständlich wäre, die übergroße Gabe des Meeres der Gottheit weihte und dies Ereignis im Bilde festhielt?

Auch kleine Vogelplastiken aus Muscheln oder Stein sind in Ħal Saflieni gefunden worden. Es scheinen Tauben zu sein, und falls das zutrifft, so darf man auch darin eine Bestätigung sehen, daß hier eine weibliche Gottheit verehrt wurde; denn nicht nur der Aphrodite waren die Tauben heilig, sondern auch der kleinasiatischen Astarte und der mittelmeerischen Großen Göttin, die mancherlei Namen trug. Wenn in der Mnajdra und in Ħal Tarxien Muscheln aus Ton geborgen werden konnten, so deutet das ebenfalls darauf hin. Die Muschel war und ist zum Teil noch in Europa und Asien ein Fruchtbarkeitssymbol und der Liebesgöttin zugeordnet.

Stilisiertes Vogelfigürchen aus dem Hypogäum (Länge 3 cm)

Eine feminine Kultur

Daß wir es auf den maltesischen Inseln mit einer wohl grandiosen, aber auch betont femininen Kultur zu tun haben, ist offensichtlich. Inwieweit die Riten von Priestern oder Priesterinnen vollzogen wurden, werden wir wohl kaum je wissen. Vornehmlich Frauen dürften es gewesen sein, die das Hypogäum hüteten, wenn man nach der dort gefundenen »Schlummernden« urteilen darf (Abb. 44). Ihr volantbesetzter dreiviertellanger Rock erinnert an die Tracht kretischer Frauen, wie überhaupt zur Spätzeit der Neolithkultur Maltas minoisch-ägäische Einflüsse sichtbar werden, so im Tragen kleiner Amulette in

DIE HOCHKULTUREN MALTAS: JUNGSTEINZEIT

Axtform und in der Betonung der Spirale als Schmuckform an den Bauten. Aber auch die kretische Kultur besitzt ja einen mehr femininen als maskulinen Charakter, wie schon ein oberflächlicher Vergleich mit der griechischen zeigt.

Auf Malta ist jedoch nur übernommen und anverwandelt worden, was ganz dem Lebensgefühl und der Religion des kleinen Volkes entsprach, das keine Waffen, nicht einmal zur Jagd, und keine Verteidigungsanlagen und vielleicht überhaupt kein Metall besaß und besitzen wollte. Sehr eigentümlich ist die Übernahme durch Bronzeguß sich ergebender Formen in die Herstellung von Gefäßen aus Ton oder Stein zu einer Zeit, in der die einheimische Töpferei schon wahre Wunderwerke von vollkommener Schönheit aufwies. Der Verzicht auf Metall bei einem von seiner Priesterschaft beherrschten Volk könnte durch ein Tabu bedingt sein. Es sei dafür, ausnahmsweise, als Parallele ein Zitat aus Ludwig Friedlaenders ›Sittengeschichte Roms‹ (Bd. 3) angeführt: »... Am deutlichsten ergibt sich die unveränderte Fortdauer tausendjähriger, wie in Versteinerung erhaltener Kultusformen aus den Protokollen der Ackerbrüder (fratres Arvales), den einzigen einer geistigen Genossenschaft, die sich erhalten haben. Diese Brüderschaft, in der Kaiserzeit regelmäßig aus Männern des höchsten Adels und den Kaisern selbst bestehend, feierte im Mai 'der göttlichen Göttin' [Dea Dia – eine uralte Benennung der mütterlichen Erdgöttin, der Spenderin des Fruchtsegens] ein dreitägiges Fest für das Gedeihen der jungen sprossenden Saaten, in ihrem Haine mit uralten, von der Axt nie berührten Bäumen. Jeder Gebrauch einer Axt in diesem Hain, wenn ein Baum durch Sturm oder Alter brach, überhaupt jeder Gebrauch eines eisernen Gerätes erforderte ein Sühneopfer: das Verbot des Eisens beim Gottesdienst ist aus der Unbekanntschaft der Zeit, aus welcher die Ritualgesetze stammen, mit diesem Metall zu erklären.«

Daß ein derartiges Tabu auch auf Malta bestand, welches zwar selbst keine Bodenschätze, jedoch offenbar Handelsbeziehungen im Mittelmeerraum besaß, wäre also denkbar.

Ein so konservatives Denken würde ebenso wie die tiefe Frömmigkeit und die erwiesene Abwesenheit von Menschenopfern, die sonst in jeder Frühzeit üblich sind, in den Rahmen einer weitgehend feminin ausgerichteten Kultur passen, nicht anders als die grundsätzliche und konsequent durchgeführte Neigung zur Rundung bei der Gestaltung von Gefäßen, Plastiken und Tempeln, die sich bis auf deren Grundriß erstreckt. Die Subtilität des Dekors auf der vorzüglichen, ja meisterhaften Keramik, die in den Sanktuarien gefunden wurde und heute im Archäologischen Nationalmuseum zu sehen ist, deutet ebenfalls auf Frauenhände (Abb. 30–33). Welch ein Gegensatz zu den maskulin-linearen geometrischen Vasen griechischer Frühzeit!

Chronologie der prähistorischen Epochen

Über die Datierung der einzelnen Phasen der prähistorischen Kulturen herrschte viele Jahre lang Zweifel unter den Wissenschaftlern. Im folgenden werden die Zeitspannen so angegeben, wie sie heute unter Archäologen als gültig akzeptiert werden. Die Tempel von

Żebbuġ, Mġarr, Ġgantjia, Saflieni und Tarxien werden nun dem Kupferzeitalter zugerechnet, wie es schon der erfahrene Maltakenner D. H. Trump annahm. Sie sind damit in die allgemeine Zeitbestimmung prähistorischer Bauten eingeordnet, obwohl Malta damals kein Metall besaß.

Periode	Datierung	Fundort
Neolithikum	3800–3600	Għar Dalam
	3600–3400	Graues Skorba
	3400–3200	Rotes Skorba
Kupferzeitalter	3200–2850	Żebbuġ
	2850–2800	Mġarr
	2800–2400	Ġgantija
	2450–2400	Saflieni
	2400–2000	Tarxien
Bronzezeitalter	2000–1450	Friedhof Tarxien
	1450–800	Borġ in-Nadur
	900–800	Baħrija

2 Unter dem Johanniterkreuz

Um die Bedeutung des Johanniterordens für Malta zu verstehen, sollte man seine Geschichte vor dem Erwerb der Inselgruppe und darauf deren heroische Verteidigung gegen die türkische Übermacht kennengelernt haben.

Im Heiligen Land

Ein weißes Kreuz auf rotem Grund, »das weiße Kreuz des Friedens auf der blutroten Walstatt des Krieges«, ist das Wahrzeichen der Ritter des Heiligen Johannes zu Jerusalem, zu Rhodos und Malta bis auf den heutigen Tag.

Der Orden ist der drittälteste geistliche der christlichen Welt und nun schon neunhundert Jahre alt. Er ging aus einem Hospiz für Pilger in Jerusalem hervor, die dort Rast und im Krankheitsfalle Pflege fanden. Der Heilige Johannes galt als sein Schutzpatron, und man hat später darunter stets Johannes den Täufer, nicht den Jünger Jesu, verstanden. Benediktiner aus Amalfi, der bedeutenden Kaufmannsstadt des Mittelalters, leiteten das Hospiz, das schon 1099, als der Erste Kreuzzug Jerusalem erreichte, dort bestand. Aber erst unter seinem Vorsteher Bruder Gerhard, einem ungewöhnlichen, ganz vom Geist des Christentums erfüllten Mann, gewann das Hospiz an Bedeutung, wurde mit Stiftungen, Vermächtnissen und einem Zehnten von Kriegsbeute und Einkünften wohlhabender Geistlicher so reich bedacht, daß der Orden schon 1113 vom Papst anerkannt und beim Tod Bruder Gerhards (1120) eine festgefügte, gut aufgebaute Gemeinschaft war. Weitere Hospitäler des Johanniterordens entstanden in Marseille, Bari und Messina, zuerst also dort, wo sich Kreuzfahrer einzuschiffen pflegten. Die Fürsorge für Kranke hatte damit vor der ersten Ordenspflicht, »Sorge für die Armen«, schon Vorrang erhalten. Aber weiterhin dienten die Johanniter den Wallfahrern ins Heilige Land, indem sie die Kranken pflegten und die Armen speisten.

Im frühen 12. Jahrhundert jedoch kam eine neue Aufgabe zu dieser von Bruder Gerhard vorgesehenen: der Schutz der Pilger auf ihrem Weg nach Jerusalem. Man blieb »Diener der Armen«, wurde aber auch zu »Soldaten Christi«. Seit 1160 gab es ein Marschallamt, und in der zweiten Hälfte des Jahrhunderts gehörten schon mehrere Burgen in Syrien den Johannitern, neben anderen auch die mächtige *Krak des Chevaliers*. Eine Flotte kam hinzu, seit 1300 gab es den Titel »Admiral«. Der Orden wurde auf See mächtig, verlor allerdings, wie die Christenheit überhaupt, in der zweiten Hälfte des 13. Jahrhunderts alle seine Besitzungen und Burgen im Heiligen Land an die Moslems. Mit dem Fall von Akkon 1291 war das Schicksal der Ritter in Palästina und Syrien besiegelt. Der Großmeister Johann von

Villiers, bei der Verteidigung Akkons schwer verwundet, mußte mit den wenigen Überlebenden nach Zypern fliehen, »vom Schmerz überwältigt«, mit krankem und verwirrtem Herzen, wie er schrieb.

Auf Zypern

Um 1080 war das Pilgerhospiz gegründet worden, dem Bruder Gerhard vorstand, zweihundert Jahre später war sein Orden aus dem Heiligen Land vertrieben und mußte für die Zuflucht auf Zypern dankbar sein. Er blieb dort nur neunzehn Jahre (1291–1310), baute jedoch schon wenige Jahre nach seiner Ankunft ein Hospital. In diese Zeit fällt, wohl nicht ganz zufällig, der erste Korsarenzug der Ordensbrüder, im Jahr 1300 von Famagusta aus mit den Tempelrittern gemeinsam ins Nildelta unternommen. Ein kleines Unternehmen, aber doch mit Brandschatzung eines Dorfes und einem Überfall auf das, was von Akkon und Tortosa geblieben war, verbunden. »Kampf gegen die Ungläubigen« – das war die Devise, die für beide Seiten Jahrhunderte hindurch religiöse Rechtfertigung für Kaperfahrten, Plünderung, Sklaverei, Mord und Zerstörung hergab.

Es ist schwer, sich in den Geist jener Zeiten zurückzuversetzen, in dem sich tiefe Gläubigkeit mit brutal ausgeübtem Waffenhandwerk ohne weiteres verbinden konnte. Es gab drei Ritterorden: die *Johanniter*, die *Templer*, die *Deutschritter*. Die Johanniter haben überlebt, weil sie sich sinnvolle Aufgaben zu geben wußten und, obwohl unermeßlich reich, ihre Unabhängigkeit zu wahren verstanden. Die Templer fielen schon 1312 der Geldgier Philipps des Schönen von Frankreich zum Opfer, der sich der Inquisition zu ihrer Vernichtung bediente, jedoch nicht alle ihre Besitzungen an sich bringen konnte, sondern durch eine Papstbulle einen großen Teil ihrer Ländereien an die Johanniter verlor. Der Deutsche Ritterorden, der sich nach dem Verlust Jerusalems und des Heiligen Landes der Christianisierung des Europäischen Ostens gewidmet hatte, empfing in der Schlacht von Tannenberg 1410 den Schlag, von dem er sich nie mehr erholte. Was von ihm übrigblieb, beschränkt sich auf seine Besitzungen in Südwestdeutschland und Österreich und seelsorgerische Tätigkeit. Seit 1964 ist der Sitz des Hochmeisters Frankfurt (früher in Wien).

Den Johannitern gelang es zwar, zu überleben, aber sie blieben auf Zypern trotz ihrer Besitzungen Gäste, nicht Herren, und sie suchten nach einer neuen Heimat. Die Gelegenheit, sie zu gewinnen, bot ein Abenteurer und Pirat, ein Genueser namens Vignolo dei Vignoli. Er schlug dem Großmeister Fulko von Villaret die Eroberung von Rhodos vor, das eigentlich zum byzantinischen Kaiserreich gehörte, dessen Statthalter sich aber zu einem unabhängigen Herrscher gemacht hatte. Ein heikles Angebot: denn hier sollten Christen gegen Christen kämpfen, wenn auch römisch-katholische gegen griechisch-orthodoxe. Aber Papst Clemens V., der später auch Philipp dem Schönen zur Vernichtung der Templer verhalf, billigte den Plan und gestattete seine Ausführung. Ein Drittel der Einkünfte, die der Orden aus dem neuen Besitz ziehen würde, sollte Vignolo dei Vignoli bekommen. Da diese Verpflichtung mit seinem Tode erlöschen mußte, belastete sie die Johanniter, die in Jahrhunderten dachten, wenig.

Auf Rhodos

Die Ritter landeten mit ihren Galeeren und den Schiffen des genuesischen Abenteurers im Sommer 1306 auf Rhodos und gewannen die Burg *Philermo* im gleichen Herbst noch durch Verrat. Aber erst im August 1309 ergab sich die Stadt *Rhodos* ihren Belagerern. Der Krieg hatte drei Jahre gedauert, er hatte wenig Blut, aber um so mehr Geld gekostet. Sie besaßen nun zwei ausgezeichnete Häfen und einige gute Landeplätze, waren vom Papst als rechtmäßige, souveräne Besitzer der Insel bestätigt, d. h., sie unterstanden einzig dem Heiligen Stuhl, hatten sich allerdings auch sehr hoch verschulden müssen. Aber Rhodos war jeden Aufwand wert gewesen, wie sich der Großmeister Fulko von Villaret sagen durfte. Die Insel war außerordentlich schön, fruchtbar, ertragreich und für Aufgaben und Ziele der Johanniter günstig gelegen. Man begann sofort mit dem Bau eines Hospitals.

Die reichlich zweihundert Jahre auf Rhodos waren alles in allem eine gute Zeit, in denen der Orden, neuen Bedürfnissen angepaßt, seine für die nächsten Jahrhunderte gültige Form gewann. Über seine Organisation schreibt Ernle Bradford in seinem Buch ›Kreuz und Schwert‹:

»An der Spitze des Ordens stand der Großmeister, auf Rhodos zugleich Herrscher eines souveränen Staates. Die Großwürdenträger der einzelnen Zungen waren als Piliers bekannt. Die Piliers, der Bischof des Ordens, der Prior der Konventskirche, die Konventualbaillis (Bailli war der Titel für Verwaltungsbeamte) und die anwesenden Großkreuzinhaber bildeten den Rat, der dem Großmeister beigegeben war. Nicht alle befanden sich gleichzeitig auf Rhodos. Einige weilten in den europäischen Besitzungen, andere gingen ihren Pflichten in den Hospitälern an den Pilgerstraßen nach. Wenn sie jedoch zur Verteidigung der Insel aufgerufen wurden, mußten sie sich so bald wie möglich in Rhodos melden, andernfalls ihnen die unehrenhafte Entlassung drohte. Die Rechtsritter – die Kämpfer aus den großen Ordenshäusern Europas – hatten nachzuweisen, daß sie adliger Abkunft waren. Die Novizen – junge Ritter, die gerade ihren Dienst im Konvent antraten – hatten zwei Jahre Probezeit. Ein Jahr davon mußten sie auf den Ordensgaleeren abdienen ...

Die Piliers der acht Zungen hatten jeweils besondere Ämter inne; so war der Pilier von Italien der Admiral, der von Frankreich Hospitaler, der von der Provence Großkommendator (Verwalter der Finanzen und des Ordensschatzes) und der von England Turcopilier oder Befehlshaber der leichten Kavallerie. Unvermeidlicherweise bestand eine gewisse Rivalität zwischen den einzelnen Zungen ...

Der Großmeister war natürlich ein Rechtsritter und wurde auch von Rechtsrittern gewählt. Diese mußten drei Jahre auf See in den »Karawanen« verbracht haben, weitere drei Jahre im Konvent und dreizehn Jahre Dienstzeit in ihrem Amt nachweisen können. –

Die Franzosen hatten das Übergewicht im Orden. So ist es nicht überraschend, daß in der Zeit auf Rhodos fast fünfundsiebzig Prozent der Großmeister Franzosen waren. –

Man darf nicht vergessen, daß der Orden in erster Linie eine religiöse Gemeinschaft war, mochte sich seine Lebensweise auch auf Rhodos und Malta lockern. Die Disziplin war so streng wie bei einem Mönchsorden.«

So weit Ernle Bradford. In den Grundzügen galt diese auf Rhodos festgelegte Ordnung auch später noch auf Malta, nachdem im 14. Jahrhundert das Schießpulver erfunden war, der Kompaß in allgemeinen Gebrauch kam, die Entdeckung Amerikas große Veränderungen brachte und die Ideen der Renaissance sich verbreiteten.

Auf Rhodos wurde der Orden zu einer im ganzen Mittelmeer von allen dem Islam angehörenden Völkern gefürchteten Seemacht. Die Verteidigungswerke der Stadt wurden ausgebaut, aus ganz Europa floß das Geld für den Aufbau der Flotte, ein Spionagenetz informierte über alles, was in den Städten des Orients vorbereitet wurde und geschah. Die Galeeren der Johanniter zogen zu »Karawanen« aus, rammten die Kauffahrteischiffe der Moslems, brachten reiche Beute von ihren Kaperfahrten heim. Ihre einzelnen größeren und kleineren Unternehmungen wie die Beteiligung an der Zerstörung *Alexandrias* 1365, ebenso eine jahrzehntelange Blütezeit durch einen günstigen Waffenstillstandsvertrag mit den ägyptischen Mamelucken, der ihnen ermöglichte, Konsulate in *Jerusalem, Damiette* und *Ramleh* zu unterhalten und sogar ihr Hospital in Jerusalem wieder aufzubauen, dürfen wir hier übergehen. Einzig die große Belagerung von 1480 durch die Truppen des genialen Sultans Mohammed II., ein Kampf auf Leben und Tod für die Johanniter gegen die kampferprobte feindliche Übermacht, kann nicht unerwähnt bleiben.

Wie durch ein Wunder ergriff hier in dem Augenblick, als ihr Sieg schon so gut wie gewiß war, die türkischen Elitetruppen eine kaum erklärliche Panik, und sie flohen über die schon zerstörten Mauern vor den zahlenmäßig weit unterlegenen Rittern und ließen sich zu Tausenden niedermetzeln. Drei Monate nach der Landung mußte das Heer Mohammeds die Insel ergebnislos wieder verlassen. Der Großmeister Pierre d'Aubusson, der siebenundfünfzigjährig und noch nicht von einer Pfeilwunde genesen, an der Spitze seiner Ritter selbst auf der Mauerkrone mitgekämpft hatte und schwer verwundet worden war, überlebte dank der ausgezeichneten ärztlichen Kunst der Johanniter und hatte die Genugtuung, daß nun ganz Europa die Bedeutung von *Rhodos* als Vorposten der Christenheit erkannte und mit Geld und Kriegsmaterial dem Orden half.

Die Belagerung von 1480 war wie ein Vorspiel der fünfundachtzig Jahre späteren großen Belagerung von *Malta*, die ebenfalls mit einem Sieg des Ordens endete und das christliche Europa vor dem Zugriff des Islams bewahrte.

Zwei weitere Erfolge des Ordens im Kampf gegen die türkische Übermacht in den Jahren 1503 und 1510 sicherten den Johannitern noch einige verhältnismäßig ruhige und erfolgreiche Jahrzehnte auf Rhodos. Aber 1521 kam der bedeutendste Herrscher der türkischen Geschichte, Soliman »der Prächtige«, zur Regierung, und schon im Juni des nächsten Jahres begann er mit seinem Großangriff auf Rhodos. Nachdem er den größten Teil seines Heeres in der Kalitheas-Bucht südlich der Stadt gelandet hatte, leitete er selbst die Belagerung, die am 24. September nach einem schweren Bombardement mit einem Ansturm seiner Elitetruppen, der Janitscharen, begann. L'Isle Adam, achtundfünfzigjährig, aus einer der ersten Familien Frankreichs stammend und seit einem Jahr Großmeister, führte die Ritter an und widerstand heroisch der feindlichen Übermacht, widerstand auch in schon aussichtsloser Lage noch den ehrenhaftesten Friedensangeboten, die den Johannitern mehrmals im

DIE HOCHKULTUREN MALTAS: DIE JOHANNITER

Dezember gemacht wurden. Erst als die Rhodier eigenmächtig kapitulieren wollten, siegte die Friedenspartei, und L'Isle Adam begab sich am 26. Dezember zu Soliman, um die – ritterlich ehrenvolle – Übergabe zu vereinbaren. »Es betrübt mich, daß ich gezwungen bin, diesen tapferen alten Mann aus seiner Heimat zu vertreiben«, soll der Sultan zu seinem Großwesir gesagt haben. Zweihundertdreizehn Jahre lang hatten die Johanniter Rhodos besessen, als sie es verließen. Sie und alle Rhodier, die mit ihnen ziehen wollten, erhielten freies Geleit.

Im Exil

Der Auszug der Ritter aus Rhodos gehört schon zur Geschichte *Maltas*. Denn man muß wissen, was sie des Mitnehmens für wert hielten. Ihre einst so stattliche Flotte war klein geworden. Der Großmeister L'Isle Adam fuhr auf dem großen Hauptschiff, der Karacke Santa Maria, die ein Engländer befehligte; zwei Galeeren und eine Bark geleiteten ihn. Ihre Waffen hatten die Ritter des Heiligen Johannes mitnehmen dürfen, ihre Kanonen jedoch zurücklassen müssen. Als ihr kostbarster Besitz galten wohl die Reliquien des Ordens: im juwelengeschmückten Behälter die rechte Hand des Heiligen Johannes, ferner Stücke vom Kreuz Christi, der Heilige Dorn, die Ikone Unserer Lieben Frau von Philerimos und der Leichnam der Heiligen Euphemia. Auch die Aufzeichnungen über die jahrhundertealte Geschichte des Ordens nahmen sie mit an Bord. Am 26. Dezember 1522 hatte L'Isle Adam kapituliert, am siebenten Tag danach, am 1. Januar 1523, verließen die Ritter Rhodos und fuhren einem ungewissen Exil entgegen. Sieben Jahre sollte dieses Exil dauern.

Ihre erste Station war *Chania* auf Kreta, *Messina* die zweite, das sie im April erreichten. Später hatten sie zwei Sitze, einen in *Viterbo*, den anderen in *Nizza*. In einem Europa, das von großen politischen und religiösen Umwälzungen erschüttert wurde, war das Interesse für den heimatlos gewordenen Orden gering. Der Großmeister mußte sein ganzes beträchtliches diplomatisches Geschick aufbieten, um es wach zu halten. Obwohl die Johanniter in der ganzen Christenheit als Hospitaler arbeiteten, bedurften sie doch eines eigenen Territoriums, das sie als ihr geistiges und organisatorisches Zentrum betrachten konnten. Sie wären mit einer sizilianischen, einer korsischen, einer sardischen Halbinsel zufrieden gewesen, sogar mit dem kleinen Elba, doch jede neue Hoffnung zerschlug sich.

Endlich, nach der Krönung Karls V. von Spanien im Jahr 1530, erhielten sie von diesem die kleine maltesische Inselgruppe zum Lehen, zu der schon sechs Jahre früher eine Kommission entsandt worden war, die einen höchst negativen Bericht über die Armut und Dürftigkeit des Vorgefundenen erstattet hatte, dem nur eines – aber dies war entscheidend – positiv gegenüberstand: »An der Ostküste befinden sich viele Landzungen, kleinere sowie größere Buchten und zwei besonders große Häfen, geräumig genug, um eine Flotte beliebigen Umfangs aufzunehmen.«

1530 erhielten sie *Malta*, *Gozo* und *Comino* zum Lehen. Die Urkunde verpflichtete sie, die Garnison von Tripolis zu stellen und – eine symbolische Handlung – Kaiser Karl V. jährlich einen Falken zu senden.

Großmeister auf Malta

44. Frà Philippe Villiers de l'Isle Adam	1521–1534
45. Frà Pierino del Ponte	1534–1535
46. Frà Didier de Saint-Jaille	1535–1536
47. Frà Juan de Homedes	1536–1553
48. Frà Claude de la Sengle	1553–1557
49. Frà Jean Parisot de la Valette	1557–1568
50. Frà Pierre del Monte	1568–1572
51. Frà Jean L'Evêque de la Cassière	1572–1581
52. Frà Hugues Loubeux de Verdala, Kardinal	1581–1595
53. Frà Martin Garzez	1595–1601
54. Frà Alof de Wignacourt	1601–1622
55. Frà Louis Mendez de Vasconcellos	1622–1623
56. Frà Antoine de Paule	1623–1636
57. Frà Jean de Lascaris-Castellar	1636–1657
58. Frà Martin de Redin	1657–1660
59. Frà Annet de Clermont-Gessant	1660
60. Frà Raffael Cotoner	1660–1663
61. Frà Nicola Cotoner	1663–1680
62. Frà Gregor Caraffa	1680–1690
63. Frà Adrien de Wignacourt	1690–1697
64. Frà Raymond Perellos y Roccaful	1697–1720
65. Frà Marc Antonio Zondadari	1720–1722
66. Frà Antonio Manuel de Vilhena	1722–1736
67. Frà Raymond Despuig	1736–1741
68. Frà Manuel Pinto de Fonseca	1741–1773
69. Frà Françesco Yimenes de Texada	1773–1775
70. Frà Emmanuel de Rohan-Polduc	1775–1797
71. Frà Ferdinand von Hompesch	1797–1799

Die Johanniter auf Malta

> »Malta aus Gold, Malta aus Silber, Malta aus edlem Metall, wir werden dich nie erobern!«
> Unbekannter Dichter des 16. Jahrhunderts

Die ersten drei Jahrzehnte

»Die Insel Malta ist nichts weiter als ein Felsen aus weichem Sandstein, Tuff genannt [in Wirklichkeit Kalkstein], ungefähr sechs oder sieben Meilen lang und drei oder vier Meilen breit; der Felsboden ist von kaum mehr als drei oder vier Fuß Erdreich bedeckt. Auch dieses ist steinig und äußerst ungeeignet zum Getreideanbau. Es bringt jedoch reichlich Feigen, Melonen und andere Früchte hervor. Der Handel der Insel besteht in der Hauptsache aus Honig, Baumwolle und Kreuzkümmelsamen. Dagegen tauschen die Einwohner Getreide ein. Bis auf ein paar Quellen im Landesinneren gibt es kein fließendes Wasser, nicht einmal Brunnen, so daß die Einwohner sich mit Zisternen behelfen müssen, in denen sie Regenwasser auffangen. Holz ist so knapp, daß es pfundweise verkauft wird, und um ihr Essen zu erwärmen, müssen die Bewohner gedörrten Kuhdung oder Disteln verwenden.« (Übersetzung: Götz Pommer).

DIE HOCHKULTUREN MALTAS: DIE JOHANNITER

So berichtete die achtköpfige Kommission, die der Orden im Jahre 1524 zur Erkundung der Lebensumstände auf Malta ausgesandt hatte.

Ein armes Land also, so arm, wie es heute noch ist, und als einzigen Vorzug »zwei besonders schöne große Häfen« besitzend; ein Vorzug, den die Ritter zu schätzen wußten und der Malta bis auf den heutigen Tag wertvoll macht. Was Karl V. dem Orden mit diesen Inseln überließ, war also keineswegs ein sonderlich großzügiges Geschenk, zumal die daran geknüpfte Bedingung, die Garnison von Tripolis zu stellen, durch dessen ständiges Bedrohtsein gleichbedeutend mit seiner Verteidigung war. Allerdings, im 16. Jahrhundert, dem Jahrhundert der Renaissance, der Entdeckungen und Erfindungen, fanden so große Veränderungen statt, daß Ziele und Ideale der Johanniter als unzeitgemäß und rückständig empfunden werden mußten. Es galt jetzt nicht mehr, Pilgerzüge nach Jerusalem und europäische Besitzungen im Heiligen Land zu schützen. Europa beschäftigten andere Dinge. Daß Malta in der Hand des Ordens zum Bollwerk Europas gegen den Islam werden sollte und damit die ganze Geschichte des Kontinents beeinflussen würde, war wohl kaum vorauszusehen, wenn auch Karl V. bei seiner Belehnung der Ritter mit Malta – der jährlich zu sendende Falke kennzeichnete die Schenkung als Belehnung – zweifellos deren Kampf gegen die Araber als wichtig für sein Reich mit einkalkuliert hatte.

Was die Johanniter auf Malta vorfanden, war also enttäuschend genug. Die einen arabischen Dialekt sprechende Bevölkerung belief sich auf ungefähr zwölftausend Menschen »ohne besondere Fähigkeiten«, die unter den bescheidensten Lebensbedingungen dahinvegetierte, allerdings, wie die Ritter allmählich erkannten, gute Steinmetze und tüchtige Seeleute hervorbrachte. Der Adel, mit den großen Familien Siziliens und Aragons verwandt und verschwägert, saß in der Hauptstadt *Mdina* (s. S. 135 ff.) und geriet schnell in ein gespanntes Verhältnis zu den Neuankömmlingen, die seine Vorrechte beschnitten, sich als Herren der Insel fühlten und hochmütig auftraten. Der bedeutende Großmeister L'Isle Adam, der den Orden nach Malta geführt hatte, ließ die bescheidenen Verteidigungsanlagen aus aragonischer Zeit bei dem ärmlichen Fischerdorf *Birgu*, dem jetzigen *Vittoriosa*, und die Mauern des Forts *St. Angelo* an der Spitze der Halbinsel ausbessern, so weit es die beschränkten Einkünfte des Ordens erlaubten. Dies wurde der erste Sitz des Konvents; denn L'Isle Adam träumte noch davon, Rhodos zurückzuerobern, und betrachtete den Aufenthalt des Ordens auf Malta als Provisorium. Er starb vier Jahre nach der Ankunft im alten Mdina.

Erst einer seiner unmittelbaren Nachfolger, der spanische Großmeister Juan de Homedes (1536–1553), konnte daran denken, den Großen Hafen besser zu sichern, indem er das *Fort St. Angelo* (Farbt. 6) ausbaute, *Birgu* durch einen Wallgraben mit Zugbrücke von ihm trennte und auf der Nachbarhalbinsel, dem heutigen *Senglea*, das sternförmige *Fort St. Michael* (Abb. 21) errichtete und dann noch ein drittes, ebenfalls sternförmiges, *Fort St. Elmo*, an der Spitze des damals noch unbebauten Monte Sciberras, der heute die Stadt Valletta trägt. Die Entstehung dieser drei ersten Befestigungen ist insofern interessant, als von ihnen, und nur von ihnen aus, der *Grand Harbour* während der türkischen Belagerung, die wenige Jahrzehnte später stattfand, verteidigt werden konnte (s. den Plan S. 109).

48

1 Junge mit Schwertfisch

2 Gasse in VALLETTA

3 Ein verglaster Balkon gehört zur Malteser Wohnung

4 Das Carrozzin ist auf Malta immer noch ein beliebtes Taxi

5 VALLETTA Gesamtansicht vom Grand Harbour

7 Der Angriff der Türken am 15. Juli 1565 auf Fort St. Michael, Senglea. Aus der Stichfolge von A. F. Lucini ▷

6 VALLETTA Das Hauptschiff der Johannis-Kathedrale mit den Gräbern der Ordensritter

8, 9 VALLETTA Großmeisterpalast: Details der vom Großmeister Perellos bei seinem Amtsantritt gestifteten französischen Gobelins
8 ›Der Eingeborenenkönig‹
9 ›Der jagende Indianer‹

10, 11 Valletta Großmeisterpalast: Details der vom Großmeister Perellos bei seinem Amtsantritt gestifteten französischen Gobelins
10 ›Das Zebra‹
11 ›Der Fischer‹

12 Krankensaal des Johanniter-Ordens im großen Hospital von Malta. Aus dem Regelbuch des Ordens von 1584

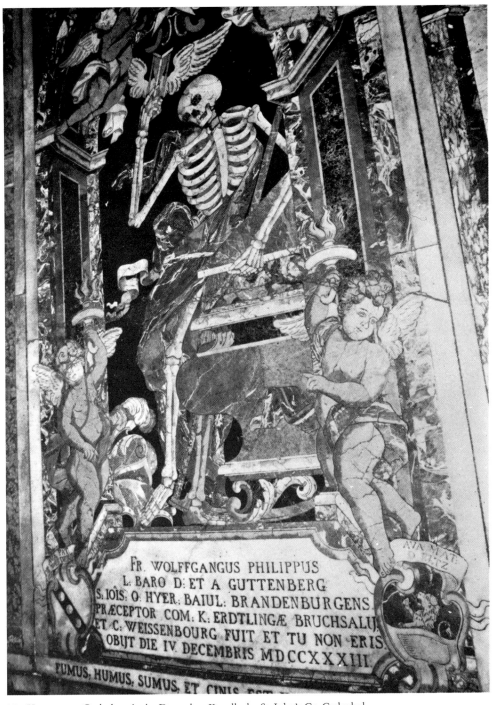

13 VALLETTA Grabplatte in der Deutschen Kapelle der St. John's Co-Cathedral

14 VALLETTA St. John's Co-Cathedral: ›Die Enthauptung Johannes' des Täufers‹, Hauptwerk Caravaggios, 1608, im Oratorium der Kathedrale. Der Maler setzte seinen Namen mit der Farbe des Blutes des Enthaupteten in die Mitte des unteren Bildrandes. Sein Werk beeinflußte nachhaltig die Kunstentwicklung Maltas

14a Caravaggio: Bildnis des Großmeisters Alof de Wignacourt, Louvre, Paris

15 VALLETTA St. John's Co-Cathedral

16 FLORIANA Unterirdische Getreidespeicher der Ordensritter ▷

17 FLORIANA Kirche St. Publius ▷▷

18 Im Grand Harbour verkehren die Dgħajsas als Wassertaxis

19 Uralter Brauch: jedes Fischerboot trägt am Bug zwei Augen

20 SENGLEA Die den Grand Harbour schützende Ritterfestung St. Michael. Der steinerne Pelikan des Wachtturms symbolisiert das Christentum, seine zwei Augen und Ohren »sehen und hören alles«
21 SENGLEA Fort St. Michael mit Blick auf Sliema Creek

22–24 SLIEMA Straße, Haustür und Fassade mit Balkonen

Der Konvent verlegte, sobald es möglich war, seinen Sitz von Mdina, der Città Nobile, nach Birġu und errichtete außer »Herbergen« der verschiedenen Zungen dort ein Hospital, das die Italiener an ihr Quartier anschlossen, und ein zweites, größeres, die »Sacra Infermeria«, Tochterhaus des Jerusalemer Hospitals. Ein drittes, recht kleines, hatte schon vorher in Mdina bestanden. Alle drei, für die damalige Zeit vorbildlich eingerichtet, gewannen während der Belagerungsmonate größte Bedeutung. Die Steine für diese Bauten wurden von sarazenischen Sklaven herbeigeschleppt, und die Malteser bewährten sich bei ihrer Verarbeitung. Das nötige Geld wurde, ebenso wie die Sklaven, weitgehend durch die »Karawanen« beschafft, die Beutezüge, um nicht zu sagen Kaperfahrten, die von den Rittern wieder aufgenommen wurden, sobald sie dazu in der Lage waren. Malta lag günstig hierfür, wenn auch weniger günstig als Rhodos. Die Kauffahrteischiffe des zu Macht und Reichtum gelangten Islam wurden eine leichte Beute für die wendigen und schnellen Ordensgaleeren. Sie lieferten außer ihren Waren die Sklaven für die Ruderbänke und den Festungsbau des Konvents.

Wir haben uns eine Zeit vorzustellen, in der Erbarmen nur den Angehörigen der eigenen Religion galt, in der gefangene Johanniter aus den ersten Familien Europas wie viele andere christliche Seefahrer und bei Beutezügen Gefangene Jahre oder ein Leben lang als Sklaven auf arabischen oder türkischen Schiffen verbrachten, bis zur tödlichen Erschöpfung mit der Peitsche zu vielstündigem Ruderdienst angetrieben – nicht anders, vielleicht noch härter behandelt als die Mohammedaner auf den Galeeren der Ritter. Der Großmeister Jean Parisot de la Valette (Farbt. 3), nach dem die Hauptstadt heute heißt, der heldenhafte Verteidiger Maltas während der großen Belagerung durch die Türken, war so ein Jahr lang auf einem türkischen Schiff Galeerensklave gewesen. In gewissem Sinn bedeuteten die »Karawanen« der Johanniter stets auch Rettungsdienst; denn sie befreiten auf jedem gekaperten Schiff des Islam die dort an ihre Ruderbank gefesselten Christen aus ihrer tödlichen Fron.

Die Flotte

Ein Jahr auf den Schiffen des Ordens gehörte ebenso wie ein Jahr Krankenpflege zur Ausbildung der Novizen. Später hatten sie an den dreimal im Jahr stattfindenden »Karawanen« teilzunehmen, wenn sie nicht in andere Länder zu diplomatischem oder anderem Dienst abgeordnet wurden. Im Winter ruhte die Seefahrt im Mittelmeer; denn weder Galeeren noch Segler waren den Stürmen gewachsen. Während dieser Monate überholten die Sklaven die Schiffe an Land.

Die Ordensflotte war, wie schon erwähnt, bei dem Kampf um Rhodos auf die »Große Karacke«, das Flaggschiff, zwei Galeeren und eine Barke zusammengeschmolzen. Sie wieder zu vergrößern und ihr die alte Bedeutung für die christliche Seefahrt im Mittelmeer zurückzugewinnen, war für die Ritter eine Lebensfrage. Immerhin, die »Große Karacke« konnte als ein Meisterwerk mittelalterlicher Schiffsbaukunst gelten. »Sie war in Nizza gebaut worden und hatte acht Decks oder Stockwerke und so viel Raum für Speicher und Magazine, daß sie sechs Monate lang auf See bleiben konnte, ohne zur Aufnahme von

DIE HOCHKULTUREN MALTAS: DIE JOHANNITER

Vorräten oder Wasser einen Hafen anzulaufen, denn sie hatte für diese ganze Zeit einen ungeheuren Vorrat frischesten und klarsten Wassers. Die Besatzung aß keinen Schiffszwieback, sondern ausgezeichnetes Weißbrot, das täglich frisch gebacken wurde. Das dafür nötige Getreide wurde in einer Unzahl von Handmühlen gemahlen, das Brot in einem Ofen gebacken, der so groß war, daß er zweitausend Laib faßte. Das Schiff war mit sechs Metallschichten beschlagen, von denen zwei unter der Wasserlinie mit Bronzeschrauben befestigt waren. Das Schiff war mit so vollendeter Kunst gebaut, daß es nicht sinken konnte... Es hatte prächtige Räume und eine Rüstkammer für fünfhundert Mann. Von der stattlichen Zahl an Kanonen aller Art braucht nicht mehr gesagt werden, als daß fünfzig von ihnen ungewöhnlich groß waren. Doch was dies alles krönte, war die unvergleichliche Schnelligkeit und Wendigkeit dieses gewaltigen Schiffes. Zudem konnte man die Segel erstaunlich leicht bedienen; es bedurfte geringer Mühe, sie zu setzen oder zu reffen und alle nautischen Manöver durchzuführen. Von der kämpfenden Truppe an Bord abgesehen, belief sich schon die Zahl der Seeleute auf dreihundert. Zu der Karacke gehörten zwei Galeeren zu je fünfzehn Ruderbänken, deren eine im Schlepptau gezogen wurde; die andere befand sich an Bord; nicht zu reden von den vielen Booten verschiedener Größe, die ebenfalls an Bord genommen wurden. Die Seitenbeplankung war so stark, daß, obwohl sie oft im Gefecht gewesen und von vielen Kanonenkugeln getroffen worden war, kein Geschoß die Bordwände oder die Aufbauten durchschlug.« (J. Taafe, History of the Order; Übersetzung Götz Pommer).

Die Galeeren besaßen im Gegensatz zu den großen Schiffen schon eine viele Jahrhunderte alte Vergangenheit. Phönizier, Griechen, Römer und schließlich Byzantiner hatten sie entwickelt und immer mehr vervollkommnet. Die des Ordens waren im Gegensatz zu den größeren venezianischen gewöhnlich 40 m lang und meist nur 6 m breit. Sie waren an Heck und Bug reich mit Schnitzereien verziert, in hellen Farben gehalten und boten mit ihrem Flaggenschmuck gewiß einen außerordentlich schönen Anblick, dem man die brutale Härte des Lebens auf ihnen nicht ansah, wenn sie auf dem Meer vorüberglitten. Ganz auf Schnelligkeit und Wendigkeit hin konstruiert, eigneten sie sich nicht zur Beförderung irgendwelcher Lasten. Sie waren reine Kriegsschiffe, ihr Kapitän ein Ordensritter, sein Stellvertreter desgleichen, und stets leisteten einige Novizen auf ihnen ihren einjährigen Dienst auf See ab. Etwa zweihundert Ruderer standen auf jeder Galeere zur Verfügung, dazu kamen fünfzig bis zweihundert Soldaten und etwa fünfzig Seeleute, zu denen Zimmerleute, Segelmacher, Köche, der Barbier des Kapitäns, der gleichzeitig als Wundarzt diente, und ein oder mehrere Lotsen gehörten. Über die Angriffstechnik der Galeeren des Ordens, die nur im Sturm, nie im Kampf untergehen durften, schreibt Ernle Bradford sehr anschaulich in seinem Buch ›Kreuz und Schwert‹:

»Die Geschwindigkeit der Galeere bei der Annäherung an andere Schiffe und beim Spurt vor dem Rammen und Entern hing von den Ruderern ab. Bevor man auf den Schiffen Geschütze mitführte, war die wichtigste Waffe der Galeere der Rammsporn. Man konnte auf zwei Arten von ihm Gebrauch machen: entweder kam man von der Seite und zerschmetterte die Schiffswand des Gegners, oder man führte ein schnelles Manöver parallel zur Schiffswand aus, bei dem die Ruder des Gegners zerstört wurden. Damit war er unbeweglich und wehrlos. Schließlich legte man an der Schiffswand des Feindes an, hielt ihn durch Enterhaken fest und enterte. Wenn die Galeere angriff, eröffneten Bogen- und Armbrustschützen das Feuer aufs gegnerische Deck. Diese Vorbereitung sollte den eigenen Truppen das Entern erleichtern. Das Prisenkommando setzte sich aus Rittern und Bewaffneten zusammen, die auf einer Plattform vor dem Hauptmast stationiert waren. Später standen an dieser Stelle auch leichte Kanonen, die man ebenfalls dazu benutzte, das gegnerische Deck vor dem Entern freizuschießen.«

Die große Belagerung (18. Mai bis 8. September 1565)

Die ersten drei Jahrzehnte auf Malta waren keineswegs friedlich gewesen, das erklärt auch die Härte des Seekriegs in dieser Zeit. Karl V. gelang es, die Araber aus Tunis zu vertreiben, und um das gleiche in Algier zu erreichen, versagte er den Rittern die geforderten zusätzlichen Gelder für den Ausbau der Befestigungen von Tripolis. 1519 beteiligte sich fast ganz Europa mit Seestreitkräften an seinem Angriff auf Algier. Die Johanniter sandten fünfhundert Ritter und tausend Gefolgsleute, eine Elitetruppe, die beim Angriff auf die Stadt die Vorhut stellen sollte. Das Unternehmen scheiterte jedoch kläglich; denn starke Nordstürme zerstörten die Flotte. Es wurde zu einer Katastrophe größten Ausmaßes, die unter anderem auch einen Seesieg der Türken 1538 und schließlich sogar den Verlust des schlecht geschützten Tripolis zur Folge hatte. Die Türken erwarben die unbeschränkte Vorherrschaft im Mittelmeer. Sie operierten im östlichen, Araber im westlichen Teil.

1551 überfiel der berberische Pirat Dragut Malta, belagerte erfolglos Mdina, setzte, da er dort auf mehr Widerstand als erwartet stieß, nach Gozo über und plünderte es erbarmungslos. Fast alle Einwohner wurden in die Sklaverei verschleppt. Danach griff Dragut Tripolis mit einer Übermacht an, der die unzulänglichen Befestigungen und das sie heldenhaft verteidigende kleine Besatzungskontingent der Ritter nicht widerstehen konnten. Es ging im selben Jahr, 1551, verloren – insofern nicht zum Unglück des Ordens, als er nun alle Kraft auf die Sicherung Maltas konzentrieren konnte. Denn daß binnen kurzem die Hauptstadt der Johanniter zum türkischen Angriffsziel werden würde, unterlag keinem Zweifel, und die Spione, die der Konvent am Hofe von Konstantinopel unterhielt, bestätigten diese Vermutung.

Die Gegner, die sich in diesem Kampf, der für den Orden ein Kampf auf Leben und Tod sein würde, gegenüberstanden, waren gleich alt, beide waren ungewöhnliche, bedeutende Männer, und beide hatten schon den verzweifelten Kampf um Rhodos miterlebt. Jean Parisot de la Valette, mit zwanzig Jahren in den Konvent eingetreten, mit achtundzwanzig einer der Verteidiger von Rhodos, seitdem zeitweise Admiral der Ordensflotte, mit dreiundsechzig, im Jahr 1557, Großmeister, ein Mann, der sieben Sprachen beherrschte, war wie Sultan Soliman, sein Gegner, siebzig, als dieser versuchte, dem Orden auf Malta den tödlichen Schlag zu versetzen. Die Ritter hatten seinem Angriff, der mit einer Flotte von mehr als zweihundert Schiffen und einer Armee von dreißigtausend, nach anderen

67

DIE HOCHKULTUREN MALTAS: DIE JOHANNITER

Schätzungen vierzigtausend Mann, erfolgte, nur ungefähr vierhundertfünfzig Ritter und dienende Brüder, etwa tausend spanische Fußsoldaten und Arkebusiere, dazu drei- bis viertausend Mann maltesischer Miliz entgegenzustellen. Nur die drei Forts: *St. Angelo* vor Birġu, *St. Michael* auf Senglea und *St. Elmo* auf der Landspitze, die später die Stadt Valletta tragen sollte, sicherten den großen Hafen und damit den Konvent selbst.

Am 18. Mai 1565 wurde die überwältigend große türkische Flotte zuerst von den Forts St. Elmo und St. Angelo gesichtet. An Land jedoch ging das Heer in der ungeschützten südlichen Bucht von *Marsascirocco*. Der Orden konnte nicht daran denken, Landung und Vormarsch zu verhindern, er mußte sich ausschließlich auf seine Verteidigung innerhalb der drei befestigten Plätze beschränken. Andererseits kam ihm die ungewöhnliche Kargheit des Landes, seine Wasserarmut, sein Mangel an Holz und Nahrung für eine solche feindliche Übermacht zu Hilfe. Die Türken waren gezwungen gewesen, sowohl Lebensmittel wie Zelte und Bauholz für ihre Geschützstellungen und anderes über eine Entfernung von über fünfzehnhundert Kilometern mit sich zu führen, und sie fanden in der *Marsa*, die von Birġu und Senglea ungefähr gleich weit entfernt war, das ausnahmsweise dort vorhandene Wasser auf Befehl des Großmeisters vergiftet vor.

Der Kampfplatz der Belagerung von 1565. Aus der Stichfolge von Antonio Francesco Lucini nach den Fresken von Matteo Perez d'Aleccio im Großmeisterpalast in Valletta von 1565

Die Einzelheiten der Belagerung des zuerst angegriffenen Forts *St. Elmo*, die unglaublichen Anstrengungen auf beiden Seiten, das Ausheben von Laufgräben, der Bau von Geschützstellungen in einem Land, das keine Erde, nur Fels besaß, seitens der Türken, die fieberhaft vorgenommene, in Tag- und Nachtarbeit vorangetriebene Errichtung und Verstärkung von Umwallungen seitens der Malteser, dann der pausenlose, gezielte Angriff mit Kanonenkugeln aus Eisen, Marmor oder Stein, müssen hier übergangen werden. Doch sei eine Episode dieses Kampfes, wie sie Ernle Bradford schildert, berichtet:

»Es nimmt nicht wunder, daß gegen Ende Mai die Mauern auf der Landseite von St. Elmo teilweise einzustürzen begannen. Um diese Zeit erhielt La Valette im Beratungssaal von St. Angelo eines Nachts überraschenden und nicht eben erfreulichen Besuch. Eine Abordnung von Rittern war unbemerkt von St. Elmo herübergekommen, um ihm mitzuteilen, daß die Lage unhaltbar sei. La Valette dachte an Rhodos. Er muß geglaubt haben, daß die Jüngeren ihren Vätern nicht ebenbürtig waren. Vor seiner eisigen Verachtung wandelte sich der Wankelmut der Ritter in Scham. Als er sagte, sie brauchten nicht nach St. Elmo zurückzukehren, er und seine ausgewählte Truppe würden sie ablösen, baten sie um Erlaubnis, sich wieder zu ihren Posten begeben zu dürfen. Nach ihrem Weggang teilte der Großmeister seinem Rat mit, er wisse genau, daß das Fort dem Untergang geweiht sei, doch je länger es aushalten könne, desto größere Hoffnung bestünde für den Orden. Um die geschwächte und ausgelaugte Garnison kampffähig zu erhalten, ließ er Nacht für Nacht frische Truppen auf kleinen Booten übersetzen, die auf dem Rückweg die Verwundeten zum Hospital in Birġu brachten. Ohne diese ständige Verstärkung wäre St. Elmo noch viel früher gefallen.«

Als zu den Belagerern der in seiner Art bedeutende Pirat Dragut, Eroberer und jetzt Herr von Tripolis, stieß, verschärfte sich der Angriff noch. Dragut erkannte sofort, was versäumt worden war, u. a. daß die Türken zuerst den Nordwestteil der Insel hätten einnehmen müssen, um La Valette zu hindern, auf diesem Weg durch die feindlichen Linien Boten nach Gozo und von dort nach Sizilien zu schicken, die Hilfe herbeirufen sollten. Er bezog Stellung auf dem Monte Sciberras, unterband das nächtliche Nachschubmanöver von St. Angelo nach St. Elmo durch Patrouillenboote und »dirigierte die Aufstellung weiterer Batterien an nördlich und südlich gelegenen Punkten«. Das kleine Fort St. Elmo war nun einem allseitigen gewaltigen Bombardement ausgesetzt. Es hätte in wenigen Tagen fallen müssen, als die Elitetruppen des Sultans zu immer neuen Sturmangriffen auf die bröckelnden Mauern übergingen, aber es hielt sich noch drei Wochen. Von jeder Nachschubmöglichkeit abgeschnitten, kämpften schließlich nur noch wenig mehr als hundert Mann, auch diese fast alle verwundet. Zwei Ritter, die nicht mehr stehen konnten, ließen sich auf Stühlen nach vorn tragen, um bis zuletzt zu kämpfen.

Als nur noch einige Ritter und wenige dienende Brüder lebten und Berber und Türken schon über die Mauern eindrangen, entzündete einer der Ritter das Leuchtsignal, das St. Angelo den Fall St. Elmos anzeigte. Die Türken hatten Befehl, jeden Überlebenden niederzumachen, die Berber jedoch zogen Gefangene vor, um Lösegeld auszuhandeln. So starben nicht alle Besiegten. Aber Dragut war gefallen und Tausende der Belagerer mit ihm.

DIE HOCHKULTUREN MALTAS: DIE JOHANNITER

Die Belagerung von 1565. In der Mitte die Halbinsel Senglea, rechts Birġu (Vittoriosa) mit Fort St. Angelo. Aus der Stichfolge von A. F. Lucini

Der türkische Heerführer ließ die toten Ritter enthaupten, ihre Leiber auf Kreuze nageln und von der Strömung im Hafen nach St. Angelo hinübertragen. Von vier der dort angeschwemmten Leichen wurden zwei identifiziert. Daraufhin ließ der Großmeister alle türkischen Gefangenen in St. Angelo enthaupten, ihre Köpfe mit seinen beiden großen Kanonen zu den Türken hinüberschießen und jeden Morgen an den Mauern von Mdina einen türkischen Gefangenen aufhängen. Die Tage des ritterlich geführten Kampfes um Rhodos waren endgültig vorüber.

Kurz darauf erreichte ein kleineres Ersatzheer aus Sizilien mit zweiundvierzig Rittern und einer Anzahl »edler Freiwilliger«, insgesamt etwa tausend Mann, auf Schleichwegen Birġu und St. Angelo. Wahrscheinlich in Überschätzung dieser Hilfstruppen bot der türkische Heerführer Mustafa Pascha danach dem Orden Frieden zu den gleichen Bedingungen wie seinerzeit L'Isle Adam auf Rhodos an: freien ehrenvollen Abzug. La Valette lehnte ab, nachdem man den Boten mit verbundenen Augen zu einer Stelle zwischen den Bastionen von Auvergne und Provence geführt und ihm dort die Höhe der Mauern und die Tiefe des Wallgrabens gezeigt hatte. Der Großmeister wußte, daß der Orden nach dem Verlust von Rhodos und Malta keine dritte Heimat mehr finden würde.

Die Einzelheiten der folgenden harten Kämpfe um Birġu, sein Fort St. Angelo und um Senglea und Fort St. Michael (Abb. 7) können hier nicht berichtet werden. Die heldenhafte Verteidigung von St. Elmo mag als Beispiel für den Kampfgeist der Johanniter stehen: Am 18. Mai waren die Türken gelandet, und erst am 23. Juni war das kleine Fort, das die Hafeneinfahrt sperrte, gefallen. Die nächsten heißen Sommermonate hindurch berannten Türken und Berber mit unaufhörlichen Kanonaden und ihrer Heeresübermacht die beiden noch verbliebenen Forts und die zu ihnen gehörenden Ordenssitze. La Valette ließ schließlich die Brücke zwischen Birġu und St. Angelo sprengen, um den Seinen jeden Rückzug abzuschneiden. Er erreichte damit, daß sich die Kräfte des Gegners teilen und auf mehrere Fronten zugleich konzentrieren mußten. Er gewann damit vor allem auch Zeit. Mit fremder Hilfe rechnete er zwar nicht mehr, wohl aber mit den üblichen Seuchen im Feindeslager und mit dem Herbst, der ein so großes Heerlager, das fünfzehnhundert Kilometer von der Heimat auf dem kargen Malta operierte, in Versorgungsschwierigkeiten bringen mußte. Die Ritter ihrerseits hatten Seuchen weniger zu fürchten als die Belagerer. Ihre Hygiene-Vorschriften, ihr Hospital und ihre medizinischen Erfahrungen waren die besten Europas. Es gelang ihnen, ihre Verwundeten zu heilen und wieder kampffähig zu machen und so ihre Verluste gering zu halten. Aber jeder Tag brachte neue, und jeden Tag zerbröckelten die Festungsmauern mehr. Am 18. August brachte eine Mine unter dem Posten von Kastilien einen großen Teil der Hauptbastion zum Einsturz, und die Feinde stürmten schon scharenweise in die entstandene Lücke. Da führte der siebzigjährige Großmeister selbst eine kleine Truppe zur Verteidigung der Bresche an und gab, auch als er am Bein verwundet worden war, nicht auf, bis der Feind zurückgeschlagen war.

Als im Hospital schon kein Bett mehr frei war, die Munition streng rationiert werden mußte, die Krankheiten zunahmen und die Ernährung mangelhaft wurde, kam die Rettung wie durch ein Wunder. Don Garcías längst angekündigtes spanisches Ersatzheer aus Sizilien landete in der Mellieħa-Bucht im Nordosten Maltas. Es war nur etwa halb so groß wie versprochen, etwa achttausend Mann statt sechzehntausend, aber die Nachricht von seiner Landung – und gewiß auch die Überschätzung dieser Truppen – genügte, um die Türken zum Abbruch der Belagerung zu veranlassen, obwohl sie zu diesem Zeitpunkt noch über ungefähr zwanzigtausend Soldaten verfügten. Am 8. September konnten die Glocken des zerstörten Birġu und die von Senglea die Befreiung einläuten. Der Großmeister Jean Parisot de la Valette hatte Malta dem Orden für mehr als zwei Jahrhunderte gerettet und das Abendland vor der Überflutung durch den Islam bewahrt.

Die neue Stadt Valletta

Die Bilanz, die der Orden nach der Belagerung ziehen mußte, war erschreckend. Zweihundert seiner Ritter waren gefallen, die anderen fast alle verwundet, viele verkrüppelt. Die Verluste der Verteidiger beliefen sich auf etwa siebentausend Malteser, Spanier und Söldner, die der Belagerer auf mindestens fünfundzwanzigtausend, wahrscheinlich aber auf dreißigtausend Mann. Die Befestigungen waren so zerstört, daß man kaum hoffen durfte, sie bis

DIE HOCHKULTUREN MALTAS: DIE JOHANNITER

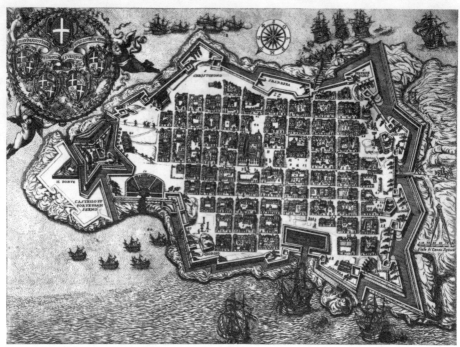

Die Stadt Valletta. Aus der Stichfolge von A. F. Lucini

zum Frühjahr auszubessern. Aber: »Der Türke kehrt immer zurück«, lautete ein alter Erfahrungssatz, und der Großmeister mußte mit einem neuen Angriff rechnen, sobald die Schiffahrt wieder möglich sein würde. Doch nun kam ganz Europa dem Orden zu Hilfe. Der heroische Widerstand der Johanniter beeindruckte selbst protestantische Staaten wie das England der Königin Elisabeth I. Von allen Seiten kam finanzielle und praktische Unterstützung in das kleine Malta, das sich als der »Schild Europas« vor dem Islam erwiesen hatte. Papst Pius IV. schickte einen der besten Festungsbaumeister der Zeit: Francesco Laparelli, einen Schüler Michelangelos (s. S. 103). Ende Dezember 1565 traf er in Malta ein, drei Tage später legte er schon dem Großmeister und dem Rat seine Vorschläge dar. Er kam auf einen alten Plan zurück, den man früher wegen der hohen Baukosten nicht hatte ausführen können. Eine neue Stadt, die Hauptstadt des Ordens, sollte auf dem Monte Sciberras erbaut werden, auf dessen äußerster Landzunge St. Elmo lag. Hier hatte Dragut sein Lager aufgeschlagen, oberhalb des Forts und damit in der günstigsten Position für eine Belagerung. Das würde sich nicht wiederholen.

Am 28. März 1566 wurde der Grundstein für die neue Stadt gelegt, die nach La Valette benannt wurde. Eine schachbrettartig auf dem Reißbrett entworfene Stadt wie die aus den

Lagern der Legionen des alten Rom entstandenen Städte, aber mit dem Reiz des Auf und Ab ihrer Straßen, wie sie sich durch die Hänge des Monte Sciberras ergaben (s. Plan in der hinteren Umschlagklappe). Die Könige von Spanien, Portugal und Frankreich stifteten gewaltige Summen für den Stadtbau, ebenso die einzelnen Ordensmitglieder und die Komtureien aus ganz Europa. Der Ruhm Maltas hatte sich über das ganze christliche Abendland verbreitet, und freiwillige Spenden ermöglichten jetzt, was vorher undenkbar schien.

Dennoch hätte der Orden wohl kaum im Laufe eines Winters Malta in einen Verteidigungszustand versetzen können, der einem neuen Angriff im folgenden Frühling standhielte. Aber der Türke kam diesmal nicht zurück. Es gab zwei Gründe dafür: Das Arsenal von Konstantinopel, in dem ungeheure Vorräte an Schießpulver aufgehäuft waren, wurde – es heißt, auf Befehl des Großmeisters von Spionen des Ordens – in die Luft gesprengt und zerstörte bei dieser Explosion weitgehend Werft und Flotte des Sultans. Soliman selbst führte in diesem Sommer einen Feldzug in Ungarn und starb dort Anfang September 1566. Malta, das in den folgenden Jahrzehnten zu einer uneinnehmbaren Festung ausgebaut wurde, hatte nie wieder einer mohammedanischen Belagerung standzuhalten.

La Valette, der drei Jahre nach der heroischen Verteidigung seiner Insel starb, wurde schon in der nach ihm benannten neuen Stadt beigesetzt, deren Bau nun so weit fortgeschritten war, daß Laparelli den Papst bitten konnte, nach Italien zurückkehren zu dürfen und statt seiner die Fortführung der Arbeiten seinem Gehilfen, dem Malteser Girolamo Cassar anzuvertrauen. Mit ihm beginnt die Reihe der Malteser Barockbaumeister.

Baumeister des Ordens

FRANCESCO LAPARELLI DI CORTONA (1519–1570)
Italiener, Festungsbaumeister und ab 1566 Planer und Erbauer von Valletta, vom Papst gesandt

GIROLAMO CASSAR (1520–1586)
Ab 1568 als Nachfolger Laparellis leitender Architekt des Ordens. Werke: 1568–1572 Großmeisterpalast, 1573–1577 St. John's Co-Kathedrale, die sieben »Herbergen« der Ordensritter, Verdala Palace, mehrere Kirchen

VITTORIO CASSAR (ca. 1550–1610)
Sohn Girolamos und sein Nachfolger, Vollender seines Werkes und Festungsbaumeister. Schönstes Werk: Alte Pfarrkirche von Birkirkara (Church of Assumption)

GIOVANNI ATTARD
Erbaute zwischen 1610 und 1614 im Auftrag des Großmeisters Alof de Wignacourt den Aquädukt, der über neun und eine halbe Meile Wasser in die neue Stadt Valletta führte. Fremde Ingenieure hatten mehrfach bei dieser Aufgabe schon versagt, als der Großmeister das Werk dem einheimischen Attard übertrug

TOMMASO DINGLI (1591–1666)
Schüler und Gehilfe Attards. Er entwarf die alte Porta Reale (Kings bzw. City Gate) in Valletta (jetzt erneuert), den Bischofspalast in Valletta und vollendete die Pfarrkirche von Birkirkara, die Vittorio Cassar begonnen hatte. Architekt verschiedener Kirchen auf Malta.

DIE HOCHKULTUREN MALTAS: DIE JOHANNITER

LORENZO GAFÀ (1630–1704)
Erbauer der Kathedrale von Mdina (1697) und
von Kirchen in Valletta, Floriana, Qormi, Vittoriosa, Rabat und Siggiewi und von St. Catherine
in Zejtun (1692). Nach dem Architekturstudium
in Rom, wo sein Bruder Melchiorre Gafà als
Maler und Bildhauer wirkte, setzte er auf Malta
den Barockstil durch. Er arbeitete auch als Bildhauer

GIOVANNI BARBARA (1670–1730)
Festungsbaumeister und Architekt von Kirchen,
so St. James für die Zunge von Kastilien in
Valletta (1710), ferner in Mdina Erbauer des
Ehem. Erzbischöflichen Palastes, der heute das
Kathedral-Museum birgt (ca. 1732), wohl nach
seinem Tode vollendet

GIUSEPPE BONICI (1707–ca. 1780)
Schüler Barbaras, arbeitete unter ihm an den
Festungsanlagen von Floriana. Seine Pfarrkirche
des St. Publius in Floriana war die letzte große
Pfarrkirche der Ordensritterzeit. Grundsteinle-
gung 1733. Kirchen und Häuser in Valletta und
die Kirche in Nadur auf Gozo

DOMENICO CACCHIA (ca. 1700–1790)
Bedeutendster Architekt seiner Zeit. Erbauer von
Selmun Palace und Vollender der Herberge von
Kastilien, die von Girolamo Cassar 1574 entwor-
fen worden war (1744). Pfarrkirche St. Helena in
Birkirkara, begonnen 1735
(Nach: Quentin Hughes,
›The Buildings of Malta 1530–1795‹,
London 1967)

»Allen Christen, die in Not sind, helfen ...«

Das Krankenhaus an der Ostseite von *Birgu* hatte sich während der großen Belagerung
hervorragend bewährt. Schon, daß trotz der Enge und Fülle an Verwundeten keine Seuche
ausbrach, ist für die damalige Zeit erstaunlich. Für die neue Stadt aber war ein neues,
größeres Hospital erforderlich. Man wählte dafür, nicht sehr glücklich, einen Platz an der
Südseite des Monte Sciberras beim Großen Hafen, um die Kranken durch einen überdachten
Gang direkt von den Schiffen dorthin bringen zu können, bedachte aber nicht, daß damit die
gesunden, wenn auch starken Nord- und Nordostwinde abgehalten wurden und es dem
Schirocco ausgesetzt war. Damals galt das neue Hospital (Abb. 12) unbestritten als das
größte und beste Europas, und auch heute noch ist der Hauptkrankensaal (60 m lang, 15 m
breit und über 10 m hoch) einer der größten derartigen Räume. Seine Höhe war durch das
heiße Klima bedingt, in dem Temperaturen von 40 Grad im Sommer häufig sind. Wer der
Architekt war, weiß man nicht; nur, daß es unter dem Großmeister La Cassière errichtet
wurde und daß der Baumeister wahrscheinlich das Hospital Santo Spirito in Rom zum
Vorbild nahm.

Aus dem Tagebuch des britischen Schiffspfarrers Henry Teonge von 1674 stammt die
Beschreibung: »Es ist so breit, daß in der Mitte desselben mit Leichtigkeit zwölf Mann
nebeneinander gehen können. Auf beiden Seiten stehen Betten mit Eisenpfosten, sie sind mit
weißen Vorhängen, Laken und Überdecken versehen und werden äußerst sauber, rein und
frisch gehalten ...« Daß die Ritter persönlich die Patienten – nicht aus Prahlsucht, sondern
aus Hygienegründen – von silbernen Tellern bedienten, ist bekannt. Im 18. Jahrhundert
zwang sie dann notwendig gewordene Sparsamkeit zum Gebrauch von Zinn.

Grundlage des medizinischen Wissens waren immer noch die Schriften der griechischen Antike, Hippokrates, Galenus, Aristoteles wurden studiert, dazu die arabischen Gelehrten und Naturwissenschaftler, besonders Avicenna. Eigentümlich war die Verwendung eines schwarzen Pilzes (sucus cossineus melitensis), der auf einer schwer zugänglichen Klippe vor der Küste von Gozo wuchs (s. S. 191). Er galt als eine Art Allheilmittel, und sein Besitz wurde von den Johannitern so streng gehütet, daß sie einen Wachtturm gegenüber diesem »Pilzfelsen« errichteten, um Diebstahl zu verhindern. Dabei war er überhaupt nur über Seile, an denen ein Korb entlangglitt, und keineswegs gefahrlos zu erreichen. Eine 1968 durchgeführte Analyse konnte keinerlei Heilwirkung durch ihn feststellen.

Daß der Orden auch in den folgenden Jahrhunderten seine Verpflichtung, den Kranken zu helfen, nicht vergaß, zeigt seine Haltung im Jahr 1693, als auf Sizilien die Stadt Augusta durch ein Erdbeben verheert wurde. Fünf Galeeren brachen sofort mit Ärzten, Arzneien, Essen und Kleidung nach Sizilien auf, obwohl Malta selbst einigen Schaden erlitten hatte. Fast ein Jahrhundert später, 1783, beim Erdbeben, das Reggio di Calabria und Messina verwüstete, lief die gesamte Ordensflotte zur Hilfeleistung aus und brachte Zelte, zwanzig Kisten mit Arzneimitteln, etwa zweihundert Betten und die besten Ärzte nach Italien. Einigermaßen betroffen über so viel Hilfsbereitschaft bei eigener Ohnmacht, ließ die Regierung Ferdinands von Neapel dem Großmeister de Rohan ausrichten, das Königreich beider Sizilien habe den Orden nicht um Beistand gebeten und ersuche ihn, seine Flotte zurückzuziehen. Der Großmeister antwortete, der Orden tue nur, was er seit Jahrhunderten zu tun gewohnt sei, nämlich »allen Christen, die in Not sind, helfen«. Worauf ihn König Ferdinand gewähren ließ.

Vom Ausgang des 16. bis zum Ende des 18. Jahrhunderts

In den Jahrhunderten, die der Großen Belagerung folgten, hat der Orden trotz zunehmender Verweltlichung und Lockerung der Sitten diese seine einmal übernommene Aufgabe getreulich erfüllt. Seine Galeeren blieben die »Polizei« des Mittelmeers, von allen christlichen Schiffen zuerst gegrüßt, Befreier unzähliger christlicher Sklaven auf Schiffen des Islam, mit todesmutigen Kämpfern besetzt und entsprechend geehrt. Allein den Johannitern war es gestattet, das Gebiet der Republik Venedig bewaffnet zu betreten, ein Vorrecht, das selbst Bürger der Stadt nicht besaßen.

An der Schlacht von Lepanto im Jahre 1571, die Don Juan d'Austria den Sieg über die Türken brachte, war der Orden allerdings nur mit drei Galeeren beteiligt, weil er kurz vorher drei von vier Transportschiffen bei einem Überfall durch den algerischen Piraten Ochiali verloren hatte. Der kommandierende Ordensadmiral Saint Clement mußte diesen Verlust mit einem Prozeß, der Ausstoßung aus dem Konvent und dem Tod durch die Zivilgerichtsbarkeit bezahlen. Ein hartes Urteil für Feigheit vor dem Feind, aber der Ruf der Johanniter als unbesiegbar erforderte dieses Opfer, hatte doch schon vor der Großen Belagerung ein türkischer Kapitän Sultan Soliman berichtet: »Wann immer sie eines unserer Schiffe angriffen, haben sie es entweder versenkt oder gekapert.«

DIE HOCHKULTUREN MALTAS: DIE JOHANNITER

In der Schlacht bei Lepanto kämpften die Galeeren des Ordens auf dem äußersten rechten Flügel gegen einen zahlenmäßig weit überlegenen Feind, den Vizekönig von Algier, gewannen eine schon verlorengegangene Galeere durch heldenhaften Einsatz einzelner Ritter wieder zurück und zeichneten sich durch äußerste Furchtlosigkeit aus. Auf dem zurückeroberten Schiff fanden sie nur drei Überlebende der Ihren: zwei bewußtlose, verwundete Ritter und den Prior mit sieben Pfeilen im Körper. Zehntausende christlicher Sklaven wurden durch den Sieg der Verbündeten bei Lepanto von den türkischen Ruderbänken befreit.

Trotzdem mußten das ganze 16. Jahrhundert hindurch die Ordensgaleeren im Mittelmeer gegen die Piraten der Berberküste operieren, um Italien, Sardinien, Sizilien und die eigenen Inseln vor ihren Überfällen zu schützen. In diese Zeit fällt die Einsetzung eines Inquisitors auf Malta, hervorgerufen durch die Spannungen zwischen dem stolzen und eigensinnigen Großmeister La Cassière und dem Bischof von Malta. Doch hat die Inquisition gerade auf Malta kaum Macht ausgeübt. Im Gegenspiel der Kräfte verstanden es sowohl der Orden wie die Bischöfe stets, ihre Leute bald wieder unversehrt aus den Gefängnissen der Inquisition herauszuholen (s. S. 112).

In diesem noch so kriegerischen Jahrhundert, das den Rittern hohe militärische Leistungen und eiserne Disziplin abverlangte, entstanden aber auch schon die ersten Bauten, die den Repräsentationsgeist des reichen Ordens dokumentieren: die vom Großmeister Cassière gestiftete *Co-Kathedrale* (Abb. 15; s. S. 100) und der vom Kardinal und Großmeister Verdala (1581–1595) erbaute wehrhafte schöne *Verdala-Palast* (Abb. 66; s. S. 144).

Die nächsten ruhigeren Jahrhunderte begünstigten dann eine Prachtentfaltung sondergleichen und damit auch eine Lockerung der Sitten. Die jungen Ritter, die aus den ersten Adelsfamilien kamen, brachten einen Lebensstil von den großen Höfen Europas mit, der sich schlecht mit den Ordensgelübden des Bruders Gerhard aus dem 11. Jahrhundert vertrug. Im 17. Jahrhundert schon galt *Valletta* als eine Stadt, in der es eine Überfülle williger Frauen aus aller Herren Ländern gab und in der eine besonders schlimme Form der Syphilis zu Hause war. Ein englischer Reisender berichtete, daß es drei Nonnenklöster in Valletta gebe: eines für Jungfrauen, ein zweites für bußfertige Huren, das dritte für ihre Bastarde, an denen kein Mangel war, da es den Rittern bei Strafe der Ausstoßung aus dem Orden verboten war, ihre unehelichen Kinder anzuerkennen. Aus dem 18. Jahrhundert gibt es die Schilderung eines anderen Engländers, der den Aufbruch dreier Galeeren zu einem Überfall auf Tunis miterlebte. Er sah, wie die Geliebten der ausfahrenden Ritter winkend und weinend sich auf den Bastionen Vallettas drängten und wie die Ritter ohne Scheu zurückwinkten. Allen Versuchen, die Prostitution auf Malta einzudämmen, waren nur vorübergehende und geringe Erfolge beschieden.

Die Malteser, die, wie ihre Bischöfe, durch das selbstherrliche Auftreten besonders der jugendlichen Ritter leicht in ein gespanntes Verhältnis zum Orden gerieten, konnten doch nicht verkennen, daß sie Sicherheit und Schutz genossen wie keine anderen Küstenbewohner des Mittelmeers. Während Sardinien, Sizilien und der Süden Italiens in Armut und ständiger Bedrohung durch afrikanische Seeräuber, dazu von spanischen Statthaltern ausgepreßt, dahindämmerten, wuchs ihr Wohlstand von Jahrhundert zu Jahrhundert durch neue Handels- und Gewerbezweige, durch den Schiffsbau und die rege Bautätigkeit des Ordens. Die Einwohnerzahl Maltas verfünffachte sich während der Johanniterherrschaft. Für Notzeiten, d. h. vor allem für eine mögliche neue Belagerung, waren riesige Getreidevorräte aus Sizilien unterirdisch gespeichert (Abb. 16). Aber nur noch einmal, fünfzig Jahre nach der großen Belagerung, wagte der Islam eine Landung von einigen tausend Mann, die sehr schnell ergebnislos endete. Zu gut war Malta inzwischen befestigt und gerüstet. Seine Bewohner genossen einen Frieden, der wohl nur noch mit dem des Römischen Weltreichs zu vergleichen war. Die dreimal im Jahr stattfindenden »Karawanen« der Ritter brachten zudem einen Überschuß an mohammedanischen Sklaven ins Land, der wohl auch den Inselbewohnern zugutekam. Im 18. Jahrhundert gab es ungefähr zweitausend Sklaven auf Malta, und der Orden war dazu übergegangen, diese menschliche Kaperbeute, soweit sie den eigenen Bedarf überstieg, an Händler aus den großgewordenen Seerepubliken Genua und Venedig zu verkaufen, wie christliche Sklaven auf dem Markt von Tunis verkauft wurden.

Daß dieser Sklavenreichtum, wenn man es so nennen darf, auch Konfliktstoff in sich barg, zeigt der Aufstand, der während der zweiunddreißigjährigen Regierungszeit des portugiesischen Großmeisters Manuel Pinto von Ruder- und Landsklaven gemeinsam geplant worden war und der nur durch den Verrat eines Juden, der sich direkt an den Großmeister wandte, rechtzeitig verhindert wurde. Sechzig Rädelsführer wurden gehenkt und verschärfte Bestimmungen für die Haltung von Sklaven erlassen, so die, daß alle im Haus Beschäftigten nachts ins Bagno zurückzukehren hatten.

Es scheint, daß die lange Amtszeit Pintos – der zweiundneunzig Jahre alt wurde, eine strenge und starke Persönlichkeit war und offenbar höchst autoritär regierte, so daß die jüngeren Johanniter keine Aufstiegsmöglichkeiten mehr für sich sahen – zum Niedergang des Ordens gegen Ende des 18. Jahrhunderts beigetragen hat. Wie die Zeit der Galeeren in der Schiffahrt nun vorüber war, so wohl auch die Zeit der Ritter des Heiligen Johannes im konservativen Sinn, wie er auf Malta gepflegt wurde.

Kapitulation vor Napoleon

Im Frankreich der großen Revolution mußte ein Orden, dessen Mitglieder nur aus alten Adelsfamilien stammten, vollends als überlebt gelten. Er beging zudem den Fehler, dem Finanzminister Ludwigs XVI., Necker, auf dessen Aufruf hin freiwillig als Spende ein Drittel der Einkünfte der Johanniter in Frankreich zur Verfügung zu stellen und auch einen Kredit von 500 000 Francs dem König für seine – dann schon bei Varennes gescheiterte – Flucht zu verpfänden. Die Folge war, daß 1792 alle französischen Besitzungen der Ritter eingezogen wurden. Das war ein vernichtender Schlag, um so mehr, als gerade in Frankreich der Orden sehr stark gewesen war.

Auf Malta selbst gehörten fast zwei Drittel der Ritter den drei französischen Zungen an. Auch das hat zu dem raschen Fall der Insel beigetragen, deren letzter Großmeister

77

DIE HOCHKULTUREN MALTAS: DIE JOHANNITER

Napoleon landet am 12. Juni 1798 im Grand Harbour. Zeichnung Marinet, Paris

Napoleon übernimmt Malta vom letzten Großmeister Ferdinand von Hompesch. ▷
Zeichnung Nodet, Paris

Birġu (Vittoriosa) mit Fort St. Angelo, 1800. Zeichnung Duplessi-Berteux, Paris ▷

Ferdinand von Hompesch (seit 1797) zum erstenmal ein Deutscher war. Sein kampfloser Verzicht, als Napoleon auf dem Ägyptenfeldzug im Juni 1798 mit seiner Flotte vor den Bastionen Vallettas erschien und die Übergabe verlangte, ist vielleicht nicht zu entschuldigen, aber doch teilweise zu erklären. Franzosen hätten gegen Franzosen kämpfen sollen, Christen gegen Christen, was die Ordensregel von jeher verbot, und von den anwesenden Rittern schieden fünfzig wegen Alter oder Krankheit aus. Dazu waren die Johanniter keineswegs mehr krieggewohnt, ihre alten Geschütze nur noch zu Salutschüssen und dergleichen abgefeuert worden, die Karawanen längst eingestellt, die gebürtigen Malteser dafür zu immer höheren Steuern herangezogen und entsprechend unzufrieden mit ihren Herren – eine Unzufriedenheit, die französische Agenten noch zu schüren wußten. Kurz, von Widerstand gegenüber einer Flotte von vierzehn Linienschiffen, dreißig Fregatten und dreihundert Transportern konnte keine Rede sein.

DIE HOCHKULTUREN MALTAS: DIE JOHANNITER

Napoleon, der den offiziellen Auftrag seiner Regierung hatte, Malta zu nehmen, begann seine Eroberung mit der formellen Bitte, seine Schiffe in den Großen Hafen einlaufen zu lassen, um Wasser aufzunehmen. Immerhin, der Rat, der unter dem Großmeister zusammentrat, verweigerte mit nur einer Gegenstimme diese Forderung mit dem Hinweis auf einen Vertrag, nach dem nie mehr als vier fremde Kriegsschiffe im Hafen sein durften. Mit der Begründung »Wie lange würde es dauern, bis bei dieser Geschwindigkeit fünfhundert Schiffe Wasser und Lebensmittel an Bord genommen hätten?« erklärte Napoleon seinen Entschluß, sich das Verlangte gewaltsam zu verschaffen.

Am 9. Juni war seine Flotte vor Malta erschienen, und da von Hompesch »in fast unglaublicher Entschlußlosigkeit« allein in seinem Palast saß und jede Organisation eines Widerstands fehlte, nur einige beherzte Ritter auf eigene Faust etwas unternahmen, waren schon vor Einbruch der Dunkelheit auf Gozo die Zitadelle von *Rabat* (heute *Victoria)* und das Fort *Chambray* und auf Malta Fort *Ricasoli* gefallen, und die Franzosen standen an der Cotonerlinie. Bereits zwei Tage später, am 11. Juni 1798, wurde der Waffenstillstand unterzeichnet. Der Orden verzichtete auf seine Souveränität auf den Inseln zugunsten Frankreichs. Eine sehr hohe Pension für den Großmeister, erheblich niedrigere für die Ritter, die auf Malta zu bleiben wünschten, wurden ausgehandelt, nie verwirklichte Versprechungen auf künftigen Landbesitz gemacht, den Johannitern der französischen Zungen die Rückkehr nach Frankreich gestattet, soweit sie nicht gleich ins Heer einzutreten wünschten. Und dann wurde so gründlich geplündert, daß es alle Befürchtungen übertraf. Als am 18. Juni Großmeister von Hompesch und alle Mitglieder des Konvents, die mit ihm zu gehen wünschten, die Insel verlassen mußten, waren sie allen Silbers und aller Kostbarkeiten beraubt, und selbst von ihren Reliquien war alles entfernt, was irgend Wert besaß, sogar der juwelenbesetzte Schrein, in dem die Hand Johannes des Täufers aufbewahrt gewesen war.

Einen Tag nach ihrem Abzug besichtigte Napoleon staunend die ungeheuren Befestigungen Vallettas. So gewaltig sie waren, er kam zu dem Schluß, daß sie einem vierundzwanzigstündigen Bombardement nicht widerstanden hätten, obwohl sie »über eine gewaltige physische Widerstandskraft« verfügten. Malta, meinte er als entscheidende Ursache für seine rasche Eroberung, »besaß aber keinerlei moralische Stärke«. Sein Urteil traf zu. Gerade auf ihrer moralischen Stärke hatten Macht und Kraft der Ritter vom Heiligen Johannes jahrhundertelang beruht.

1 VALLETTA Blick über den Grand Harbour zu den Städten Vittoriosa und Senglea

2 Das malerische VITTORIOSA liegt auf einer der Landzungen, die den Grand Harbour begrenzen ▷

3, 4 VALLETTA Großmeister Jean Parisot de la Valette während der Belagerung durch die Türken 1565. Rechts: Saal im Großmeisterpalast
5 VALLETTA Straße in der Altstadt

6 Vittoriosa Fort St. Angelo

7 Valletta Die ehemalige Herberge Kastiliens gilt als schönster Bau der Stadt

8   MDINA   Das Eingangstor mit dem Wappen des Großmeisters de Vilhena

9, 10   MDINA   Altstadtgasse. Inneres der Kathedrale

11 MDINA Die barocke Kathedrale ist die Hauptkirche der Insel
12 MDINA 'Normannische' Eichentür zur Sakristei der Kathedrale, Detail
13 RABAT Agápe-Tisch in der St. Pauls-Katakombe

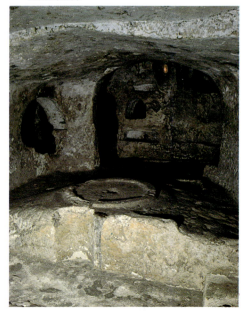

14 MARSAXLOKK mit seinen farbenprächtigen Booten ist Maltas Hauptfischereiort

15 Die Tempelanlage von ḤAL TARXIEN im Vorort Paola

16 Dominierendes Schmuckmotiv in Ḥal Tarxien ist die laufende Spirale. Altar mit herausnehmbarer Platte, die das Opfermesser barg

17 Ḥaġar Qim Gewaltige Blöcke umfassen den Steintempel der Anlage im Süden der Insel

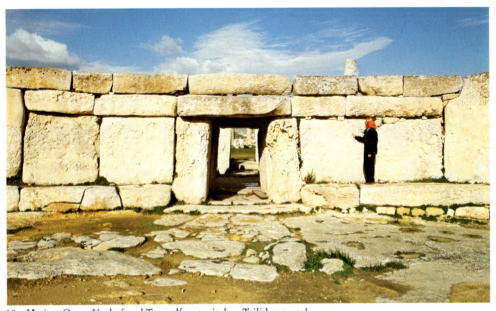

18 Ḥaġar Qim   Vorhof und Tempelfront mit dem Trilithenportal
20 Mnajdra   Die megalithische Tempelanlage über dem Meer ▷
19 Mnajdra   Blick in eine der Apsiden

21   Gozo: Victoria, die Hauptstadt der Insel

23   Gozo: Das Eingangstor zum Südtempel der Ġgantija ▷

22   Gozo: Die gewaltige Außenmauer der Ġgantija

24 Gozo: Terrassierte Tafelberge bei Marsalforn im Norden der Insel

Unterwegs auf den Maltesischen Inseln

1 Valletta und seine Nachbarstädte

Erster Rundgang in Valletta

Die Ziffern in Klammer verweisen auf den Stadtplan in der hinteren Umschlaginnenklappe

Wo auch immer Sie auf Malta wohnen mögen, im Vorort *Sliema* (Abb. 22–24) oder in einem der großen Hotels am Strand oder gar im entzückend englisch-ehrwürdigen Phoenicia unmittelbar vor dem Tor zur Altstadt Valletta, dort, wo sie noch Floriana heißt: eines Tages werden Sie sich auf dem großen Platz mit dem *Tritonenbrunnen* (1) befinden, um dessen Rund sämtliche Autobuslinien der Insel ihren Abfahrts- und Ankunftsstandplatz haben.

Große Tafeln informieren hier über alle Ziele und Verbindungen, und falls Sie dennoch Ratlosigkeit überfällt, werden Sie sogleich von etwa einem halben Dutzend hilfreicher Malteser umgeben sein, die bereit sind, Sie freundlich und sachkundig zu informieren. Versuchen Sie es zuerst auf Englisch und, wenn das nicht geht, auf Italienisch, notfalls auf Deutsch – irgend jemand versteht Sie gewiß und tut dann für Sie, was er kann. Bieten Sie ihm kein Geld an für diesen kleinen Dienst; das würde ihn kränken. Er ist von Natur hilfsbereit, so hilfsbereit, daß er sich selbst der furchtbaren Zerstörungen nicht zu erinnern scheint, die Deutsche im Zweiten Weltkrieg auf seiner Insel angerichtet haben und deren Folgen heute noch nicht überwunden sind. Gleich hinter dem Tor zur Ordensstadt Valletta können Sie die Ruine der 1866 erbauten *Oper* sehen, aber weder hier noch anderswo wird Sie wohl jemand darauf hinweisen, daß Sie vor Trümmern stehen, die von Bomben der deutschen Luftwaffe verursacht worden sind. »Im letzten Krieg...« wird man Ihnen vage und ohne den leisesten Unterton eines Vorwurfs oder Hinweises sagen. Die Malteser, auch der sogenannte kleine Mann, sind fast beschämend höflich.

Nun also: Sie lassen Autobus, Wagen, gemieteten oder eigenen, am *Citygate Terminal,* dem großen Bushof mit dem Tritonenbrunnen, zurück und gehen über die mächtige steingelbe Brücke, den ehemaligen Wallgraben überschreitend, auf das moderne Stadttor *(City Gate,* ehemals King's Gate) zu, passieren das Arkadenhalbrund, in dem Läden und auch das *Informationsbüro* des Staates (2) untergebracht sind, und unternehmen Ihren ersten, noch flüchtigen Rundgang durch diese einmalige, von einem mächtigen Festungsgürtel umgebene, in der Mitte des 16. Jahrhunderts schachbrettartig angelegte Stadt.

Sie stehen schon in der Hauptstraße, der *Republic Street* (3), ehemals Kingsway genannt, die, als Einbahnstraße und abends überhaupt für Autos gesperrt, genau in der Stadtmitte schnurgerade hinauf zum Fort St. Elmo führt, vor dem Sie später nach rechts in die zweite Hauptstraße, die *Merchants Street* (4), einbiegen und zurückkehren können, damit eine Haarnadelkurve beschreibend, die Sie an Ihren Ausgangspunkt zurückführt.

Falls Sie nicht gerade ein besonderer Liebhaber von Barockkirchen sind, die Sie auf Malta zu Dutzenden betrachten können, werden Sie vermutlich Vallettas älteste, *Our Lady of Victories* gewidmete Kirche (5), die 1567 zum Dank für die glücklich überstandene Belagerung vollendet wurde, rechts bei der Opernruine ziemlich unbeachtet liegen lassen, sich ferner damit begnügen, im Weitergehen auf der engen, dichtbevölkerten Straße rechts der Fassade von *Santa Barbara* (6), wo sonntags um 11 Uhr eine Messe auf Deutsch gelesen wird, einen flüchtigen Blick zu gönnen, aber dann links vor der *Auberge de Provence* (7) Halt machen.

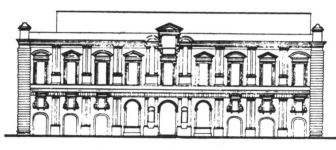

Die Auberge de Provence in Valletta, jetzt Archäologisches Nationalmuseum

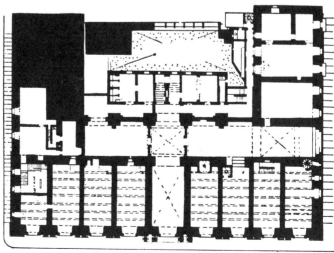

Grundriß der Auberge de Provence, des heutigen Nationalmuseums

VALLETTA: ERSTER RUNDGANG

Gehen Sie hinein, und sei es nur für eine knappe Viertelstunde! Denn in dieser ehemaligen Herberge der Ordensritter aus der Provence ist heute das *Archäologische Nationalmuseum* mit seinen einmaligen Schätzen untergebracht (Abb. 30–40, 44, 74, 75, 77, 82–84, 94, 95, 109, 110, 112, 113), und nach Ablauf dieser Viertelstunde werden Sie wissen, ob Sie sich mit jener vorgeschichtlichen Hochkultur und ihren Tempeln einlassen wollen, die nur hier und so sonst nirgendwo in Europa zu sehen sind. Im ersten Saal im Erdgeschoß gleich rechts stehen im Mittelgang sehr gute Modelle der fünf großen Heiligtümer der Inseln, in den Räumen links vom Eingang Originalplastik aus diesen Sanktuarien. Wenn Sie nicht davon gefesselt und sehr neugierig werden, brauchen Sie nicht wiederzukommen und können sich – sozusagen der Ordnung halber – mit der Besichtigung des Tempels Hal Tarxien und des unterirdischen Heiligtums von Hal Saflieni begnügen, beide leicht am selben Vormittag von Valletta aus zu erreichen. Andernfalls werden Sie am besten die Tempelarchitektur in der Reihenfolge ihrer Entstehung betrachten, wobei Sie die Datierung nicht unbedingt als verbindlich ansehen sollten, und schließlich noch mindestens einmal hierher zurückkehren, um die Funde in den Vitrinen eingehend und jetzt auch verständnisvoll zu betrachten.

Und nun setzen Sie Ihren Spaziergang fort. Nur gut 100 m weiter stehen Sie nach einem kleinen Schwenk nach rechts in St. John's Square vor *St. John's Co-Cathedral* (8), die für die Johanniter zwischen 1573 und 1577 nach den Plänen ihres bedeutendsten Architekten Girolamo Cassar errichtet wurde und als sein Meisterwerk gilt (Abb. 15). Mit ihrem Bau hat sich der Großmeister de la Cassière, der sie aus eigenen Mitteln errichten ließ, um möglichst bald nach der großen Belagerung Valletta auch zum religiösen Zentrum zu machen, selbst ein Denkmal gesetzt. Die Großmeister pflegten, nachdem sie gewählt worden waren, dem Orden ein besonders kostbares Geschenk aus ihrem persönlichen Vermögen zu machen. Nicht die Fassade – es gibt schönere hier – ist das Wesentliche, sondern der Innenraum. Der allerdings ist von überwältigender Pracht und repräsentiert aufs Großartigste den Glanz des Ritterordens. Man sollte sich viel Zeit nehmen, um die Einzelheiten zu betrachten. Also wiederkommen oder den ersten Rundgang durch Valletta schon hier beenden.

Die Maße der Kirche sind enorm: 58 m Länge, 20 m Höhe, 35 m in der Breite, Raum zu beiden Seiten für die üppig ausgestalteten Kapellen der einzelnen »Zungen« des Ordens, Raum für den mächtigen *Hochaltar von Lorenzo Gafà* (1630–1704) aus Marmor, Bronzeornamenten und Lapislazuli, Raum für das reich dekorierte Schiff (Abb. 6). Nachdem der Großmeister Jean de la Cassière den Bau finanziert hatte, stifteten die Brüder Raffael und Nicola Cotoner, die nacheinander von 1660–1680 regierten, die *Deckengemälde*, für die der Maler Mattia Preti aus Kalabrien (1613–1699) verpflichtet wurde. Er malte mit Öl direkt auf den Stein und vollendete in fünf Jahren sein umfangreiches Werk, in dem er achtzehn Episoden aus dem Leben des Ordenspatrons Johannes des Täufers darstellte. Es gelang ihm, der Dramatik des Geschehens und des zeitbedingten barocken Malstils dadurch Ruhe zu verleihen, daß er die sechs Gewölbefelder der Decke in je drei Abschnitte unterteilte. Zum Schönsten im Schiff gehören die mit Marmorintarsien verzierten *Grabplatten* (Abb. 13), die den ganzen Boden der Kathedrale bedecken. Namen und Wappen der großen katholischen Adelsgeschlechter Europas liest man hier zwischen stolzen Devisen und lateinischen Worten, die auf die

Westfassade der St. John's Co-Cathedral in Valletta. Stich von Lemaitre

Grundriß der St. John's Co-Cathedral
 1 Hochaltar von Lorenzo Gafà 2 Kapelle der Taufe Christi 3 Kapelle des Heiligen Sakraments und Unserer Lieben Frau von Philermo 4 Kapelle des Hl. Sebastian, der 'Zunge' der Auvergne
 5 Kapelle des Hl. Georg, der 'Zunge' von Aragon
 6 Kapelle des Hl. Jakob, der 'Zunge' von Kastilien und Léon
 7 Oratorium
 8 Kapelle der Heiligen Drei Könige, der 'Zunge' von Deutschland
 9 Kapelle der Hl. Katharina, der 'Zunge' von Italien
10 Kapelle des Hl. Paulus, der 'Zunge' von Frankreich
11 Kapelle des Hl. Michael, der 'Zunge' der Provence
12 Kapelle des Hl. Karl oder der Heiligen Reliquien
13 Große Sakristei
14 Kleine Sakristei
15 Schatzkammern
16 Campo Santo

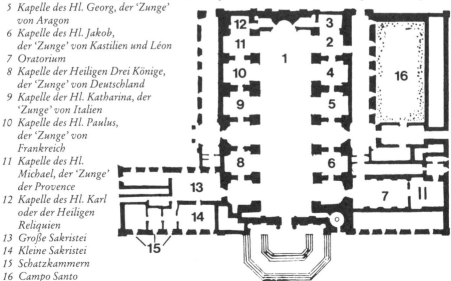

VALLETTA: ERSTER RUNDGANG

Vergänglichkeit alles Irdischen hinweisen. Etwa vierhundert Ritter liegen hier begraben. Eckart Peterich, der die Länder rings um das Mittelmeer wie nur wenige sonst kannte und liebte und das steinerne, geschichtsträchtige, ein wenig geisterhafte Malta überzeugend zu schildern wußte, hat diesen einzigartigen Kirchenfußboden in einem kleinen Gedicht beschrieben:

> Vierhundert Wappen aus buntem Gestein:
> Adler, Leuen, Schlangen und Greifen,
> Schädel, Sensen und Totengebein
> Und lateinische Sprüche auf gekräuselten Schleifen.
> Das möcht ich sehn,
> Wenn die auferstehn!

Sollten Sie bisher vielleicht ein wenig im Zweifel gewesen sein, ob Malta wirklich zu Europa gehört, so werden diese Grabplatten und ein Rundgang durch die Kapellen rechts und links vom Hauptschiff diesen Zweifel beheben. Jede von ihnen ist einem Heiligen geweiht, der in der Heimat der sie stiftenden Landsmannschaft besondere Verehrung genießt. So steht der Heilige Jakob von Compostela für Spanien, die Heilige Katharina von Siena für Italien, der Heilige Sebastian für die Auvergne und die Heiligen Drei Könige für Deutschland. Wie hier eine Nation die andere an Reichtum, Prachtentfaltung und Kunstsinn zu übertreffen suchte, ist offensichtlich. Der katholische Adel Europas hat sich hier am Rande des Erdteils ein Stelldichein gegeben, das mit keinem anderen sonst vergleichbar ist.

Dem Besuch der Kirche läßt sich die Besichtigung der *Sakristei* mit Bildern von Mattia Preti und Antoine de Favray aus dem 18. Jahrhundert und des *Oratoriums* anschließen, in dem die berühmte ›Enthauptung des Heiligen Johannes‹ von Caravaggio (1573–1610) aufbewahrt wird, ein ganz dem Geist des Barock verhaftetes bedeutendes Bild (Abb. 14). Der Meister hielt sich nur zwei Jahre auf Malta auf, 1608 wurde er verhaftet und aus dem Orden verstoßen, weil er, der ungebärdige Maurersohn aus Bergamo, einen der Ritter verwundet hatte. Zwei Jahre später endete sein wildes Leben in Porto d'Ercole, wo er an den Wunden starb, die ihm von den Maltesern gedungene Mörder beigebracht hatten.

Das angeschlossene *Museum* bewahrt die Gobelins von Judocus de Vos aus dem 17. Jahrhundert nach Gemälden von Rubens und Poussin. Sie werden im Hauptschiff der Kathedrale von Fronleichnam bis zum Feiertag von Peter und Paul ausgestellt, erreichen jedoch nicht die unvergleichliche Schönheit der Gobelins im Großmeisterpalast.

Wenn Sie nun auf die Republic Street zurückkehren und weiter der Richtung auf das Fort St. Elmo folgen, stehen Sie nach wenigen Schritten auf dem *Great Siege Square* (9). Hier befand sich bis zu ihrer Zerstörung im Zweiten Weltkrieg die Herberge der Ritter aus der Auvergne, an deren Stelle jetzt der neoklassizistische Kolonnadenbau des Justizministeriums errichtet wurde. Gleich danach befinden Sie sich wieder auf einem Platz: *Queen's Square* (10). Unübersehbar thront hier vor der Nationalbibliothek die englische Queen Victoria, ein stets von Tauben umschwärmtes und beschmutztes Werk des Sizilianers Giuseppe Valenti. Die

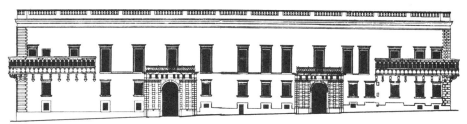

Fassade des Großmeisterpalastes in Valletta

National Library verdient insofern besondere Beachtung, als sie schon Ende des 18. Jahrhunderts für die umfangreiche Büchersammlung entstand, die von den Johannitern aus aller Herren Länder zusammengetragen wurde, also eine der ältesten Bibliotheken Europas ist. An einer Ecke ihr gegenüber liegt *das* Café Vallettas, das *Cordina*, in dem Sie unbedingt einmal Pause machen müssen, und sei es auch nur, um seine ständig frisch aus der Bäckerei nachgelieferten warmen Weißkäsekuchenstücke zu probieren, die vielen Maltesern und Malteserinnen das Mittagessen oder eine andere Mahlzeit ersetzen.

Und nun stehen Sie auch gleich – hier ist alles nah beieinander – vor dem *Großmeisterpalast* (Grand Master's Palace; 11), in dessen zwei wundervolle kühle grüne Innenhöfe Sie einbiegen. Ein Neffe des Großmeisters del Monte hat ihn 1569 für sich selbst bauen lassen, später wurde er dann von Girolamo Cassar, dem berühmten Architekten des Ordens, zum Palast erweitert. Vom Balkon über dem Haupteingang wurden die neugewählten Großmeister proklamiert.

Girolamo Cassar (1520–1586) war nur ein Jahr jünger als Laparelli da Cortona, einer der besten Festungsbaumeister seiner Zeit und Schüler Michelangelos, den Papst Pius IV. Ende 1565 dem Großmeister de la Valette nach Malta geschickt hatte, um die Insel gegen den erwarteten neuen Angriff der Türken zu befestigen. Nach der Rückkehr Laparellis nach Italien übernahm Cassar seine Aufgaben und wurde leitender Architekt des Ordens. Die sieben »Auberges« dieser Zeit waren sein Werk, in den Jahren zwischen 1568 und 1572 begann er mit dem Bau der St. John's Co-Kathedrale, die nach knapp vier Jahren vollendet war.

Ehe Sie nun den Palast über die breite Marmortreppe betreten, schauen Sie sich in den beiden Höfen, dem *Neptune Court* und dem *Prince Alfred's Court*, um. Sollten Sie gerade um die volle Stunde dorthin kommen, so können Sie hören und sehen, wie die türkisch gekleideten Männer auf der berühmten Uhr mit ihren Hämmern die Stunde anschlagen; aber auch jede Viertelstunde geben sie an. Diese Hofuhr ist ein Geschenk des Großmeisters Pinto de Fonseca, der von 1741 bis 1773 regierte und mit diesem Antrittsgeschenk auch im 18. Jahrhundert noch demonstrierte, daß er Türken als Sklaven zu halten wünschte, wie es seit eh und je der Brauch gewesen war. Um die Abendstunde können Sie noch etwas anderes in den beiden Palasthöfen erleben: die Heimkehr von vielen Hunderten von Vögeln, die zwitschernd und flügelrauschend zu den dichtbelaubten Bäumen zurückkehren, die ihnen

VALLETTA: ERSTER RUNDGANG

für die Nacht Schutz gewähren. Sie würden wohl kaum vermutet haben, daß es so viele Vögel auf den Straßen Vallettas gibt.

Im Palast ist die berühmte *Waffenkammer* (Palace Armoury) mit einigen besonders schönen Rüstungen zu bewundern, ferner die verschiedenen Repräsentationsräume (Farbt. 4), und in der *Hall of St. Michael and St. George* die eindrucksvollen Szenen aus der großen Türkenbelagerung, die der Spanier Matteo Perez d'Aleccio al fresco malte. Das Schönste jedoch sind die riesigen *Gobelins im Sitzungssaal des Parlaments,* die der Großmeister Raymon Perellos, der 1697 zur Regierung kam, dem Orden zum Geschenk machte (Abb. 8–11). Sie sind im Frankreich Ludwigs XIV. in jahrelanger Arbeit gewebt und einzeln nach Malta gebracht worden, weil man wegen ihres hohen Wertes das Risiko des Verlustes nicht eingehen wollte. Sie sind in der Tat ungewöhnlich phantasievoll und dazu ganz unbeschädigt und unverblaßt erhalten, Wunderwerke der Teppichweberei und des Geschmacks des beginnenden 18. Jahrhunderts. »Les Tentures des Indes« mit ihren tropischen Jagd- und Tierszenen stellen eine erträumte exotische Welt dar, fern von jeder, damals noch unbekannten, Realität. Fast möchte man sagen, sie sind allein eine Reise nach Malta wert.

Wenn Sie nun den Großmeisterpalast durch den Hof mit dem schönen Neptunsbrunnen verlassen, stehen Sie in der Archbishop Street (12) vor der *Griechisch-orthodoxen Kirche.* Sie ist an sich uninteressant, bewahrt aber eine Ikone aus dem 12. Jahrhundert, die von den Rittern 1530 nach Malta mitgebracht wurde. In ihrer unmittelbaren Nähe liegt die *Jesuitenkirche,* im letzten Jahrzehnt des 16. Jahrhunderts wie so viele ihresgleichen in italienischem Barockstil erbaut, also keine sonderlichen Überraschungen bietend.

Ich möchte nun annehmen, Sie sind inzwischen so müde geworden, daß Sie ganz gern durch die Parallelstraße der Republic Street, die *Merchants Street* (4), den Rückweg antreten. Wie schon ihr Name sagt, ist es eine Kaufmannsstraße, die Sie in aller Ruhe hinunterbummeln

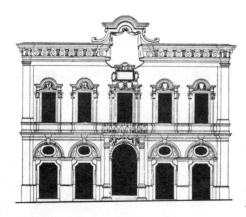

Fassade des früheren Stadtpalastes in Valletta, jetzt ein Bankgebäude in der Merchants Street

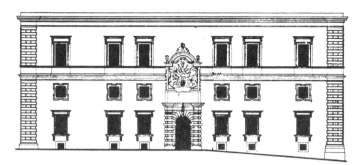

Die Auberge d'Italie in Valletta, jetzt Postamt

können und wo Sie vielleicht auch irgendein kleines Lokal nach Ihrem Geschmack zum Ausruhen finden. Gleich links liegen die *Markthallen* (13) und bei der St. Christopher Street (14) die *Alte Universität;* später könnten Sie, falls Sie unersättlich sind, noch zu einigen Kirchen, z. B. zur *St. Paul's Church* (in der Nähe der Markthallen; 15) abschweifen, aber ich möchte Ihnen eigentlich nicht raten, sich damit zu ermüden, sondern Ihre Aufmerksamkeit lieber weiter unten auf die *Herberge der Italiener* (16) (rechte Straßenseite), heute Postamt, und den gegenüberliegenden *Palazzo Parisio* (17), jetzt Ministery of Foreign Affairs mit Passport Office, lenken, in dem sich 1798 nach der Besetzung Maltas Napoleon aufgehalten hat.

Sie sind nun am Ende der Merchant Street angelangt, und wenn Sie jetzt nach links auf den Platz einbiegen, stehen Sie vor der schönsten aller Johanniterritter-Herbergen, der *Auberge de Castile et Léon* (18), einer architektonischen Perle des 18. Jahrhunderts (Farbt. 7). Dominico Cacchia, dessen Namen Sie noch oft auf Malta begegnen werden, hat sie für den Großmeister Pinto de Fonseca, einen Portugiesen, der 32 Jahre regierte (1741–1773), errichtet. Sie ist heute Amtssitz des Ministerpräsidenten und deshalb leider nur von außen zu bewundern.

Mit diesem Höhepunkt Ihres Rundgangs durch Alt-Valletta schließen Sie fürs erste und gehen, um sich auszuruhen, von der Südseite des Platzes zu den *Upper Barracca Gardens* (19), die im 18. Jahrhundert über dem Grand Harbour angelegt wurden und wahrhaft hinreißende Ausblicke über ihn und seine Befestigungen bieten. Sie können diese herrlichen Gartenanlagen gar nicht früh genug kennenlernen, denn, sollten Sie immer wieder nach Valletta zurückkehren, werden Sie sich vermutlich auch immer wieder gern hier niederlassen.

Zweiter Rundgang in Valletta

Die Ziffern in Klammern verweisen auf den Stadtplan in der hinteren Umschlaginnenklappe.

Wenn Ihre Zeit auf Malta beschränkt ist oder wenn Sie Erholung dringender nötig haben als Stadtbesichtigungen, so dürfen Sie sich auf den ersten Rundgang beschränken, ohne das Wesentliche versäumt zu haben. Eine Hafenrundfahrt und den Besuch der nahen Tempel Hal Saflieni und Hal Tarxien sollten Sie allerdings noch einplanen. Sie würden sich sonst um drei starke Eindrücke bringen.

Ein zweiter Rundgang durch Valletta beginnt wie der erste auf dem Platz des schönen *Tritonenbrunnens* (1) vor dem City Gate und führt wieder über den Wallgraben hinweg in die Stadt. Diesmal aber biegen Sie gleich nach links ab durch die Pope Pius V. Street zu den besonders schönen und ausgedehnten Anlagen der *Hastings Gardens* (20), die Ihnen einen großartigen Blick auf den Marsamxett Harbour und die Bastionen *St. Andrew's* und *St. Michael's* bieten. Von dort wenden Sie sich durch die Old Mint Street zur Stadt zurück und sehen gleich an der nächsten Straßenecke, der South Street, das *National Museum of Fine Arts* (21), das durchaus einen Besuch lohnt. Es ist in einem Palast des 16. Jahrhunderts, der alten Ordensadmiralität, untergebracht und schon als Bau von außen und besonders in dem restaurierten Inneren sehr schön und nobel. Französische, italienische, spanische und flämische Bilder, die während der Johanniterzeit nach Malta gelangten, sind hier ausgestellt, im Untergeschoß auch Gegenstände aus dem so bedeutenden Hospital der Ritter, unter anderem das wertvolle Silbergeschirr, mit dem sie die Patienten bedienten.

Vom Museum aus können Sie dann weiter die South Street entlang auf die Bastionen zugehen – es sind immer nur Entfernungen von 100 bis 200 m – und schon sind Sie auf *St. Andrew's Bastion* (22) und kurz danach auf der Marsamxett Street (23). Jetzt werden Sie sich den mächtigen Festungsgürtel, den der Orden zur Sicherung seiner Hauptstadt angelegt hat, schon sehr viel besser vorstellen können. Sie biegen nun nach rechts in die Old Theatre Street ein, um an der *Anglikanischen St. Paul's-Kathedrale* (24), an deren Stelle früher die Herberge der Deutschen lag, und an der kleineren *Karmeliterkirche* (25) vorbei zum *Manoel-Theater* (26) zu gelangen (alle drei auf der linken Seite). Der Eingang zu diesem wahrhaft entzückenden kleinen Theater, einem der ältesten Europas, liegt auf der Old Mint Street. Der Großmeister Manoel de Vilhena (1722–1736) hat es bauen lassen, und es ist nach dem letzten Krieg verständnisvoll restauriert worden. Sein vormittags zu besichtigender Zuschauerraum atmet den ganzen Charme des 18. Jahrhunderts.

Sie sind nun schon wieder in unmittelbarer Nähe des Großmeisterpalastes und sollten jetzt entweder die Republic Street in Richtung St. Elmo nehmen oder aus der sie kreuzenden Archbishop Street auf einer ihrer Parallelstraßen rechts ebenfalls in Richtung St. Elmo entlanggehen. In jedem Fall wird die vierte Querstraße die Old Hospital Street sein. Hier liegt, unmittelbar am Grand Harbour, des möglichst kurzen Transportweges für die Verwundeten wegen, das 1574 erbaute, weiträumige *Hospital des Ordens* (Sacra Infermeria

Sto. Spirito; 27), in dem ohne Ansehen von Stand und Glauben alle Kranken die gleiche sorgfältige Pflege erhielten. Selbst die Großmeister taten regelmäßig freitags Dienst in dem 155 m langen Krankensaal mit 600 Betten (Abb. 12). Als der Orden Malta verlassen mußte, übernahmen die Franzosen, später die Engländer das Hospital. Im Zweiten Weltkrieg durch Bomben schwer beschädigt, wurde es sorgfältig restauriert und dient heute als *Mediterranean Conference Centre*, in dem mehrmals täglich eine einstündige Filmschau über die Geschichte Maltas läuft (Kopfhörer für Deutsch, Englisch und Italienisch). Ob Sie nun noch zum *Fort St. Elmo* (28), das Sie aber nicht betreten dürfen, gehen wollen oder aber am Grand Harbour entlang über die *Lower Barracca Gardens* (29) an der *St. Barbara Bastion* (30), immer wieder mit dem Blick auf den Grand Harbour (vgl. Farbt. 1, 2), zu Ihrem Ausgangspunkt zurückkehren, vielleicht noch einen Abstecher auf halbem Wege zur *St. Ursula-Kirche* unternehmen, schließlich werden Sie bei den *Upper Barracca-Gärten* (19) sein und noch einmal die großartige *Herberge von Kastilien und Léon* (18) bewundern, ehe Sie zum Bus-Terminal auf dem Tritonenplatz zurückkehren.

Ihr zweiter Rundgang in Valletta ist damit abgeschlossen, es sei denn, Sie hätten Zeit und Lust, sich einmal über diese ganz gewaltige Festungsanlage (zwischen 1566 und 1570 erbaut) klar zu werden und dabei, sich nun weitgehend orientierend, den Blick auf die Manoel-Insel und die verschiedenen Landzungen zu genießen. Sie können dabei Türme, Forts, Bastionen in Sternform, Cavaliere (nach E. Bradford »Verteidigungswerke innerhalb der Kernumwallung, höher als diese, manchmal V-förmig«) und Kurtinen (nach E. Bradford »Verbindungsmauern zwischen zwei Bastionen oder flankierenden Türmen«), kurzum den ganzen Verteidigungsgürtel einer vorbildlich angelegten Festung des 16. Jahrhunderts, studieren und sich den Verlauf der großen Belagerung durch die Türken und was sich daraus für den Orden ergab, lebhaft vorstellen. Der Rundgang dauert eine gute Stunde.

Jetzt fehlt Ihnen eigentlich nur noch eine Hafenrundfahrt, um Ihr Bild vom Valletta der Johanniter weitgehend abzurunden.

Hafenrundfahrt

Sie können dafür, um auch dies typisch maltesisch zu erleben, natürlich eine bunte Dgħajsa (Abb. 18, 19) mieten, müssen aber unbedingt vorher den Preis aushandeln und klar darauf bestehen, das Ihnen Wesentliche zu sehen. Da beides nicht ganz einfach sein wird, möchte ich Ihnen lieber eine der zweistündigen Rundfahrten mit den Schiffchen empfehlen, die in *Sliema* mehrmals am Tag abgehen (Busstation, Information im Tourist Office unter den rechten Arkaden am City Gate). Mit einigem Erstaunen werden Sie die riesige Trockendockanlage der Chinesen sehen, die dafür den halben Felsen abgetragen und einen Kran, der einer der größten der Welt ist, aufgerichtet haben. Aber man wird Ihnen in mehr oder weniger gutem Deutsch auch die Stelle zeigen, an der die Johanniter bei der großen Belagerung Ketten über den *Grand Harbour* spannen ließen, und an der Spitze der Halbinsel

DIE STÄDTE UM VALLETTA

Das Fort St. Angelo auf Birġu (Vittoriosa), 1870. Zeichnung Girardet, Paris

Senglea den Rest des *Forts St. Michael* mit dem Wachtturm, an dem ein steinerner Pelikan das Christentum symbolisiert und zwei Augen und zwei Ohren »alles sehen und hören«, was im Grand Harbour vor sich geht (Farbt. 1; Abb. 5, 20, 21).

Die Städte um Valletta

Der Fremde ist geneigt, den riesigen Stadtkomplex, der die alte Hauptstadt und seine beiden Häfen umgibt, für eine Einheit zu halten, der Malteser dagegen trennt sie streng voneinander: Unmittelbar vor dem Busterminal am City Gate beginnt **Floriana** mit 5000 Einwohnern. Hier ließen schon die Johanniter Gärten anlegen, um sich von der Enge der Stadt zu erholen, und hier liegt auch das ehrwürdige, noch ganz vom englischen Stil geprägte *Phoenicia-Hotel* und die große *Publius-Kirche* (Abb. 17). Auf dem weiten Platz vor ihr werden Sie wahrscheinlich zum ersten Mal die Reihe der merkwüdigen schweren Steinringe sehen, die an Säulenstümpfe von Tempeln erinnern (Abb. 16). Sie werden Ihnen noch anderswo, z. B. beim Fort St. Elmo, begegnen. Es sind die Deckel unterirdischer flaschenförmiger Getreidespeicher der Ordensritter, die zum Teil noch heute benutzt werden können.

   Nach Norden hin reihen sich an Floriana um den Marsamxett-Hafen herum **Msida, Pietà** und – landeinwärts – **Hamrun.** In Msida liegt die *Neue Universität,* in Pietà das größte

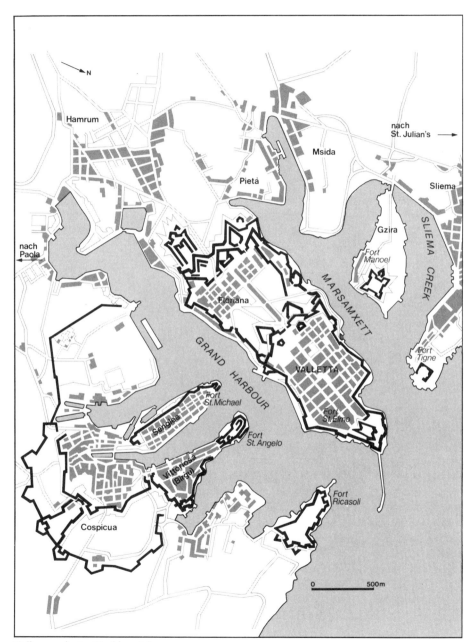

Valletta und seine Nachbarstädte

DIE STÄDTE UM VALLETTA

Krankenhaus der Insel, *St. Luke's*. Diese drei Städte haben zusammen 26 200 Einwohner, die in Industrien aller Art beschäftigt sind.

Sliema mit 24 000 Einwohnern ist die größte Stadt der Insel und, obwohl es eigentlich keinen Strand, dafür aber eine lange Promenade am Meer entlang und viele Hotels mit Swimmingpools hat, doch ein gern von Fremden besuchter Ort und damit auch Einkaufs- und Restaurantstadt (Abb. 22–24). Ohne in irgendeiner Weise schön zu sein, erfreut es sich doch ausgesprochener Beliebtheit. Die Busse, die es rasch mit Valletta verbinden, umkurven eine Bucht des Marsamxett-Hafens nach der anderen und bieten immer wieder reizvolle Ausblicke, und die Fahrt in ihnen wird deshalb wohl kaum als Anstrengung empfunden.

Weiter nördlich ist der ehemalige Fischerort **St. Julian's** (s. a. Abb. 88) zum Badeort geworden, ebenso **St. George's Bay** mit Dragonara Hotel, Spielkasino und Hilton.

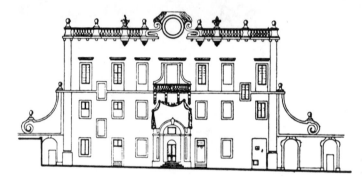

Fassade von Spinola Palace in St. Julian's

Im Süden Vallettas greift der *Grand Harbour* weit ins Land hinein. Hier haben die Kämpfe der Großen Belagerung durch die Türken im Jahre 1565 stattgefunden, denn hier auf der Landzunge **Birġu**, die seit dem Sieg über sie **Vittoriosa** heißt, war zuerst der Sitz des kämpferischen Ordens. Vom Volk wird Vittoriosa (Farbt. 2) immer noch mit dem alten Namen genannt. Ursprünglich war es ein elendes Fischerdorf, möglicherweise eine phönizische, vielleicht sogar noch ältere Siedlung, später der Hafen der alten Hauptstadt Mdina, wurde dann aber zur ersten befestigten Niederlassung des Ordens auf Malta, der die unmittelbare Nähe eines Hafens und des Meeres seinen Traditionen gemäß nicht entbehren konnte.

Der Ordensmeister L'Isle Adam ergänzte schon vorhandene aragonesische Befestigungen und ließ vor allem das *Fort St. Angelo* (Farbt. 6) an der Spitze der Halbinsel ausbauen. Auf der Nachbarhalbinsel *Senglea* (Farbt. 1; Abb. 20), nach dem Großmeister Claude de la Sengle benannt, der sie vor der Großen Belagerung befestigte, sind noch einige Wälle des *Forts St. Michael* (Abb. 20, 21) erhalten und der auch bei der Hafenrundfahrt zu sehende Wehrturm mit den beiden Augen und den beiden Ohren. Vittoriosas Fort St. Angelo ist nur

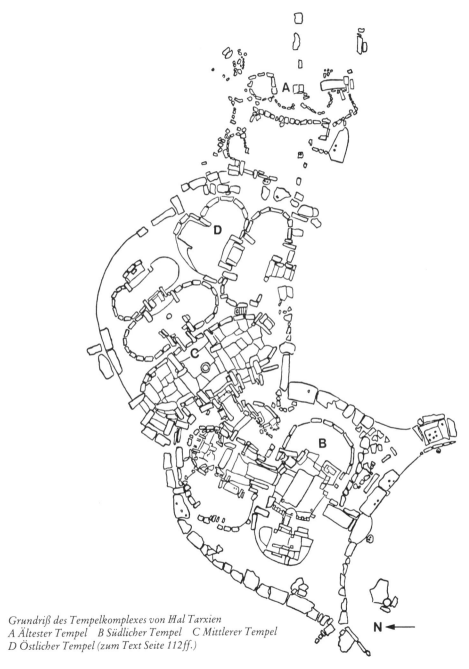

Grundriß des Tempelkomplexes von Ḥal Tarxien
A Ältester Tempel   B Südlicher Tempel   C Mittlerer Tempel
D Östlicher Tempel (zum Text Seite 112ff.)

DIE STÄDTE UM VALLETTA

mit besonderer Erlaubnis des Kommandanten zu betreten. Heute werden die »drei Städte« Senglea, Vittoriosa und Cospicua unter dem Namen **Cottonera,** nach den Großmeistern Raffael und Nicolaus Cotoner, zusammengefaßt.

Von der langen Vergangenheit Vittoriosas, das nach der Überlieferung schon 1500 bis 1000 Jahre v. Chr. einen Astarte-Tempel besaß, später von den Arabern befestigt wurde und von dem Normannen Roger die kleine St. Angelo-Kirche erhielt, ist wenig übriggeblieben, doch lohnt der *Inquisitorenpalast* einen Besuch. In ihm haben mehrere spätere Kardinäle und sogar zwei spätere Päpste (Alexander VII., Papst von 1655–1667, und Innozenz XI., Papst von 1676–1689) das Amt des Inquisitors ausgeübt. Der Palast stammt vom Ende des 16. Jahrhunderts, wurde aber später erweitert. Der kleine Innenhof mit Kolonnaden an zwei Seiten gehört zu dem ursprünglichen Bau, die schlichte, etwas düstere Fassade scheint aus der ersten Hälfte des 17. Jahrhunderts zu stammen. Die Besichtigung des Inneren ist interessant, weil sie viel vom Zeitgeist der Inquisition vermittelt. Unvergeßlich die niedere Pforte, die der Angeklagte gegenüber dem Richterstuhl des Inquisitors zu passieren hatte und die ihn zwang, sich vor ihm zu verbeugen, ob er wollte oder nicht. Beruhigend ist es zu hören, daß die Inquisition auf Malta wenig Macht ausüben konnte. Der Umstand, daß es einen Bischof, den Orden und noch andere Gegenspieler gab, soll dazu geführt haben, daß es jeder Partei gelang, *ihren* Mann früher oder später aus dem Gefängnis zu befreien.

Aber nach **Paola** im Südosten von Valletta müssen Sie unbedingt fahren, denn dort erwartet Sie eine unvergleichliche Sehenswürdigkeit. Sie kommen dabei über Marsa, am Marsa Creek des Grand Harbour gelegen, das mit beinahe 10000 Einwohnern das wichtigste Industriezentrum Maltas geworden ist, aber keine Kunstschätze birgt. In Paola jedoch und im benachbarten, nahen Tarxien sind zwei Stätten der großen prähistorischen Jungsteinzeitkultur, die Sie auch dann sehen sollten, wenn Sie sich die anderen bedeutenden Sanktuarien dieser Epoche auf den Inseln entgehen lassen müssen oder wollen.

Hal Tarxien

Ich rate Ihnen, zuerst den Tempel von Hal Tarxien (Farbt. 15) zu besuchen und mit der Besichtigung, entgegen dem Rat zünftiger Archäologen, nicht bei den spärlich erhaltenen Grundrissen des ältesten Tempels (s. den Grundriß S. 111: A) auf seinem Gelände zu beginnen. Er liegt im östlichen Teil des heiligen Bezirks und bietet dem Laien wenig, und wollte man seinen Rundgang, um historisch vorzugehen, hier beginnen, so brächte man sich um das Erlebnis, durch den südlichen Tempel (B) mit der großen Göttinnen-Statue rechts vom Eingang, an den spiralgeschmückten Schranken, Schreinen und Tierfriesen vorbei (Abb. 28) und vorüber an dem mit sechs Schneckenformen an der Vorderfront verzierten

25 HAL TARXIEN Blick durch den Mittelgang auf die Schranke mit dem Augensymbol, das die inneren, ▷ wahrscheinlich der Priesterschaft vorbehaltenen Tempelräume von den anderen trennt

26 Ḥal Tarxien   Sehr frühes Stier- und Saurelief in einer Seitenkammer

27 Ḥal Tarxien   Kreisförmiges Kultsymbol (?)

28 Hal Tarxien Tierfries

29 Hal Tarxien Die Große Göttin, Fragment der Skulptur

30–37 Funde aus ḤAL TARXIEN im Archäol. Museum Valletta
30 Doppelkegelförmiger Krug, Höhe 51 cm
31 Bootsförmige Schale, Höhe 14 cm
32 Kleiner Vorratskrug, Höhe 25 cm
33 Schöpfgefäß aus Ton
34 Kopf, aus einem in Kalkstein eingebetteten Stalaktitenknopf geschnitten, Kopfhöhe 2,5 cm   35, 36 Kopf einer Tonfigur, Höhe 11 cm   37 Rekonstruktion der ganzen Figur, Höhe ca. 60 cm

38 Bronzeidol aus der Brandgräberkultur-Epoche von Ħal Tarxien, Höhe 18 cm. Archäologisches Museum Valletta

39 Schale aus Ħal Tarxien. Archäologisches Museum Valletta

40 Alabasterfigürchen aus dem Hypogäum von Ħal Saflieni, Höhe 6,5 cm, Archäol. Museum Valletta

41 Hypogäum von Hal Saflieni   Sogenanntes Allerheiligstes
42 Hypogäum von Hal Saflieni   Orakelraum

43 HYPOGÄUM VON ḤAL SAFLIENI   Eine der kunstvoll ausgehauenen Haupthallen
44 Die ›Schlafende‹ aus dem HYPOGÄUM, Terrakotta, 12 cm lang. Archäologisches Museum Valletta

45 Johanniter-Aquädukt bei Attard mit typischem Trabergespann
46 Blick von der Stadtmauer von Mdina nach Mosta
47 Mdina Blick zur Kathedrale hinauf ▷

48a, b MDINA Sogenannte Normannentür vom durch Erdbeben zerstörten alten Dom von 1090. Eiche mit nordischen Symbolmotiven. Heute im linken Seitenschiff der Kathedrale

49 MDINA   Innenhof des sogenannten Normannenhauses

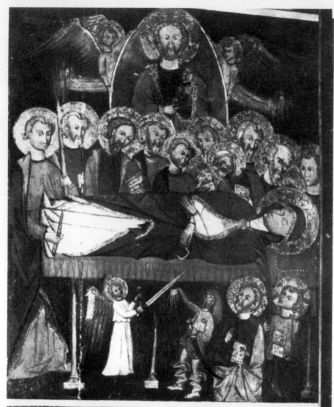

50a b MDINA Erzbischöfliches Museum: ›Tod der Jungfrau‹ und ›Heiliger Michael‹, frühes 15. Jh., Schule von Valencia

51 MDINA Erzbischöfliches Museum: ›Der Heilige Paulus‹, Mittelteil einer Goldgrundmalerei, Mitte 15. Jh.

52 Mdina Portal des Erzbischöflichen Museums
53 Mdina Portal des Großmeisterpalastes
54 Straße in Mdina
55 Mdina Palazzo Gatto-Murina, 14. Jh.

56 Balkon in Mdina
57 Normannensäule im Park zwischen Mdina und Rabat
58 Rabat Mittelstück eines römischen Fußbodenmosaiks in der Römischen Villa

59, 60 RABAT Römische Ölmühle und protokorinthische Schale in der Römischen Villa

61 RABAT Jüdischer Grabstein vor der Römischen Villa

Altar, in dem eine herausnehmbare Platte das Opfermesser aus Flint verbarg (Farbt. 16), durch die hintere rechte Apsis in den mittleren Tempel (C) vorzudringen, in dem einen ein weiterer starker Eindruck erwartet.

Was erhalten blieb und nach der Entdeckung im Jahr 1914 freigelegt und vorsichtig restauriert wurde, ist erstaunlich viel, und wenn auch die Originale der hier gefundenen Plastiken und Reliefs im Nationalmuseum aufbewahrt werden (Abb. 30–39), so vermitteln doch die am Fundort aufgestellten guten Kopien eine Ahnung von dieser einzigartigen Glaubenswelt. Der mythische Zauber uralter Mittelmeerkultur umgibt einen, wenn man an einem sonnenhellen Tag zwischen dieser Felsblockarchitektur steht und dem Spiralrankenwerk nachgeht oder in der lichtdurchfluteten Stille einer der linken Seitenkammern des mittleren Tempels das meterhohe steinerne Opfergefäß betrachtet. Von der 2,50 bis 2,75 m hohen Fruchtbarkeitsgöttin, die hier im südlichen Tempel verehrt wurde, ist nur ein Bruchstück erhalten geblieben: unförmig verdickte, birnenförmige Beine, ein gefältelter Rocksaum, ein Stück der massigen Hüften (Abb. 29).

Daß in diesen Tempeln der Spätzeit, die wir uns überdacht zu denken haben, oft, ja vielleicht immer die Opferfeuer brannten und das Blut der Tiere – niemals das von Menschen! – zu Ehren der Gottheit vergossen wurde, zeigen die runden Herde in den Mittelgängen (Abb. 25) und die verschiedenen Altäre (Farbt. 16). Hinter dem schon erwähnten, in dem sich das Opfermesser fand, erhebt sich ein sauber gehauenes Tabernakel, unter dessen dunkler Öffnung sich eine Grube verbirgt, die man voll Tierknochen fand. Das Opfer selbst wurde auf dem Altar davor vollzogen, nachdem Priester oder Priesterin dem Fach im spiralgeschmückten Sockel das Flintmesser entnommen hatten, das scharf genug war, mit einem Schnitt eine Kehle zu durchtrennen. Aus dem ursprünglichen Schwellenaltar war längst ein Blockaltar geworden.

Der mittlere Tempel (C), der einzige auf Malta, der sechs Apsiden hat, ist möglicherweise auf einem sehr viel älteren errichtet, wie man nach den Funden in seinem Boden annehmen darf. Man erreicht ihn, was danach nur logisch wäre, einzig durch die zweite linke Seitenkammer des südlich gelegenen (B) und kann dann in der ersten rechten Apsis des mittleren in zwei kleine unregelmäßige Räume gelangen, von denen der rechte eine Wand aus großen Platten besitzt, in die zwei Stierfiguren und eine Sau mit einem Wurf von dreizehn Ferkeln reliefartig eingemeißelt sind (Abb. 26). Diese Darstellungen wecken die Erinnerung an die 20000 und 15000 Jahre alten Tierbilder der Eiszeit, die wir aus französischen Höhlen kennen, aber auch an den Stierkult Kretas und einen uralten Fruchtbarkeitskult.

Der stärkste Eindruck jedoch in diesem Tempel, der den schnell vergehenden Zauber höchster Blüte einer Kultur festhält, ist die Sicht durch den Mittelgang auf die hinterste Apsis des Sanktuariums, die sicherlich das Allerheiligste umschloß (Abb. 25). Die hohen, ebenmäßig behauenen Felsplatten, welche die vier Seitenapsiden voneinander trennen, sammeln den Blick auf dies ehrwürdige Zentrum. Zwei ebensolche Platten grenzen es ein, und eine Schranke scheidet es von allem Profanen. Sie war unübersteigbar. Denn sie trägt – weithin, bis ans Ende des Tempels sichtbar – das heilige Augensymbol der Großen Göttin,

129

DIE STÄDTE UM VALLETTA: ḤAL TARXIEN

Widder, Schwein und Ziegenbock vom Tierfries in Ḥal Tarxien, Höhe ca. 13 cm

dessen suggestive Kraft selbst dem Spätgeborenen noch wirksam scheint. Auch Priester und Priesterinnen dürften sie kaum je überstiegen haben, so stark ist ihre majestätische Drohung. Ein anderer, versteckter Zugang über eine Treppe ließ die Diener der Gottheit von hinten unbemerkt in das Allerheiligste gelangen. Evans hält recht überzeugend für möglich, daß hier das älteste Sanktuarium lag, über dem dann der spätere, prächtigere Bau errichtet wurde, ähnlich wie in Rom über dem Apostelgrab später der Petersdom.

Im späten, östlich gelegenen Tempel von Ḥal Tarxien (S. 111: D) gibt es wieder wie in der Mnajdra (s. S. 176) ein rechteckiges Orakelloch, und wie dort liegt dahinter eine Kammer in der starken Mauer zwischen Innen- und Außenwand. Auch sie ist nur von außen durch einen kurzen Gang erreichbar. Eine zweite Verbindung von dieser Zelle zum Tempelinnern

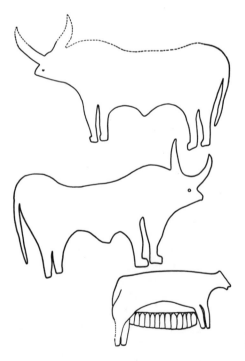

Zwei Stiere und säugende Sau (diese 2,20 m lang), in eine Kalksteinplatte in Ḥal Tarxien gemeißelt

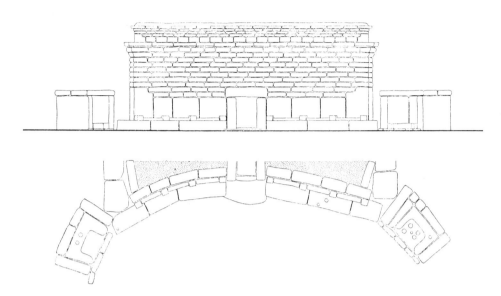

Rekonstruktionsversuch der Tempelfassade von Hal Tarxien (9,15 : 33,5 m)

bildet eine röhrenförmige Öffnung in Kniehöhe, die drinnen fast auf dem Boden mündet. Der Gedanke liegt nahe, daß durch sie von Priesterhand dem Gläubigen ein »Zeichen« gesandt wurde, das ihm im dämmrigen Dunkel des Heiligtums geradezu von der Gottheit selbst geschickt schien. Sowohl hier wie in Hagar Qim und der Mnajdra liegen diese Orakellöcher auf der rechten Seite des Tempels. Es bestand also wohl ein ebenso festes Orakel- wie Opferritual.

In diesem jüngsten der großen steinzeitlichen Sanktuarien auf Malta, das ein merkwürdiges Ineinander von drei bedeutenden Tempeln ist, besaß der heilige Bezirk eine Ausdehnung von 5400 qm, was nicht nur die Bedeutung des Heiligtums umreißt, sondern auch auf Wohlstand und tiefe Frömmigkeit der Erbauer schließen läßt, die Zeit und Kraft für eine solche Leistung im Dienst der Gottheit aufbrachten – eine Leistung, die sich nur mit den großen Dombauten des Mittelalters vergleichen läßt.

Was heute leider mit einer den Eindruck beengenden Mauer umschlossen als Sehenswürdigkeit zu betrachten ist, stellt also nur einen Teil des Ehemaligen dar. Insbesondere fehlt der halbmondförmigen, nun fast zerstörten Tempelfront die Monumentalität, die sie einmal besaß. Auch zwang Zerfall der jahrtausendealten Steinplatten in den drei Tempeln, die ja inmitten städtischer Umgebung liegen und damit der Umweltverschmutzung ausgesetzt sind, zu aufgemauerten Stützen der vom Absinken bedrohten mächtigen Platten. Die Ggantija auf Gozo scheint dagegen weniger vom Verfall bedroht. Man findet sie unverändert in ihrer rauhen Monumentalität.

Das Hypogäum von Ħal Saflieni

Unweit von Ħal Tarxien, nur einige hundert Meter von den Tempeln entfernt, liegt das Hypogäum (vom griechischen »Unter der Erde«) von Ħal Saflieni, »der Ort, wo begraben wird«, ein unterirdisches Heiligtum, das im Lauf von Jahrhunderten, wenn nicht Jahrtausenden, immer tiefer in den weichen Kalkstein gegraben wurde (Abb. 41–43). Heute datiert man die älteste Schicht, die hier also die oberste und mit primitivstem Werkzeug (Tiergeweihen, Steinkeilen etc.) ausgehöhlt ist, auf die Zeit um 3000 v. Chr. Das zweite, tiefer gelegene Geschoß ist dementsprechend jünger, ist etwa um die Bauzeit der Ġgantija auf Gozo entstanden, das dritte ungefähr in den Jahrhunderten, in denen die Tempel von Tarxien errichtet wurden.

Vom Eingang durch ein – neues – monumentales Tor aus drei Kalksteinquadern steigt man nach und nach durch die drei Stockwerke, die immer neue Räume erschließen, circa neun Meter hinab.

Daß der Totenkult nichts von seiner Bedeutung verloren hatte, bewies die Entdeckung des Sanktuariums, die 1902 beim Bau eines Hauses gemacht wurde, als man die ortsübliche glockenförmige Zisterne dafür anlegen wollte und dabei die Decke eines der Räume durchstieß. Eine unterirdische mehrstöckige Anlage von Grabkammern, Hallen, Stufen und Gängen wurde entdeckt, in der die Gebeine von 6000–7000 Menschen Platz gefunden hatten. Die Anfänge dieser riesigen Nekropole, die jahrhundertelang mit Steinkeilen, Rinderhörnern und Hirschgeweihen in den Kalkstein gebohrt und mit Feuersteinklingen geglättet wurde, sind nach den darin gemachten Funden mindestens ins 3. Jahrtausend v. Chr. zu datieren, nach den neuesten Berechnungen aber wahrscheinlich sehr viel älter.

Wenn man heute eine Wendeltreppe hinunter in die Tiefe gestiegen ist, passiert man im Licht elektrischer Lampen, wo einst nur Öllämpchen einen schwachen Lichtschein warfen, Gänge und Stufen, Kammern und Nischen, blickt in die Finsternis großer und kleiner Grabzellen und runder Wölbungen und gelangt mitten in dem unheimlichen, von Menschenhand geschaffenen Dachsbau in ein sorgfältig aus dem Fels gehöltes Hallenrund, in dem Pfeiler und Architrave fensterartige Öffnungen in noch tiefer verborgene Gelasse freigeben, betritt kurz darauf den feierlichen, eigentümlich schönen kleinen runden Saal, in dem man wegen seiner Vollkommenheit das Allerheiligste vermutet (Abb. 41), und steigt noch tiefer hinab zum untersten Stockwerk des Sanktuariums. Spuren von roter Farbe sind an den sauber polierten Wänden zu erkennen, der Abdruck einer Hand – uralter magischer Anruf wie in eiszeitlichen Höhlen –, die schwarze Umrißzeichnung eines Stiers, ein Schachbrettornament an einer Gewölbedecke und immer wieder die heilige Spirale. Im sogenannten Orakelraum, dem einzigen Rechteck unter so viel Rundformen, bedeckten Spiralen die ganze Decke (Abb. 42). Diese längliche Halle, in die man durch ein Wandloch drei Stufen hinabsteigt, war vielleicht eine Art prähistorischer Sakristei und birgt ein wohl jahrtausendelang gehütetes Geheimnis. An ihrer linken Längswand ist ziemlich weit unten eine kleine Nische ausgehöhlt und einige Meter von ihr entfernt in Augenhöhe ein ovales Loch, dessen konkave Seiten mit drei Kreisen in Ocker bemalt sind. Man nimmt an, daß die

Stilisierte Tonköpfe aus Ħal Tarxien (links) und dem Hypogäum (Höhe ca. 7 und 5,5 cm)

Priester von diesem Raum aus durch dieses Loch die Fragen der Gläubigen beantworteten. Denn der Schall einer Stimme wird von hier geheimnisvoll überhöht und verfremdet durch das ganze Höhlensystem getragen und muß in der Haupthalle (Abb. 43) wie die Stimme der Gottheit selbst vernommen worden sein.

Daß »die große Katakombe von Ħal Saflieni«, wie sie Evans nannte, nicht nur der Bestattung und dem Totenkult diente, sondern gleichzeitig wirklich ein Tempel war, scheinen das »Allerheiligste« und der Orakelraum zu beweisen. Neuerdings nehmen jüngere Archäologen sogar an, daß sie noch sehr viel mehr war, nämlich eine Ausbildungs- und Prüfungsstätte für Priesterinnen, die sich hier im nächtlichen Schoß der Erde unter harten Bedingungen zu bewähren hatten und auch hier bestattet wurden. Ehe jedoch wissenschaftliche Veröffentlichungen darüber vorliegen und zur Diskussion gestellt wurden, hat der Laie dies nur als Vermutung zu betrachten.

Die Funde im Hypogäum, die jetzt im Archäologischen Museum in Valletta ausgestellt sind (Abb. 40), lassen darauf schließen, daß in dem unterirdischen Labyrinth gebetet, begraben, Opfer dargebracht und Orakel verkündet, vielleicht auch Heilungen und Weihehandlungen vollzogen wurden. Das entzückende Frauenfigürchen auf dem Ruhebett dort (Abb. 44) läßt sogar die Sitte des antiken Tempelschlafs vermuten, in dem von der Gottheit Weisungen im Traum erwartet wurden (s. S. 39). Auch in diesen Funden, auf deren Besichtigung man nicht verzichten sollte, überwiegt das feminine Element, so daß man annehmen möchte, im Dunkel dieses geheimnisvollen Sanktuariums haben auch, wenn nicht gar ausschließlich, Priesterinnen gewirkt.

2 Ausflüge

A Nach Mdina und Rabat über Attard

Nachdem Sie Valletta kennengelernt haben, wird Ihr erster Ausflug, wenn Sie nicht gerade von der Steinzeitkultur so fasziniert sind, daß Sie deren Tempel in der Reihenfolge ihrer Entstehungszeit kennenlernen wollen, vermutlich – und das zu Recht – Mdina und Rabat gelten, d. h. der bezaubernden »alten Hauptstadt« der Malteser und dem ihrer Nachbarstadt mit den antiken und frühchristlichen Katakomben und der »Römischen Villa«.

Alter Gummibaum in St. Anton's Garden

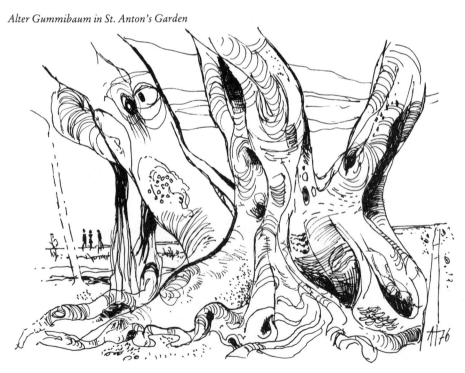

Mdina müssen Sie sehen; denn es ist von einmaligem Charme, eine verwunschene Stadt, die im 16. Jahrhundert eingeschlafen scheint, um bis heute nicht mehr aufzuwachen. *Rabat* dagegen ist seine nüchterne, etwas reizlose Dienerin, aber es hütet das Geheimnis seiner Katakomben. Die Römische Villa, zwischen beiden gelegen, ist ein liebenswürdiges 'Kann', kein 'Muß' wie Mdina.

Sie machen sich also von Valletta aus auf den Weg, mit dem öffentlichen Bus oder mit einem Mietwagen. Die Straße führt Sie an einem niedrigen *Aquädukt* vorüber, der ausnahmsweise kein römischer ist, sondern ein von dem Malteser Giovanni Attard begonnener und von seinem Schüler Tommaso Dingli im 17. Jahrhundert im Auftrag des Großmeisters Alof de Wignacourt vollendeter, der Wasser von der Höhe von Mdina nach Valletta leitete und noch immer die Hauptstadt damit versorgt (Abb. 45). Etwa auf halbem Weg könnten Sie rechts nach *Attard* abbiegen, das Sie vielleicht ein anderes Mal aufsuchen werden, um *St. Anton's Garden* mit seinen exotischen und subtropischen Bäumen und Pflanzen zu genießen und den von Bougainvilleas berankten Barockpalast zu betrachten, den jetzt der maltesische Präsident bewohnt. Großmeister Antoine de Paule hat ihn im 17. Jahrhundert erbaut. Sollten Sie zufällig im eleganten nahen *Corinthia Palace* wohnen, können Sie sich in diesem Park gelegentlich erholen.

Doch nun sind Sie nur noch wenige Kilometer von der »alten Hauptstadt« entfernt. Es gibt hier ja keine Entfernungen.

Mdina Man weiß, daß unter Mdina schon eine phönizisch-punische Stadt liegt, wenn nicht sogar eine noch sehr viel ältere Siedlung. Aber das Mdina von heute ist eine Stadt des 16. Jahrhunderts. Die Busse halten vor ihren Toren, und auch Sie sollten dort halten, falls Sie mit einem Wagen gekommen sind. Durch Mdina muß man zu Fuß gehen, muß über die gelbe barocke Sandsteinbrücke kommen (Farbt. 8), die über den alten Festungsgraben führt und die jeden, der Rhodos kennt, an die sehr ähnliche erinnert, die auch dort die Johanniter schufen.

Über Mdina, das auf einer Bergkuppe liegt und dessen Silhouette weithin sichtbar über die Ebene hinausragt mit Kuppeln und Türmen (s. Umschlagvorderseite), sind im Gegensatz zu Valletta zwei Jahrtausende hinweggegangen, und das, fast ohne Spuren zu hinterlassen. Seine jetzige Prägung erhielt es durch das Barock der Johanniter. Unter den Römern hieß es »Melita« oder »Melite«; die Araber, die gegen Ende des 9. Jahrhunderts kamen, nannten es »Medina« und umgaben es mit einem Mauergürtel, der seinem Wachstum noch heute Grenzen setzt; als Malta zu Sizilien gehörte, erhielt es 1427 den Namen »Notabile«; für die Malteserritter, deren erste Hauptstadt es war, wurde es dann die »Città Vecchia«, die »alte Stadt«.

Wenn Sie durch das *Mdina Gate* (1; Farbt. 8) hereinkommen, sehen Sie gleich links den Flaggenturm aus dem 16. Jahrhundert und rechts den im 18. Jahrhundert vom Großmeister Vilhena erbauten Palast (2), der heute *das Naturhistorische Museum* birgt (Abb. 53). Wenige Schritte weiter die erste Kirche, *St. Agathas Kapelle* (3). Jetzt können Sie rechts, keine 50 m weit, den entzückenden Winkel aufsuchen, an dem das *Xara Palace Hotel* (4) an der Stadt-

AUSFLÜGE: MDINA

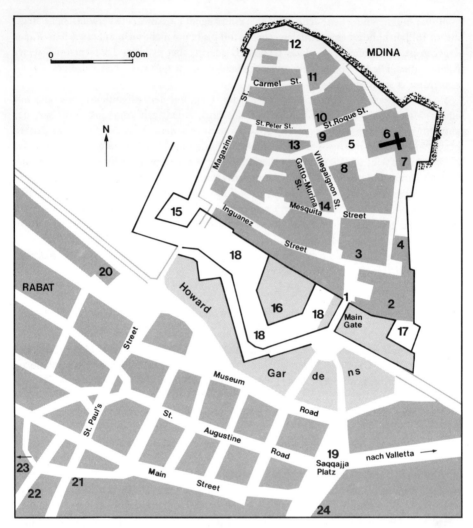

Stadtplan von Mdina/Rabat
1 Mdina Gate 2 Vilhena Palace (Naturhistorisches Museum) 3 St. Agathas Kapelle 4 Xara Palace Hotel 5 St. Paul's Square 6 Kathedrale St. Peter und Paul 7 Erzbischöfliches Museum 8 Rathaus 9 Casa Gourgion 10 St. Roque 11 Normannisches Haus (Palazzo Falzon) 12 Pjazza Tas Sur 13 Palazzo St. Sophia 14 Palazzo Gatto-Murina 15 Bastione San Pietro 16 Bastione del Redin 17 Bastione del Palazzo 18 Alter Befestigungsgraben 19 Bus-Haltestelle 20 Römische Villa 21 St. Paul's Church 22 St. Pauls-Katakomben 23 Katakomben von St. Agatha 24 Zu den Buskett Gardens und dem Verdala Palace

mauer liegt und *St. Benedict,* ein Nonnenkloster, dicht dabei. Kehren Sie dann zurück und biegen Sie an St. Agatha's Chapel rechts in die breiteste Straße der Stadt, die Villegaignon Street, und genießen Sie den Blick auf die Paläste rechts und links. Hier hat der Adel Maltas seine guten Tage verlebt, zurückgezogen und einigermaßen verstimmt über den Hochmut der Ordensritter aus den alten Geschlechtern Europas. Die Hauptstraße führt geradewegs zum Nordende der Stadt, wo man von der befestigten Mauerecke einen überwältigenden Ausblick über die Insel hat (vgl. Abb. 46). Auf der Mitte dieser Straße aber öffnet sie sich rechts zum *St. Paul's Square* (5) und gibt den Blick auf die barocke Kathedrale frei (6; Farbt. 11; Abb. 47). Dies ist die eigentliche Kathedrale des Landes, und weil sie es ist, darf die großartigere Ordenskirche in Valletta nur Co-Kathedrale heißen, ein Titel, der ihr deshalb vom Papst verliehen wurde.

Wahrscheinlich stand hier schon im 4. Jahrhundert eine frühchristliche Basilika; denn dies soll der Ort sein, an dem der Heilige Paulus, nachdem er auf Malta gestrandet war, den Vater des römischen Statthalters Publius geheilt hat. Der von den Maltesern geliebte Normanne Roger hat dann den inzwischen verfallenen Dom wieder aufgebaut, der leider bei dem großen Erdbeben 1693 zerstört wurde. Der Dom wurde durch den heutigen Barockbau von Lorenzo Gafà ersetzt und 1702 vollendet. Doch besitzt er noch eine wundervolle zweiflügelige Tür aus irischer Mooreiche, die als »normannisch« gilt, weil sie romanische nordische Motive zeigt. Sie stammt wahrscheinlich aus dem 11. Jh., atmet aber in ihrer Eigenart den Geist germanischer Symbolik (Farbt. 12; Abb. 48 a, b).

Außer der Kathedrale von Mdina sind unter Rogers und seines Sohnes Regierung größere und kleinere Kirchen auf den Inseln gebaut worden, die von sizilianischen Architekten im Normannenstil Siziliens errichtet wurden, jedoch später durch Fassaden und Aus- und Umbauten während der Johanniterzeit bis zur Unkenntlichkeit des ursprünglichen Baugedankens in Barockkirchen verwandelt wurden. Der allzu leicht zu bearbeitende Kalkstein Maltas ist ihnen zum Verhängnis geworden. So blieb aus dieser Zeit eigentlich nur das sogenannte *Normannische Haus* (11; Abb. 49) in seinem ursprünglichen Stil erhalten und der untere Stock eines zweiten in Mdina, außerdem die *Säule* in dem kleinen Park zwischen Rabat und Mdina (Abb. 57), wenn man von einigen verloren im Land stehenden schmucklosen Kapellchen absieht.

Sieht man in dem überaus prächtigen *Innern der Kathedrale,* die als Lorenzo Gafàs Meisterwerk gilt, diese von nordischem Geist geprägte Eichentür, so bedauert man um so mehr, daß des Grafen Roger normannischer Dom dem Erdbeben zum Opfer fiel. Gewiß sind das Fresko in der Apsis, der ›Schiffbruch des Heiligen Paulus‹ von Mattia Preti, und das Prozessionskreuz, das Gottfried von Bouillon aus Jerusalem mitgebracht haben soll, bemerkenswert, jedoch nichts im Vergleich zu diesen Türflügeln aus irischer Eiche.

An dem sich rechts von der Kathedrale öffnenden Platz steht das schöne *Erzbischöfliche Palais* (7), das heute als Kathedralmuseum im Obergeschoß eine gute Gemäldegalerie und eine ausgezeichnete Sammlung von Radierungen und Holzschnitten birgt, Kunstwerke, die durch Ritter und Großmeister des Ordens nach Malta gelangten und ihrem Kunstverständnis durchaus zur Ehre gereichen (Abb. 50–52). Auch die ›Große Passion‹ von Albrecht

AUSFLÜGE: MDINA/RABAT

Dürer ist kurioserweise darunter, aber ebenso Grafik von Hans Baldung Grien, Rembrandt, Piranesi und Goya. Punische und römische Funde sowie eine bedeutende Münzsammlung gehören ebenfalls zum Besitz des Museums, das also durchaus einen ausführlichen Besuch verdient.

Wenn Sie nun Ihren Weg auf dieser Haupt- und Prachtstraße Mdinas zur nördlichen Bastion fortsetzen, vorbei am links gelegenen *Palazzo Santa Sophia* (13), dem angeblich ältesten der Stadt, an der *Church of the Annunciation* und an *St. Roque* (10) sowie anderen schönen Bauten, so finden Sie schließlich fast am Straßenende rechts den Palazzo Falzon, das berühmte *Normannische Haus* (11; Abb. 49), das innen zwar gar nichts Normannisches besitzt, dafür aber eine Fülle schöner Dinge, die ein Sammler zusammengetragen hat und die zu betrachten der Mühe wert ist, falls es zeitlich so paßt.

Der ganze Spazierweg quer durch Mdina ist nur knapp einen Kilometer lang gewesen, also für jedermann mühelos zu bewältigen, wenn man Kathedral- und Museumsbesuch nicht mit einbezieht. Und nun stehen Sie schon auf der herrlichen Aussichtsterrasse des Bastion Square, in dessen Nähe Sie reizende kleine, sehr englisch geführte Teesalons zum Ausruhen finden. Später werden Sie durch allerlei Seitengäßchen streifen und immer Neues entdecken in dieser verschlafen vor sich hindämmernden alten Barockstadt (Abb. 54–56). Und wiederkommen werden Sie gewiß. Möglichst zu verschiedenen Tageszeiten und einmal auch nachts. Mdina ist eine Märchenstadt und voller Geheimnisse, die nur die streunenden Katzen zu kennen scheinen.

Rabat   Vor den Toren Mdinas liegt nicht nur der kleine Park mit der *Normannischen Säule* (Abb. 57) im Mittelpunkt, sondern auch die sogenannte *Römische Villa* (20). Beide sind ein Beweis dafür, daß Mdina einmal viel ausgedehnter war als heute; ein dritter ist die große Anzahl der weithin ins Land hinein verstreuten punischen und römischen Katakomben und Gräber. Die Araber haben seinerzeit die Stadt mit einer Festungsmauer umgeben und damit eingegrenzt, daneben aber – sozusagen für den Alltagsgebrauch – Rabat für Handel und Wandel zur Nebenstadt anwachsen lassen, die sie heute noch ist.

Gehen Sie in die Römische Villa, wenn es Ihre Zeit erlaubt. Es ist ein entzückendes kleines Museum, gerade so groß, daß man gern beim einzelnen Stück verweilt und zu Einsichten in Vergangenes kommt, die einem in den großen Museen vor der Fülle der bedeutenden Eindrücke oft versagt bleiben. Im Mittelpunkt des Hauses, im Impluvium des Atriums, liegt, von einem Säulengang umrahmt, ein reizvolles Bodenmosaik (Abb. 58): ein Taubenpaar auf dem Rand einer Schale sitzend, von einem Wellenornament umgeben und dies wiederum von einem Mäandermosaik, einem »trompe l'oeil«, das aufs geschickteste eine reliefhafte Wirkung erzielt. Mehrere rechteckige Räume mit Bodenmosaiken schließen sich an. Interessant ist, daß der Grundriß mehr Ähnlichkeit mit dem in hellenistischer Zeit üblichen Typus des griechischen Hauses in Afrika hat als mit dem sonst üblichen römischen. In diesen Zimmern ist allerlei mehr oder weniger Sehenswertes untergebracht: römische Büsten und Gefäße, Öllämpchen lateinischer und punischer Herkunft, Statuen und Grab-

Grundriß der Römischen Villa in Rabat (nach D. H. Trump)

1 Tisch
2 römische Gräber
3 punische Gräber
4 Ölmühle
5 Architekturfrag-
mente usw.
6 griechische und
etruskische Stücke
7 Grabsteine,
Statuen usw.
8 Öllampen
9 Glas usw.
10 Statuenbasis
11 Mosaiken,
Statuen
12 Zisterne
13 Atrium mit
Bodenmosaik
14 Peristyl
15 arabische
Grabsteine
16 Weinfaß
17 Triclinium
18 Statuen
19 Toilette

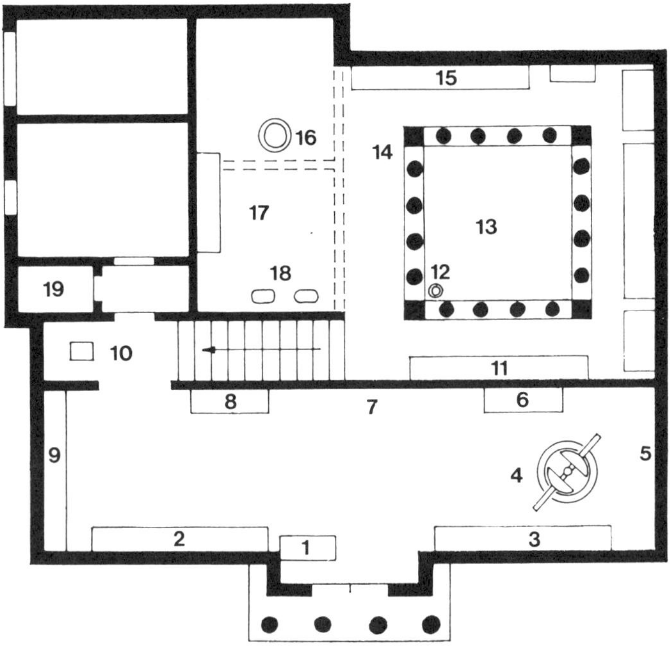

male, auch figürliche Mosaikbruchstücke, eines von ihnen vielleicht Omphale und Herku-les, vielleicht aber auch schon Simson und Dalila darstellend. Daneben Funde aus phönizi-scher und arabischer Zeit und Steine mit semitischen Inschriften (Abb. 61), schließlich im Vorraum eine große römische Ölmühle (Abb. 59). Von den Grabsteinen hier gilt einer einem jungen Leier- und Schauspieler und weckt mit seinen Darstellungen auf eigentümliche Weise die Atmosphäre spätrömischer Kultur.

Zeigt die Römische Villa in Rabat sehenswerte Relikte der lateinisch-heidnischen Antike, so die nahen *Katakomben* der christlichen.

Die Apostelgeschichte berichtet darüber: »Und als wir gerettet waren, erfuhren wir, daß die Insel Melite heißt. Die Bewohner aber zeigten sich uns gegenüber ungewöhnlich freundlich. Sie zündeten ein Feuer an und holten uns wegen des Regens und der Kälte zu ihm heran. Als aber Paulus einen Haufen Reisig zusammenraffte und ihn auf das Feuer warf, kam durch die Hitze eine Schlange heraus und biß sich in seiner Hand fest. Als die Leute das Tier an seiner Hand hängen sahen, sagten sie zueinander: ›Dieser Mensch muß ein Mörder sein, den die Rachgöttin nicht leben läßt, obwohl er dem Meer entkam.‹ Er aber schleuderte das

AUSFLÜGE: RABAT

Tier von sich ins Feuer und nahm keinen Schaden. Sie aber erwarteten, daß er anschwelle oder plötzlich tot umfalle. Als sie längere Zeit gewartet hatten und sahen, daß ihm nichts Schlimmes geschah, änderten sie ihre Meinung und sagten nun, er sei ein Gott. In jener Gegend besaß der Oberste der Insel namens Publius ein Landgut; der nahm uns auf und beherbergte uns drei Tage freundlich.« Paulus heilte den Vater des Publius von Fieber und Ruhr, worauf auch andere kamen »und ließen sich gesund machen. Und sie erwiesen uns viel Ehren und versahen uns, als wir abfuhren, mit allem Nötigen. Nach drei Monaten aber schifften wir aus mit einem alexandrinischen Schiff, das bei der Insel überwintert hatte, und es segelte im Zeichen der Zwillinge.«

Wir wissen nicht, ob Paulus auf Malta predigte und ob er dort Anhänger des neuen Glaubens zurückließ, wie die Malteser gern annehmen. Aber daß die Männer, die dem Schiffbrüchigen gastfreundlich Hilfe gewährten, seinem kleinen Abenteuer mit der Schlange unbedingt eine religiöse Deutung geben wollten, entspricht nicht nur antiker Denkweise, sondern ebensosehr dem Geist jenes uralten Malta, das der Verehrung des Göttlichen seine ganze Lebenskraft weihte.

Es wäre also abwegig, wollte man nach dieser Schilderung in der Apostelgeschichte annehmen, daß die elende Höhle, die man in der von Lorenzo Gafà 1683 erbauten *St. Paul's Parish Church* (21) in Rabat als Gefängnis des Paulus zeigt, wirklich von diesem, und sei es auch nur vorübergehend, bewohnt gewesen sei. Paulus war zu dieser Zeit zwar angeklagt, aber noch keineswegs verurteilt, hatte während der Stürme, die das Schiff, das ihn nach Rom bringen sollte, bedrohten und bis in die Adria verschlugen, das Kommando übernommen und ist später in Rom noch etwa zwei Jahre lang frei umhergegangen. »Aber Paulus ward erlaubt zu bleiben, wo er wollte, mit einem Kriegsknecht, der ihn hütete«, heißt es in der Apostelgeschichte von dieser Zeit. Die sogenannte Paulsgrotte hat also ebensowenig direkten Bezug zu dem Apostel wie die *St. Pauls-Katakomben* (22), die eine gut erhaltene christliche Begräbnisstätte des 4. und 5. Jahrhunderts in Rabat sind, welche sich in mancher Beziehung von den römischen Katakomben unterscheidet.

Man betritt sie, indem man eine steile Treppe hinabsteigt, an deren Seiten Kindergräber eingelassen sind, und kommt zuerst links in einen Raum, der als Kapelle gedient haben soll. Ältere Schriftsteller haben von einem Altar berichtet, der hier stand, nun jedoch verschwunden ist, wie die Katakomben überhaupt schon vor Jahrhunderten geplündert und ausgeraubt wurden. Eindrucksvoll ist die neben der Kapelle liegende unterirdische Haupthalle, die an jedem Ende einen großen, in den Stein gehauenen runden sogenannten Agápe-Tisch hat (Farbt. 13). Dieser Tisch ist von einer Bank in gleicher Höhe umgeben, besitzt jedoch vorn eine kreisrunde Nische, den Platz für den Priester oder Familienältesten. Derartige Agápe-Tische fehlen in den römischen und auch in anderen Katakomben, scheinen also für einen alten maltesischen Brauch typisch zu sein, der wahrscheinlich aus der Vorzeit überdauerte. Ob Abschieds- oder Gedächtnisfeier für den Verstorbenen im Namen der Gottheit – die enge Beziehung zu den Geheimnissen des Hypogäums drängt sich hier auf.

Nun war die Feier mit Speise und Trank am Grabe der Verstorbenen, vor allem der Märtyrer, im frühen Christentum durchaus üblich. Malta jedoch hat – aus welchen Gründen auch immer – nie Heilige gehabt, die für ihren Glauben ihr Leben lassen mußten. Es kann sich hier also nur um einen Ritus handeln, der, an sehr viel ältere Vorstellungen anknüpfend, jedem christlichen Toten gewidmet wurde. Der Gedanke, die im Grab weilenden Seelen mit Opfergaben bis zum Tag der Auferstehung am Leben zu erhalten, steht unverkennbar hinter diesem Brauch.

Es überzeugt jedoch, wenn Prof. Wilhelm M. Gessel, Ordinarius für alte Kirchengeschichte, Patrologie und christliche Archäologie an der Universität Augsburg, es »sehr bezweifelt, daß die sogenannten Agápe-Tische der maltesischen Katakomben wirklich den Totenmählern (Mahl der Hinterbliebenen und Freunde des Toten, wobei der Tote als anwesend gedacht wurde) gedient haben könnten. In keiner der uns bekannten Katakomben (Rom – Neapel – Syrakus – Sousse usw.) konnten bisher Totenmahlzeiten im oben beschriebenen Sinn nachgewiesen werden. Dazu kommt ein hygienischer Gesichtspunkt. Der Geruch der verwesenden Leichen hat längere Aufenthalte in den aktuell belegten Katakomben nicht gestattet. Meines Erachtens konnten die übrigens bisher nicht hinreichend geklärten Agápe-Tische von Malta, wenn überhaupt als Speisenablage dienen, lediglich zum Abstellen von Nahrungsmitteln verwendet werden, um allein die Toten zu 'füttern'.«

Aus den beiden Haupträumen führen Gänge in ein Labyrinth von Gräbern; sie reichen, je nach dem Grad der Wohlhabenheit der Familie des Toten, vom schlichten, rechteckig in die Wand eingehauenen, das vorn mit einer Platte verschlossen wurde, bis zum sogenannten Arcosolium-Grab, dessen Decke einen sonnenbogenförmigen Halbkreis beschreibt, und zum Familiengrab, über dem sich die aus dem Stein gehauene Decke zum Baldachin wölbt. Eigentümlich sind die Bogengräber, in denen zwei Tote nebeneinander lagen, den Kopf durch eine als Kissen dienende Bank mit zwei Vertiefungen gestützt.

Daß es in diesen maltesischen Katakomben wie in den römischen und anderen frühchristlichen Freskenmalereien, figürlichen und dekorativen Schmuck gab, darf angenommen werden; und mit größter Wahrscheinlichkeit war die Halle mit den beiden Agápe-Tischen farbig ausgestaltet, wenn jetzt dort auch nur noch einige Kreuze und Wappen an der Decke

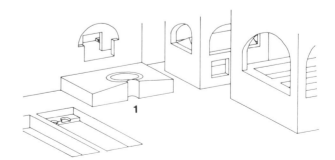

Verschiedene Arten von Gräbern in den Katakomben Maltas 1 Agápe-Tisch

zu sehen sind, die wohl von Johanniter-Besuchern stammen. Heute sind einzig an zwei ziemlich entlegenen Stellen der Katakomben Freskenreste mühsam erkennbar. Sie werden bei Führungen gar nicht mehr gezeigt, und so wirkt die gesamte Anlage eigentümlich kunstlos, sehr viel kunstloser, obwohl stark daran erinnernd, als das so viel ältere Hypogäum.

Schuld daran dürfte nicht zuletzt der Umstand sein, daß der erste Großmeister des Ritterordens auf Malta, Philippe Villiers de l'Isle Adam, zwei nur allzu tüchtigen Männern erlaubte, auf der Insel nach verborgenen Schätzen zu suchen. Er stellte zwar die Bedingung, daß ein Drittel ihrer Funde an den Orden und die Kirche abzuliefern sei, öffnete jedoch mit seiner Genehmigung der planmäßigen Ausraubung dieser und anderer bekannten Katakomben Tür und Tor. So blieb überall nichts der Nachwelt erhalten als die in den Kalkstein gehauenen weitverzweigten Anlagen mit ihren Säulen, Plätzen, Gängen, Treppen, die zu den verschiedenen Grabtypen führen, ferner einige in die Wände gemeißelte Symbole wie Muscheln, ein siebenarmiger Leuchter oder ein seine Jungen fütterndes Pelikanpaar und über den Bestattungslagern selbst die Nischen für Öllampen des römischen Typus, sodann die Durchbrüche, die das Gesicht der Toten – und nur das – zur Betrachtung freigaben, und manchmal Holzkohlespuren in den Winkeln über einzelnen Gräbern, von denen man annimmt, daß sie anzeigen sollten, daß hier an der Pest Verstorbene beigesetzt waren. Kurz, es blieb, was nicht wegzutragen war. Immerhin genug, um den Besuch dieser Katakomben lohnend zu machen, die sich von denen der Reichshauptstadt Rom nicht unwesentlich unterscheiden.

Interessanter sind in mancher Beziehung die weniger besuchten *Katakomben von St. Agatha* (23), in denen ein Priester oder Seminarist meist recht sachkundig führt. Die Begräbnisstätte

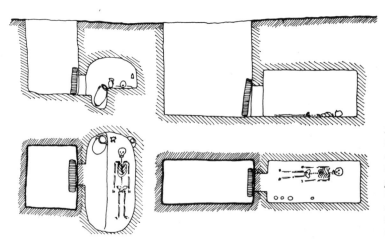

Schnitt und Grundriß eines typischen punischen Grabes (links) und eines römischen Grabes

*Siebenarmiger Leuchter in der
Katakombe bei der Abatia Tad-Deyr
in Rabat*

stammt aus dem 4. und 3. Jahrhundert, zum Teil auch aus vorchristlicher Zeit; denn ein punisches Grab wurde gleichfalls gefunden. Hier gibt es Pilaster römischen Stils und Schmuckformen in Stein gehauen. Die beiden einander gegenüberliegenden Agápe-Tische für das Totenmahl sind ebenfalls vorhanden. Ferner wird ein Altar mit einer primitiv an die Wand gehauenen Muschel darüber gezeigt, an dem der Totengottesdienst gehalten wurde. Sogenannte Fenstergräber, wie es sie auch in St. Paul's Catacombs gibt, ließen einst den Kopf des Verstorbenen sehen. In einem Grab liegt noch das Skelett einer etwa fünfunddreißigjährigen Frau. Schächte, die sich nach oben verengen, leiten Luft in die Katakomben. Vielleicht ist es ihnen zu verdanken, daß sich hier primitive Malereien in Erdfarben erhalten haben, Symbole des Friedens und der Auferstehung, wie sie das frühe Christentum kannte: Tauben und ein Lorbeerkranz am Altar, Sinnbild des ewigen Lebens wie auch die Muschel, die das Grab bedeutet, »aus dem der Mensch eines Tages auferstehen wird«. Erstaunlicherweise gibt es auch eine Darstellung des siebenarmigen Leuchters in der Katakombe von St. Agatha, so daß sich die Frage ergibt, ob die Juden auf Malta so eng mit den Christen zusammenlebten, daß sie dieselben Friedhöfe benutzen konnten.

In der Kirche, die sich über der Katakombe erhebt, sieht man Fresken, die aus der italienischen Frührenaissance zu stammen scheinen oder doch ihren Einfluß verraten. Besonders reizvoll ist eines an der linken Seitenwand mit Bäumen und zarten weiblichen Heiligen mit hochgezogenen Augenbrauen von italienischer Lieblichkeit, die an Pinturicchio oder Perugino erinnert.

B **Nach Verdala Palace, zum Inquisitorenpalast, den Buskett-Gärten und den Dingli-
Klippen mit den sogenannten Karrenspuren**

Kennt man Valletta und die Barockstadt Mdina und die verfügbare Zeit erlaubt es, so kann
man noch am selben Tag, besser allerdings wohl an einem anderen, einen Ausflug von Mdina
aus zu dem schönen Verdala Palace und von dort zu den Dingli-Klippen unternehmen.

Verdala Palace Es ist hübsch, den lohnenden Besuch dieses festlichen Baus (Abb. 66)
zwischen Burg und Schloß mit einem Spaziergang in den Buskett Gardens zu verbinden.
Dienstags und freitags ist er von 9–12 und von 14–17 Uhr geöffnet. Eine über den Burggra-
ben gespannte Brücke führt zum Eingang an der Nordfassade. Der Kardinal und Großmeister Verdala (1581–1595) hat diesen ungewöhnlich harmonischen und interessanten Bau,
halb Burg noch, halb schon Palast, 1586 als Sommersitz für sich und seine Nachfolger
errichten lassen. Schon der Grundriß des Architekten Girolamo Cassar mit den vier Ecktürmen verrät den wehrhaften Charakter, dient aber gleichzeitig der Schönheit, da der Sonnen-
schein die Fronten im Tagesablauf langsam umwandert, so immer an einer Seite vollen
Schatten, an der anderen ebenso viel Sonne bietend. Bei der Besichtigung des Innern spürt
man eindringlich den Geist der Zeit, seine Strenge und Härte gegen Gefangene, für die
Verliese und Gerichtsraum eingeplant wurden, aber auch seine adelsstolze Kultur und seinen noblen Sinn für Repräsentation. Verdala Palace ist noch in dem Jahrhundert der großen
Belagerung durch die Türken erbaut. Man spürt es.

Inquisitor's Palace In Sichtweite von dieser Großmeisterresidenz liegt – ob ganz zufällig,
sei dahingestellt – der Inquisitorenpalast, ein ebenfalls sehr harmonischer Bau, der, aus dem
17. Jahrhundert stammend, lange dem Verfall preisgegeben und deshalb unzugänglich war,
nun aber restauriert wurde und als Museum eingerichtet werden soll (Abb. 64, 65). Ob er
jetzt zugänglich ist, erfahren Sie im staatlichen Verkehrsbüro. Seine Lage mit dem Ausblick
auf das Nachbartal von Verdala ist jedenfalls sehr reizvoll.

Buskett Gardens, auch Boschetto (Wäldchen) genannt, ist Maltas größte Grünanlage und im
Juni Schauplatz des bedeutendsten Volksfestes der Insel. Der Park ist schlechthin zauberhaft
und schon im Februar voll blühender Pfirsich- und Mandelbäume zwischen den verschiedensten alten Zypressen- und Koniferenbeständen, ein Ort der Stille und Fruchtbarkeit, den
man hier nicht vermutet. Mandarinen und Orangen leuchten aus dem glänzenden Laub, die
ersten Blumen öffnen ihre Kelche. Daß auf Malta alle Pflanzen drei Monate früher als bei uns
blühen und reifen, erfährt man in diesem fruchtbaren Tal, in dem einst die Ritter aus dem
Norden auf Falkenjagd gingen. Nach Ihrem Spaziergang können Sie sich hier im »Road
House« ausruhen und stärken, während Sie die weite Aussicht genießen und dann in einer
knappen halben Stunde zu den *Dingli-Klippen* wandern, auf deren Steilküste Sie wirklich

62 Bauernhof in festungsartigem arabischen Stil
63 Landstraße auf Malta

64, 65   Inquisitor's Palace im Girgenti Valley und Kapelle des Palastes
66   Verdala Palace, 1586 von G. Cassar für den Großmeister Verdala erbaut

67 Schleifkarrenspuren aus der Borġ-in-Nadur-Phase, Bronzezeit

68 Die Blaue Grotte bei Wied-iż-Żurrieq

69, 70 Turm von Qrendi und Qawra Tower (Gozo), 2 der 14 Beobachtungstürme der Ordensritter

71 Ḥaġar Qim   Luftaufnahme

72 Orakelraum der Ḥaġar Qim mit Orakelloch

73 Ḥaġar Qim Pilzförmige Altäre
74 Statuette aus Ḥaġar Qim, Höhe 23,5 cm. Archäologisches Museum Valletta
75 Altar aus Ḥaġar Qim, Höhe 73 cm. Original im Archäologischen Museum Valletta

76 Ḥaġar Qim Außenkapelle

77 Sogenannte ›Venus von Malta‹, 12,7 cm hoch, aus Ḥaġar Qim, im Archäologischen Museum Valletta

78 Luftbild der MNAJDRA

80 MNAJDRA Mittelgang im Tempel ▷

79 MNAJDRA Verzierter Eingang zur Kammer der Pfeilernischen im Südtempel

81 Tierkopf, 7 cm, Bruchstück eines Vasenhenkels aus GĦAR DALAM

82 4,5 cm große Votivdarstellung eines Tempels aus Globigerinenkalk, gefunden in Ta Ħagrat/Mgarr, jetzt Archäologisches Museum Valetta

83, 84 Schale aus BORĠ-IN-NADUR, Höhe 22 cm, und Keramik der Kultur von BAĦRIJA (1000–800 v. Chr.), Archäologisches Museum Valletta

85 Die Höhle GĦAR DALAM

86 BORĠ-IN-NADUR Stadtmauer der bronzezeitlichen Siedlung, Mitte 2. Jahrtausend v. Chr.

87 Salzpfannen am DELIMARA POINT

88 Spinola Palace in St. Julian's
89 Birkirkara Church of the Assumption
90 Detail der Kirchenfassade in Birkirkara

91 Mosta Die ›Rotunda‹

92 Dolmen bei Naxxar, Nordmalta

93 Reste des kleinen Tempels von Skorba

94, 95 Gefäße der roten Skorba-Phase und ältester Skulpturfund der Inseln, 19,7 cm, aus Grab 5 in Żebbuġ. Archäologisches Museum Valletta

96 Ta' Ħagrat, die Tempel von Mġarr, Blick aus der Vogelschau

97 Nordwestküste Maltas auf MARFA RIDGE

98 Selmun Palace nördlich ST. PAUL'S BAY, erbaut von Domenico Cacchia, 18. Jh.

99 Red Tower auf MARFA RIDGE

101 Feigenkaktus ▷

100 Heute noch baut man auf Malta wie vor 5000 Jahren. Steinhaus auf MARFA RIDGE

102 Südtempel der ĠGANTIJA auf Gozo. Zeichnung von H. Brocktorff, 1827, sogleich nach der Ausgrabung
103 Tempelschreine der ĠGANTIJA auf Gozo

104–106 ĠGANTIJA Tempelapsis. Felsplatte mit Löchern zum Absperren des Ganges. Trennstein mit Schlangenrelief, jetzt im Archäologischen Museum Victoria

107–108 Römische Frauenstatue und Grabstein eines arabischen Mädchens, 12. Jh., in der Casa Bondi
112–113 Votivstele aus Tas-Silġ mit punischer und griechischer Inschrift. Archäol. Museum Valletta ▷
109 Punischer Terrakotta-Sarkophag des 5. Jh. v. Chr. im Archäologischen Museum Valletta

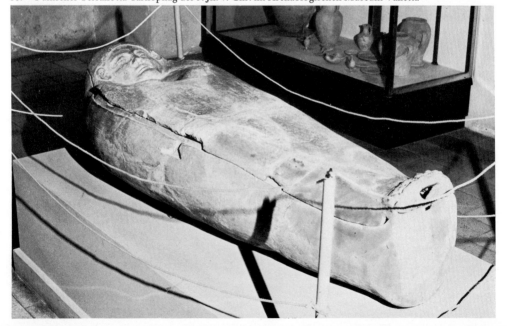

110 Punische Tophet-Stele für ein geopfertes Kind. Archäologisches Museum Valletta

111 Phönizische oder punische Büste. Archäologisches Museum Victoria

114 Das Fischerdorf Xlendi auf Gozo

115 Auf Gozo. Arbeit im Kalksteinbruch

116 Spitzenklöpplerinnen auf Gozo

einmal gestanden haben sollten. Zu Ihrem Trost, falls Sie ohne eigenen Wagen und entsprechend müde sind: Es gibt eine Busverbindung Rabat – Dingli. Aber man sollte die Zeiten kennen!

Dingli-Klippen Nun können Sie, falls Ihre Kräfte dazu noch ausreichen, anschließend oder auch ein anderes Mal versuchen, auf den Dingli-Klippen die berühmten geheimnisvollen sogenannten *Gleitkarrenspuren* (Abb. 67) zu entdecken. Unter sachkundiger Führung ist es leicht, ohne sie jedoch reichlich schwierig und keineswegs immer von Erfolg gekrönt. Es gibt diese merkwürdigen »Schienen« vielerorts auf Malta, u. a. auch »nördlich von der Straße Birkirkara – St. Julian's in einer ›Minsija‹ (verlassen, öde) genannten Gegend« (Herbert Egger, Malta). Doch gestehe ich, keine von ihnen je ohne fremde Hilfe gefunden zu haben, und würde deshalb raten, falls man nicht ohnedies mit einer Gruppe reist, sich von einem Taxifahrer, am besten von Rabat aus und natürlich gegen einen vorher vereinbarten Preis, zu den nächsten »cart-ruts« bringen zu lassen und möglichst zu solchen, die von typischen Puniergräbern (Grundriß s. S. 142) durchschnitten worden sind.

Man findet sie, wo der felsige Boden von keinerlei Humus bedeckt ist, also auf Hochebenen und im Hügelland, über das der Seewind streicht, kreuz und quer über weite Strecken hin wie die Schienen einer Eisenbahn in den Stein gekerbt. Wer sie, mit oder ohne sachkundige Führung, vielleicht auf dem Felsengelände vor den Dingli-Klippen, einmal entdeckt hat, pflegt sogleich, besonders, wenn er technisch interessiert ist, die gewagtesten Theorien über ihre Herkunft anzustellen. Und genau das haben seit einigen Jahrhunderten auch Archäologen und Laien schon vor ihm getan, ohne jedoch allzuviel Licht in dieses Dunkel zu bringen.

Einiges aber darf inzwischen als geklärt gelten. Beginnen wir mit dem Gesamteindruck, den erst moderne Technik, Flugzeug und Fotografie, vermitteln konnten. »Aus der Luft erwecken sie den Eindruck eines Schienennetzes mit gelegentlichen Knotenpunkten und Verschiebeplätzen. Manchmal laufen viele Spuren nebeneinander her, ein andermal kreuzen sie sich in verschiedenen Winkeln und laufen in verschiedene Richtungen auseinander. Die Spurweite mißt jeweils etwa 1,40 m im Durchschnitt, doch gibt es Abweichungen von 5 oder 10 cm, darunter oder darüber.« John D. Evans, der dies schrieb, bezieht sich dann im folgenden auf Kapitän H. S. Grazie, der betonte, »die alten Spuren sind mit modernen Karrenspuren nicht vergleichbar. Sie sind im Querschnitt V-förmig, unten leicht abgerundet und oftmals sehr tief. Die Spuren moderner Karren hingegen (die ebenfalls an vielen Stellen im Fels zu erkennen sind) sind breit, flach und unten eben«.

Die Bezeichnung »Karrenspuren« für die merkwürdigen Geleise mußte endgültig fallengelassen werden, als 1955 ein Fernsehteam daranging, die Sache praktisch zu erproben. Ein Paar Karrenräder fuhr sich immer wieder fest und konnte die Kurven der Geleise schon gar nicht bewältigen, ein »Gleitkarren« jedoch, der nur ein Paar in den Spuren entlangschleifende Holme besaß, ließ sich durch die noch vorhandenen Rinnen ziehen. Durch Räder konnten also die Spuren nicht entstanden sein, dafür trat der »Gleitkarren« ins Zentrum des Interesses. Von seiner Konstruktion wird noch die Rede sein.

AUSFLÜGE: SOG. KARRENSPUREN

Eine andere Frage war die Entstehungszeit der Spuren. Es lag nahe, sie ganz allgemein in die Prähistorie zu datieren, und daß sie dahin gehören, beweist die Tatsache, daß Gräber der Punier, der ersten geschichtlich bekannten Siedler auf den Inseln, ohne jede Rücksicht auf sie in die Felsplateaus geschnitten sind. In die Steinzeit der großen Tempelbauten scheinen sie nicht zu gehören, sonst würden gewiß Schienenwege zu ihnen hingeführt haben. Das jedoch ist nicht der Fall.

Dagegen hat D. H. Trump darauf hingewiesen, daß die Zahl der Geleise dort zunimmt, wo sich bronzezeitliche Siedlungen befanden, die aus verteidigungstechnischen Gründen auf Höhen und in einiger Entfernung vom Meer liegen; denn zu dieser Zeit waren schon räuberische Überfälle von See her zu befürchten. Die steinzeitlichen Tempelbauer aber hatten noch nicht an Mauern und Burgen und an Sicherheit auf hochgelegenen Plätzen denken müssen, sie konnten überall auf der Insel allein oder in Gruppen leben. Trump konnte nun durch intensive Studien feststellen, daß von ihm verfolgte »Schleifspuren«, wie sie nun genannt werden, seit die »Karrenspuren«-Theorie endgültig begraben werden mußte, durch die Tore der bronzezeitlichen Siedlungen führen und dies auch bei befestigten Plätzen wie *Borġ-in-Nadur* (s. S. 178 f.) oder *Qala Hills,* wo keine Funde aus älterer Zeit gemacht wurden und offenbar keine Menschen zuvor gewohnt haben. Damit war wohl endgültig der Beweis erbracht, daß die rätselhaften Geleise aus der späten Bronzezeit stammen.

Sie sind überaus zahlreich, und das läßt wiederum den Schluß zu, daß auch die Bevölkerung, die sie benutzte, zahlreich, und weiter, daß die Erde Maltas damals fruchtbarer war als heute. Auch der Lebensraum selbst dürfte wohl größer gewesen sein als jetzt. Denn auf der steil abfallenden Südküste enden Spuren unmittelbar am Abhang, bei der Salina Bay geradezu im Meer. Erosion und Submersion haben offenbar in diesen Fällen im Lauf der Jahrtausende die Inseln verkleinert. Von der Salina Bay und ihren alten Salzgärten führen die Geleise ins Land hinein, sind also eindeutig Verkehrswege für den Abtransport von Fischen und Salz gewesen.

Fruchtbarkeit setzt Feuchtigkeit voraus. Ehe die Phönizier und Punier kamen und Holz für ihren Schiffsbau brauchten, gab es Wald auf den Inseln. Und die jetzt nackten Felsen bedeckte eine zumindest dünne Erdschicht, die inzwischen der Wind fortgeblasen hat. Ohne sie hätten die geheimnisvollen Spuren gar nicht entstehen können. Denn der Kalkstein Maltas ist weich, solange er nicht der Luft ausgesetzt wird, und erhärtet erst, wenn er offen zutage liegt. Die Spuren konnten sich also nur so tief in ihn eindrücken, weil der Stein von Erde bedeckt war. Andererseits muß die Belastung, die sie in den Stein grub, erheblich und das, wodurch sie entstanden, sehr hart gewesen sein. Damit sind wir bei dem Transportmittel, das sie hervorrief.

Der »Gleitkarren«, von dem die Rede war, ein Fahrzeug ohne Räder also, ist in Asien und Europa lange Zeit ein vielbenutztes Vehikel gewesen. Spuren, wie er sie hervorruft, habe ich auch auf dem kahlen Felsplateau von Cordes in der Nähe von Montmajour in der Provence gefunden, die sichtlich Zufahrtsstraßen zu dem Ort waren, wo später die Abtei entstand. Es ist dies eine sehr früh besiedelte, also wahrscheinlich ehemals sehr fruchtbare Gegend, wie

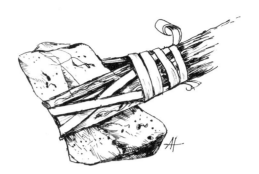

Rekonstruktion eines 'Gleitkarren'-Holms, wodurch möglicherweise die sogenannten Schleifkarrenspuren entstanden sind

die fünf großen steinzeitlichen Grabanlagen dort, die auch bronzezeitliche Funde erbrachten, beweisen.

Die Gleitkarren müssen eine sehr einfache Konstruktion besessen haben: es genügten zwei hölzerne kräftige Stangen, die vorn von Menschen oder Haustieren gezogen wurden und hinten auf dem Boden schleiften. In ihrer Mitte waren sie durch einen Aufbau aus Flechtwerk, vielleicht auch durch ein Netz, miteinander verbunden, das die Last trug. Trump weist sehr überzeugend darauf hin, daß die schleifenden Holme nicht mit dem Holz auf dem Boden aufgelegen haben können. Sie wären zu schnell verschlissen worden und hätten auch nie so tiefe Spuren eingraben können. Er nimmt an, daß sie am Ende aufgespalten waren und ein Stein in den Spalt geklemmt wurde, so daß dann Stein auf Stein rieb. Vielleicht wurden die Steine auch an das Schaftende angebunden. Jedenfalls konnten diese Gleitkarren sowohl scharfe Kurven wie die vorgefundenen, als auch voneinander abweichende Spurweiten bewältigen, wie es Räderfahrzeugen unmöglich gewesen wäre.

Ein Problem aber blieb bis heute ungelöst. Wer zog diese seltsamen Fahrzeuge? Natürlich dachte man an Pferde und Ochsen, aber auch an Menschen. Es finden sich jedoch nicht die geringsten Anzeichen für ihren Weg innerhalb der Spuren oder neben ihnen, und das ist ganz unverständlich: denn selbst wenige barfuß gehende Menschen schaffen erfahrungsgemäß schon einen Fußpfad. Auch Trump, der die Geleise ins späte 2. Jahrtausend v. Chr. datiert, weiß sich da keinen Rat.

Neuerdings vertritt ein anderer Autor in der Zeitschrift ›Antike Welt‹ (Nr. 3 Jahrgang 1982) eine neue Theorie. Karl Bruch schreibt dort: »Offenbar hat D. H. Trump als einziger eine andere Entstehungsursache in Betracht gezogen, nämlich die, daß sie Teil eines Be- und Entwässerungssystems gebildet hätten. Diesen Gedanken jedoch verwarf er sofort wieder, wie es scheint, zu Unrecht. Zweifellos war Regenwasser und dessen sparsame Verwendung von großer Bedeutung auf dieser trockenen, karstigen Insel.

Wie bereits erwähnt, durchziehen die Geleise nicht regelmäßig die ganze Insel, sondern sie bilden Anhäufungen um Zentren, die meist von Flächen bebaubaren Ackerbodens gebildet werden. Auch verschwinden die Geleise nicht, wie häufig angenommen wurde, unter der

AUSFLÜGE: SOG. KARRENSPUREN/WIED-IŻ-ŻURRIEQ

Erdoberfläche, um am anderen Ende wieder aufzutauchen, sondern entsprechend den topographischen Verhältnissen münden sie von mehreren Seiten allmählich in die mit Ackererde bedeckten Senken. Übrigens sind die Gleisspuren nicht V-förmig vertieft, sondern eher U-förmig, was ebenfalls gegen ein allmähliches Ausschleifen durch gezogene Balken spricht. Die Breite der Gleisspuren ist sehr unterschiedlich. Es gibt ca. 25–30 cm breite, ebenso wie alle Übergangsformen bis zu etwa 5 cm Breite. Man könnte dies als ein System von Kanälen ansehen, das das Regenwasser sammeln und zu bestimmten Punkten leiten sollte.

In der Tat mußte eine möglichst wirkungsvolle Ausnutzung der Niederschläge für das Leben der vorgeschichtlichen Einwohner Maltas von überragender Bedeutung gewesen sein. Dazu gehört aber nicht nur das Sammeln des Wassers, sondern auch seine Kanalisierung, damit die nach einem heftigen Regenguß anfallende, größere Wassermenge keinen Schaden anrichten konnte. So lassen sich die häufig zu beobachtenden sanften Neigungen der Rinnen erklären. Hat man das Glück, nach einem Regen eine Stelle mit Gleisspuren zu besichtigen, gewinnt man den Eindruck, daß diese Rinnen Teil eines gut aufgebauten Wasserwirtschaftssystems gewesen sind.«

C Nach Wied-iż-Żurrieq mit der Blauen Grotte und den Tempeln Ħaġar Qim und Mnajdra

Dies ist nun ein Ausflug, den Sie unbedingt machen sollten, jedenfalls seinen zweiten Teil; der erste ist leider vom Wetter abhängig. Bei rauher See kann man nicht in die *Blaue Grotte* (Abb. 68) einfahren, und möglichst früh am Vormittag sollte es auch sein, weil dann das Sonnenlicht die Farbenpracht des klaren Wassers und des Meeresbodens steigert. Ein Wintertag, sonst so schön auf Malta, ist also für diese Bootsfahrt weniger geeignet, auch, weil dann möglicherweise in dem kleinen Fischerhafen *Wied-iż-Żurrieq* zwischen den Felsen nicht die Männer mit ihren bunten Booten bereitstehen, die Sie in die Grotte bringen können. Aber im März ist hier ja schon der Frühling da. Mit Bus oder Wagen kommen Sie am Flugplatz Luqa vorbei nach Żurrieq und 2 km weiter zu dem malerischen kleinen Hafen.

Sollten Sie in *Żurrieq* verweilen können, so schauen Sie in die Pfarrkirche hinein. Unter anderen Gemälden birgt sie das ›Martyrium der Hl. Katharina‹ von Mattia Preti, der hier 1675 die Pestzeit überstand. Auch ist am Ortsrand noch einer der wenigen erhalten gebliebenen Windmühlen der Ordensritterzeit zu sehen.

Nahe bei der malerischen Bucht Wied-iż-Żurrieq steht auf einem Felsen einer der vierzehn *Wachttürme*, die von den Johannitern rings um die Insel errichtet wurden und von denen jeder zwei andere in Sichtweite hatte, so daß Warnzeichen rasch um ganz Malta weitergegeben werden konnten (Abb. 69, 70). Sie gleichen einander und sind alle sowohl schön wie zweckmäßig.

Auf Malta Baumeister sein, hieß stets auch sich auf Wehrbauten zu verstehen. Die Grundrisse dieser Kastelle, Wachttürme und Schlösser, die gleichzeitig Burgen waren, sind

*Johanniter-Wachtturm
bei Wied-iż-Żurrieq*

interessante Zeitdokumente. Sie spiegeln das Gefühl allseitiger Bedrohung, das die Inselbewohner niemals verlassen durfte. Auch als die Rückkehr der Türken kaum mehr zu befürchten war, blieben es Überfälle arabischer Seeräuber jahrhundertelang. Schon Normannen und Aragonesen hatten zur Abwehr der Korsaren Türme errichtet, die Johanniter schufen dann im 17. Jahrhundert dies lückenlose System von Wacht- und Warntürmen.

Wenn Sie nun die Schönheit der Blauen Grotte und der Felsenküste – neuerdings wurde oberhalb der Grotte ein Aussichtspunkt an der Straße geschaffen – ausgiebig genossen haben, könnten Sie sich anschließend noch den Besuch der beiden jungsteinzeitlichen Tempel *Ħagar Qim* und *Mnajdra* bei *Qrendi* vornehmen. Den wirklich Interessierten empfehle ich, sich reichlich Zeit für sie zu lassen und schon vormittags mit frischen Kräften ihren Ausflug dorthin zu beginnen, um diese großartigen Tempelruinen auch abseits des Busbesucherstroms in der sonnenhellen Stille in Ruhe genießen zu können.

Ħaġar Qim   Reichlich 2 km hinter Qrendi liegt das Sanktuarium Ħaġar Qim an der südlichen Steilküste über dem Meer in vollkommener Einsamkeit (Farbt. 17). Seine *Fassade* ist ohne Zweifel die großartigste der fünf steinzeitlichen Tempel auf dem maltesischen Archipel (s. S. 33f.; Farbt. 18). Sauber behauene quadratische Blöcke, zur Mauer gefügt und oben von einer ebensolchen Reihe Deckplatten zusammengehalten, fügen sich zu einem harmonischen Halbrund, das die Form des wachsenden Mondes nachzuahmen scheint. Eine Bank zieht sich unten an dieser sichelförmigen Mauer entlang, so daß ein Vorhof entstand, in dem Gläubige warten mochten, bevor sie den Tempel betraten. Für die Opfertiere, die sie mitbrachten, waren U-förmige Löcher in das Pflaster gebohrt, durch die man den Strick

AUSFLÜGE: ḤAĠAR QIM/MNAJDRA

ziehen konnte, mit dem man sie festband. Das schöne Ebenmaß dieses ebenso einfachen wie eindrucksvollen Hofhalbrunds strömt die Ausgeglichenheit und den Frieden eines Volkes aus, das gelassen und ohne feindliche Bedrohung leben konnte.

Sie betreten nun durch das aus drei mächtigen Felsplatten gefügte *Haupttor* (Farbt. 18) das Sanktuarium. Es besitzt nicht mehr den klaren Grundriß der älteren Bauten, zu viel ist durch spätere Hinzufügungen, die gewiß durch einen immer differenzierteren Kult bedingt waren, verändert (Abb. 71). Eine Nachbildung des schönen *Altars* mit dem Pflanzensymbol, dessen Original im Nationalmuseum steht (Abb. 75), hat man hier aufgestellt; was man an plastischem Schmuck fand, wird ebenfalls im Museum bewahrt (s. S. 34; Abb. 74, 77). Dennoch ist der Gesamteindruck erstaunlich.

Die Plastiken und der Altar gehören zweifellos einer späten Phase des Tempels an, der ja Jahrhunderte hindurch benutzt und offenbar immer mehr erweitert wurde. In seine Erbauungszeit aber sind, hier wie in der Mnajdra und in Ḥal Tarxien, die ungewöhnlich großen Löcher vor den Haupteingängen zu datieren, die, wie Evans schreibt, »mit Sicherheit rituelle Bedeutung« besaßen. Solche Pflasterplatten fand man oft mit sorgfältig gearbeiteten Steinstöpseln verschlossen und in einigen von ihnen Tierknochen, als man die Stöpsel hob. Wie in den Torschwellen sind es also Altäre gewesen, die Opfergaben, vor allem wohl flüssige, für die unterirdischen Mächte aufzunehmen hatten. Dem Geheimnis der Schwelle, das ja auch in den fensterartigen Felsausschnitten innerhalb der Tempel wiederkehrt, ist hier auf den Inseln wie überall in Europa in frühen Kulturen eine besondere Bedeutung zugekommen. Die Schwelle betont das Trennende, den Übergang von einer Sphäre in die andere, die Tempelschwelle also den Übertritt in eine höhere. Es war darum nur logisch, sie auch zum Altar zu machen, indem man auf ihr den Erd- und Totengottheiten opferte.

In Ḥaġar Qim, dessen Innenraumanordnung etwas verwirrend ist, sollte man jedenfalls in der zweiten Apsis rechts hinter dem Eingangstor das sorgfältig oval in die Kalksteinplatte eingearbeitete Orakelloch beachten (Abb. 72), dem in der benachbarten Mnajdra ein rechteckiges entspricht. Daß es wirklich ein Orakelloch und nichts anderes sein muß, wird deutlich, sobald man den Baukomplex bis zu dieser Stelle umschreitet. Hier führt nämlich bei dem 4,50 m hohen großen Stein und neben der »Außenkapelle«, von der gleich die Rede sein wird, ein schmaler Durchlaß in eine kleine Felsenkammer, von der aus man direkt in das Orakelloch hineinsprechen kann. In der kleinen, durch ein Dach verdunkelten Apsis im Tempelinnern, von deren steinernen Wänden der geheimnisvolle Spruch widerhallte, dürfte solch eine Orakelverkündung höchst eindrucksvoll gewesen sein.

Gleich neben dieser *Orakelzelle,* wenn man sie so nennen darf, die gewiß nur der Priesterschaft zugänglich war, liegt links ein auch von außen betretbarer heiliger Schrein, durch seine konvexe Bodenplatte, die an beiden Seiten begrenzende Blöcke einrahmen, deutlich als ein solcher erkennbar (Abb. 76). Eine *Außenkapelle,* möchte man sagen, den Laien zugänglich, ohne daß sie den Tempel selbst betraten, vielleicht zugleich auch für den Priester oder die Priesterin gedacht, die sich dort im Gebet sammelten, ehe sie in der benachbarten Orakelzelle ihren Spruch verkündeten. Der Kultgegenstand, der, noch einmal durch eine Sockelplatte erhöht, in der Mitte des Schreins hinten an die Rückwand des

Tempels gestellt wurde, ist ein mächtiger phallusartiger Monolith, unzweifelhaft ein Symbol männlicher Fruchtbarkeit. Vor ihm steht ein niedriger, nach unten sich verjüngender, sorgfältig behauener Block, den man für einen Altar halten könnte, wenn nicht D. H. Trump in seinem ›Archaeological Guide‹ die spontan überzeugende Vermutung ausgesprochen hätte, daß hier ein Symbol weiblicher Fruchtbarkeit zusammen mit dem männlichen verehrt wurde. Mit Recht sagt Trump, daß dies nicht zu beweisen sei, daß jedoch beides zusammen die Bedeutung suggeriere.

Eingang zum südwestlichen Tempel der Mnajdra

Mnajdra Ein breiter, knapp 1 km langer Fußpfad führt von Ħaġar Qim hinab in die Talmulde, in der die drei Tempel der Mnajdra liegen (Farbt. 19, 20 u. vordere Umschlagklappe; Abb. 78–80). Im Frühling, wenn aus der kargen Erde auf dem felsigen Grund Blumen zu blühen beginnen, sieht man Lockvögel in engen Drahtkäfigen auf Stangen rechts und links vom Wege, die die Zugvögel, die von Afrika nach Norden ziehen, in die aufgestellten Netze locken sollen. Einzig ihr Zwitschern und Trillern unterbricht dann die panische Stille. Die Ruinen der Mnajdra aus Korallenkalk, der zu bizarren Formen verwittert, liegen in einzigartiger Schönheit über dem Meer, aus dem die kleine Insel *Filfla* in einiger Entfernung aufsteigt.

175

AUSFLÜGE: MNAJDRA/GĦAR DALAM

Südwestlicher Tempel der Mnajdra: Blick von der ersten Kammer in die zweite; vorn links und rechts Altäre

Der älteste der drei Tempel ist der kleine kleeblattförmige ganz rechts, der schon sehr früh, jedenfalls früher als Ħaġar Qim, erbaut sein muß, wie sein Grundriß verrät. Von den beiden großen Heiligtümern ist das *südwestliche,* dem Meere nähere, das erstgebaute. Ein gedeckter Gang führt in das große Oval des Hauptraums, in dem kein trennender Hof mehr ausgebildet ist (Abb. 80). Seine ebenmäßige, Ruhe und Gleichmaß ausstrahlende Plattenschichtung, die hohen, machtvoll senkrecht aufragenden Blöcke, die Schreine für die Aufnahme von Kultgegenständen und ganz besonders das strengschöne Trilithenportal mit seiner reichen Lochdekoration vor dem dahinterliegenden sorgfältig in eine Platte geschnittenen Fenster in der linken Apsis vor einer Pfeilernische (Abb. 79) – das alles gibt diesem Tempel etwas sehr Ehrwürdiges. Von dem rechteckigen »Orakelloch« – auch hier auf der rechten Seite, doch in der ersten, großen Apsis – war schon anläßlich von Ħaġar Qim die Rede.

Der zweite Mnajdra-Tempel wird nicht mehr von dem großartigen Sichelrund der verwitterten Fassade mit dem machtvollen Trilithentor des südwestlichen Heiligtums umfaßt. Er ist höher gelegen, und sein Grund mußte durch eine Plattform auf die gleiche Höhe gebracht werden. Obwohl er der *jüngere* ist, wiederholt er klarer als der ältere den überlieferten Grundriß: je zwei Apsiden auf jeder Seite und hinten eine kleinere, fünfte, fast schon zur Nische abgeflachte. Daß immer klarer die Tempel zu dieser hintersten Mittelachse hin erhöht wurden, daß Stufen zu ihr hinaufführten, Schranken sie abtrennten, läßt keinen Zweifel daran, daß dies der allerheiligste Raum war, ähnlich dem Chor unserer Kirchen.

Eigentümlich ist, daß der kurze Korridor am Haupteingang vor einer mächtigen, jetzt halbzerstörten Platte mit einem großen »Fensterloch« endet, daß also eine gewiß als magisch und bedeutungsvoll empfundene Schwelle zu übersteigen war, um in das Heiligtum einzutreten. Diese Fensterausschnitte, denen wir in den maltesischen Sanktuarien und besonders auch im Hypogäum begegnen, können eigentlich nur den Sinn haben, fühlbar zu machen, daß hinter ihnen ein »anderer« Bezirk begann, vielleicht eine Trennung von Diesseits und Jenseits oder aber nur von Laien und Priestern. Ein kleiner Anbau hinter der linken Apsis mit einer Pfeilernische ist ebenfalls durch solch eine Fensterplatte abgegrenzt. Vor ihr erhebt sich wie im Südwesttempel ein Trilithenportal – hineinführender Eingang das eine, sperrend, aber doch den Blick auf den Kultgegenstand freigebend, die sorgfältig ausgeschnittene Steinplatte. Das würde etwa unseren Seitenkapellen entsprechen, in denen oft ein als wundertätig verehrtes Heiligenbild steht. Etwas Derartiges hat es zu allen Zeiten gegeben, und wenn man sich an jene kleine weibliche Tonfigur aus dem Tempelgelände der Mnajdra im Nationalmuseum erinnert, die alle Symptome einer an einem Bauchtumor Erkrankten zeigt (s. S. 36), so spricht vieles für die Vermutung, daß hier auch um Heilung Flehende gebetet und geopfert haben.

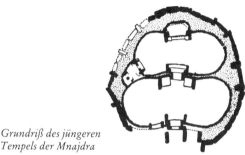

Grundriß des jüngeren Tempels der Mnajdra

D Għar Dalam – Borġ-in-Nadur – Marsaxlokk Bay – Tas-Silġ – Żejtun

Eines Morgens werden Sie sich aufmachen, um die Höhle zu sehen, in der die ersten Spuren menschlicher Anwesenheit auf Malta gefunden wurden. Erfreulicherweise kann man auch mit einem Bus bis vor das Haus fahren, in dem ein kleines Museum für die Hunterttausende von Jahren zurückreichenden Tierarten eingerichtet ist, deren Überreste in Għar Dalam, d. h. »Höhle der Finsternis«, gefunden wurden.

Għar Dalam Hier erfährt man – sein Foto hängt an der Wand –, daß es der deutsche Professor Issels vor gut 100 Jahren war, der Għar Dalam entdeckte, einen langgestreckten, tief ins Felsdunkel führenden Gang (Abb. 85), der von einem unterirdischen Fluß geschaffen wurde und in dem seit Urzeiten eine Fülle merkwürdiger Relikte von Mensch und Tier verborgen und aufs willkürlichste gemischt gelagert hatte (s. S. 13). Daß der Wissenschaft mit dieser unbeschreiblichen Mischung von Tierknochen, von Hirschen, Flußpferden, Braunbären, Zwergelefanten und Riesenhaselmäusen, ein schier unlösliches Rätsel aufgegeben wurde, versteht sich von selbst. Man dachte an eine unerträgliche Hitzeperiode, an eine gewaltige Flut, an ein Vor- und Nacheinander – jedenfalls kann man jetzt die Tierknochen

AUSFLÜGE: GĦAR DALAM/BORĠ-IN-NADUR

Bei Għar Dalam

der untersten Schicht in die große Zwischeneiszeit vor etwa 250 000 Jahren datieren und weiß auch, daß einmal eine Landbrücke zwischen Sizilien und Malta die Einwanderung all dieser Tiere ermöglicht hat. Noch heute ist das Meer zwischen beiden Inseln nicht sonderlich tief, während die Südküste Maltas steil in die See fällt.

Der Besucher des kleinen Museums, an dessen Wänden die Wirbelknochen urzeitlicher Geschöpfe zu Hunderten aufgereiht sind, steht also zunächst etwas ratlos vor den Skeletten von Miniaturelefant, Flußpferd, Hirsch und Fuchs, bemüht, sich das jetzt baumlos steinige Malta als eine Wald- und Graslandschaft zu denken, die solche Tiere über die längst versunkene Landbrücke zwischen Sizilien und Italien hinweg aufsuchten, um darin zu überleben. Um eine Illusion ärmer vernimmt er dabei, falls es dem englisch sprechenden Führer so gefällt, daß die eben noch angestaunten »vorzeitlichen« Tierskelette aus unseren Tagen stammen, der kleine Elefant z. B. aus dem Hagenbecker Tierpark in Hamburg, wo er als Baby einer normalen Elefantenmutter starb.

Die Anwesenheit von Menschen ist in Għar Dalam schon sehr viel sicherer zu datieren. Auch sie sind zweifellos über die italienische Landbrücke eingewandert, also wohl kaum mit Booten gekommen. Knochen- und Brandspuren zeugen von ihrem Dasein, vor allem aber auch die ältesten Tonscherben, die man auf den Inseln fand (Abb. 81). Ihre Druck- und Kerbornamente weisen nach Sizilien und den Äolischen Inseln. Heute nimmt man an, daß diese ersten Siedler um 5000–4000 v. Chr. nach Malta kamen, doch lassen Scherbenfunde in Għar Dalam aus der Jungsteinzeit durch ihre Muster sogar auf Beziehungen zu Syrien und Palästina schließen.

Borġ-in-Nadur Nur ca. 1 km von Għar Dalam entfernt in Richtung Birżebbuġa kann man die Ruinen dieser bronzezeitlichen Siedlung erreichen. Ihre Lage auf einer Anhöhe und die Reste der starken Schutzmauer (Abb. 86), die sie umgab, lassen darauf schließen, daß nun

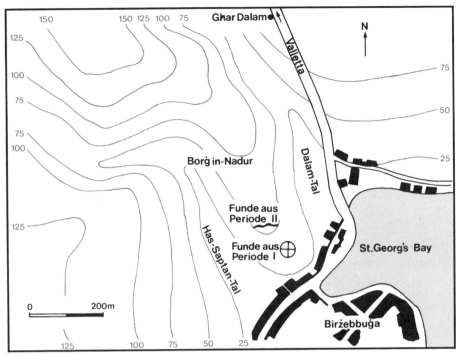

Tempel aus Periode I und Verteidigungsmauer aus Periode II in Borġ-in-Nadur

schon, bedingt durch metallene Waffen, Bedrohung durch Feinde für die Einwohner bestand. Als Entstehungszeit wird etwa 1400 v. Chr. angenommen, die Mauer jedoch für jünger gehalten. Sie ist unregelmäßig, doch zyklopisch gefügt, ein typisches Zeugnis ihrer Zeit, die eine weit geringere und sehr viel weniger eigenständige Kultur aufweist als die neolithische. Scherben bezeugen Kontakte mit Mykene und dem späten griechischen Bronzezeitalter, aber die Funde aus dieser Borġ-in-Nadur-Epoche in einem Brandfriedhof innerhalb der damals schon seit langem verlassenen Tempel von Ħal Tarxien unter einer meterhohen Sandschicht atmen einen fremden, strengen und nüchternen Geist. Ein 18 cm hohes abstraktes, ganz und gar entpersönlichtes tellerförmiges Idol (Abb. 38) oder eine armlose unproportionierte Statuette, die nur durch die Andeutung von Brüsten und durch ihre gewölbte Haube als feminin zu erkennen ist, ersetzte die schwellenden Formen der alten Muttergöttin auf ihrem Friedhof im steinzeitlichen Tempel. Die mittelmeerische Große Göttin ist hier zu einem unanschaulichen, kunstlos dargestellten Idol geworden, dem ganz die sinnliche Fülle der sehr viel älteren Kultur fehlt (im Nationalmuseum Valletta).

Die schon erwähnten Gleitkarrenspuren (s. S. 170) führen auch durch das Haupttor der Stadtmauer von Borġ-in-Nadur, was dafür spricht, daß sie bronzezeitlichen Ursprungs sind.

AUSFLÜGE: MARSAXLOKK/TAS-SILĠ

Eine in Borġ-in-Nadur gefundene Scherbe paßte genau in diesen mykenischen Kelch

Marsaxlokk Sind Sie erst einmal in *Birżebbuġa*, so liegt es nahe, an *St. George's Bays* Ufer entlang nach Marsaxlokk (»der Hafen der warmen Winde«) hinüberzufahren, dem größten und sehr hübschen Fischerhafen Maltas, dessen buntfarbigen Boote und reizvoll abgetönten Häuserfronten eine wahre Augenweide sind (Farbt. 14). Hier lohnt es sich schon, ein bißchen zu verweilen. Die schön bemalten Fischerboote werden »Luzzi« genannt. Der Ort hieß früher *Marsascirocco* und wird auch heute noch gelegentlich so genannt. 1565 landete in diesem günstig gelegenen Hafen der berühmte Pirat Dragut, und 1798 Napoleon. Für Seeräuberüberfälle war der Hafen immer geeignet, und auch die im 17. Jahrhundert vom Johanniterorden erbauten Verteidigungstürme konnten wenig daran ändern.

Tas-Silġ Von Marsaxlokk aus sieht man schon die höher gelegene Kirche von Tas-Silġ. In deren Nähe wurden in den letzten Jahren durch italienische Archäologen Ausgrabungen unternommen und interessante Entdeckungen gemacht. Nach Abtragung der verschiedenen historischen Schichten stellte sich heraus, daß hier über einem neolithischen Heiligtum ein punischer *Tempel der Astarte* und darüber ein *Tempel der Juno* stand. Es scheint sich dabei um jenen weithin berühmten Juno-Tempel gehandelt zu haben, den selbst afrikanische Seeräuber zu schonen pflegten, den aber der römische Statthalter Verres ebenso ausplünderte wie das gleichfalls von ihm verwaltete Sizilien, weshalb er im Jahre 70 v. Chr. von Cicero angeklagt und später verurteilt wurde. Daß die Ruinen dieses an Kostbarkeiten reichen Juno-Tempels wirklich mit denen von Tas-Silġ identisch sind, darf man annehmen, weil in Sichtweite von ihnen die Trümmer eines *Melkart-Herkules-Tempels* liegen und die Nachbarschaft beider Heiligtümer aus dem Altertum überliefert ist. – Leider ist der Ausgrabungsbezirk von Tas-Silġ nicht unbedingt ohne offizielle Führung zugänglich. Man erkundige sich deshalb am besten vorher im Verkehrsbüro Valletta unter den City-Gate-Kolonnaden, braucht es aber nicht allzusehr zu bedauern, wenn eine Besichtigung nicht zustande kommt. Das Wissen darum, daß hier wie auch am Platz der Kathedrale von Gozo

(s. S. 189) ein »heiliger Ort« durch die Jahrtausende immer ein heiliger Ort blieb, in beiden Fällen immer der höchsten weiblichen Gottheit geweiht, ist eigentlich wesentlicher als die für den Laien etwas schwierige Deutung der Einzelheiten des Trümmerfeldes.

Doch ist im Zusammenhang mit Tas-Silġ zu erwähnen, daß im Punischen Saal des Nationalmuseums in Valletta, das auch einen Tonsarkophag ägyptischen Typs besitzt, der den Verstorbenen nachbildet (Abb. 109), rechts vom Eingang ein Votivcippus steht, der 1694 bei Marsaxlokk gefunden wurde und vielleicht aus dem Melkart-Tempel bei Tas-Silġ stammt. Er war Teil eines Säulenpaares, dessen griechische und phönizische Inschriften wesentlich zur Entzifferung der verschollenen Sprache beigetragen haben (Abb. 112, 113). Sein Gegenstück steht heute im Louvre, ein Abguß davon hier. In diesem punischen Saal ist auch eine etwa 24 cm hohe, 9 cm breite Stele ausgestellt, die jenen grausamen Opferbrauch festhält, der den punischen Götterglauben mit Erbarmungslosigkeit und Düsterkeit zeichnete: ein Gedenkstein für ein dem Baal Hammon durch Feuertod geopfertes Kind aus einem »Tophet«, einem Kinderfriedhof, der wohl unzählige solcher Erinnerungsmale barg. Dieser Fund (Abb. 110), der im Jahr 1820 bei St. Domenic's Convent in Rabat gemacht wurde, stammt aus dem 6. Jahrhundert v. Chr. und hat folgenden aus dem Punischen übersetzten Text, der hier aus dem Englischen wiedergegeben wird: »Stele des Molk, für Baal errichtet durch Nahum für den Herrn Baal Hammon, weil er die Stimme seiner Worte hörte.« Ein Dankopfer also, und zwar ein fürchterliches; denn »Molk« ist die Bezeichnung für das im

Am Hafen von Marsaxlokk

AUSFLÜGE: ŻEJTUN/BIRKIRKARA/MOSTA/SKORBA

Feuer dargebrachte Opfer eines Kindes für den punischen Gott Baal Hammon. Auch dies gehört zur Geschichte der Phönizier und Punier auf Malta.

Żejtun Sie können nun über Żejtun nach Valletta zurückkehren. In diesem Städtchen von 10000 Einwohnern ist die 1692 erbaute *Pfarrkirche St. Catherine* erwähnenswert, unterscheidet sich jedoch nicht wesentlich von zahllosen anderen malteser Kirchen ihrer Zeit, während die kleine ehemalige *Pfarrkirche St. Gregory,* am Stadtrand gelegen und leider nur am Sonntagvormittag zugänglich, durchaus einen Besuch verdient. Sie stammt aus dem Jahr 1436, dem Jahr, in dem Malta in zehn Pfarrbezirke aufgeteilt wurde, erfuhr jedoch in der Zeit der Ordensritter erhebliche Veränderungen. Sie wirkt wehrhaft und verteidigungsbereit, und dies nicht zufällig, wie sich erst in jüngster Zeit herausstellte. Wie schon erwähnt, umgab seit der Johanniterzeit ein Ring von vierzehn Wachttürmen die ganze Insel, von denen jeder in Sichtweite von zwei anderen gelegen war. Dreizehn dieser Türme oder ihre Ruinen waren seit langem bekannt, die Lage des vierzehnten blieb Jahrhunderte hindurch rätselhaft. Nun hat eines Tages der Küster der kleinen St. Gregory-Kirche in Żejtun die Entdeckung gemacht, daß der vierzehnte Turm hier in den Bau des Gotteshauses einbezogen worden ist, das dann auch wirklich als Fluchtburg der Bevölkerung bei Seeräuberüberfällen gedient hat. Man hat in ihm, Jahrhunderte später, die Skelette der vierundzwanzig nach einem solchen Überfall vermißten Frauen und Kinder von Żejtun gefunden, von denen man angenommen hatte, sie seien in die Sklaverei entführt worden.

E Birkirkara – Mosta – Skorba und Mġarr – Römische Bäder bei Għain Tuffieħa

Ob Sie diesen Ausflug unternehmen wollen, hängt davon ab, ob Sie die Megalithkultur so lebhaft interessiert, daß sie auch ihren bescheidenen Anfängen nachgehen möchten, ferner, ob Sie nicht sonderlich bedeutende römische Bäder sehen wollen, nachdem Sie vielleicht schon verschiedene besser erhaltene kennen, und schließlich, ob Ihnen eine der reizvollsten Kirchen der Ordensritterzeit (in Birkirkara) und die weitaus größte der Inseln mit einer Riesenkuppel in Mosta der Betrachtung wert sind. Eventuell überschlagen Sie die eine oder andere Sehenswürdigkeit und genießen statt dessen Landschaft und Küste Westmaltas mit der Golden Bay und der Gnejna Bay.

Birkirkara Vom Busterminal vor Valletta oder von Sliema aus fahren Sie nach Birkirkara und fragen nach der *Church of the Assumption,* der »*Old* parish church of Birkirkara« (Abb. 89, 90). Sie ist von Vittorio Cassar, dem Sohn Girolamo Cassars, entworfen und um 1600 erbaut worden, die feingegliederte Fassade stammt jedoch von Tommaso Dingli, der 1617 mit der Arbeit daran begann. Gehen Sie hinein und genießen Sie die schön gehauenen Details. Sie wurde im Krieg weitgehend zerstört, doch ein Steinmetz aus Gozo hat in jahrelanger Mühe hingebungsvoll alle ihre kunstvollen Formen sorgfältig in dem heimischen goldfarbenen Sandstein nachgebildet.

Von diesem Kleinod wird man Sie unweigerlich auf die berühmtere, weil größere *neue Pfarrkirche St. Helen* hinweisen, die ganz in der Nähe liegt. Sie wurde 1735 von Domenico Cacchia, einem der bedeutenden Architekten Maltas, begonnen und 1745 fertiggestellt. Kenner bezeichnen sie als die schönste Pfarrkirche der Insel, und sie ist nicht nur deswegen sehenswert, sondern auch, weil ihr Stil des 18. Jahrhunderts, dem gleichzeitigen in Italien und Sizilien verwandt, über den ganzen Archipel so verbreitet ist, daß Sie ihn an anderen Orten nur mehr oder weniger variiert wiederfinden werden.

Übrigens ist die Marienkirche im nahen *Attard*, 1613 von Tommaso Dingli als sein erstes bedeutendes Werk auf Malta begonnen, von kaum geringerem Reiz als die Assumption Church in Birkirkara, deren Fassade er später ähnlich gestaltete. Sie gehört zu den schönsten der leider seltenen Renaissancebauten der Insel.

Mosta Sie fahren nun weiter nach Mosta, wo die Besichtigung der sogenannten *Rotunda* (Abb. 91), einer Marienkirche, deren Riesenkuppel von fast jedem Ort der Insel zu sehen ist, zu den Pflichtübungen des Maltareisenden gehört. (Aber Pflichtübungen entzieht man sich ja bekanntlich gern und das meist nicht ohne Grund.) Diese Kuppel in einem Städtchen von ungefähr 8000 Einwohnern ist eine der größten der Welt, über 60 m hoch und mit einem Durchmesser von 52 m, deren Vorbild das römische Pantheon war. Eine technische Leistung also, die in der Mitte des vorigen Jahrhunderts von einem Manne namens George Grognet erbracht und nur durch den schier unglaublichen Opferwillen der im Grunde armen, aber tief gläubigen Bevölkerung verwirklicht werden konnte. Spenden von Eiern und Butter aus den Häusern der Ärmsten haben sich hier in Stein verwandelt. Unwillkürlich drängt sich der Vergleich mit den Megalithbauten der Vorzeit auf, die ja aus dem gleichen Geist entstanden sein müssen. Eine lateinische Inschrift unter dem Fries der Fassade lautet übersetzt: »Erbaut für die den Sternen zurückgegebene Jungfrau durch die Bewohner von Mosta im Jahre des Heils 1857.« Also auch der Kult einer weiblichen Gottheit hat sich ebenso wie der Sinn für Monumentalität durch die Jahrtausende auf Malta erhalten.

Skorba Die Straße senkt sich nun zum keine 10 km entfernten Dorf *Żebbieħ,* in dessen Nähe die Ruinen des kleinen, sehr alten Tempels von Skorba liegen, der erst 1960–1963 ausgegraben wurde (Abb. 93), aber wesentliche Funde über die Herkunft und Entwicklung der Neolithkultur erbrachte (s. S. 29). Skorba scheint weit über tausend Jahre lang bewohnt gewesen zu sein, und seine Anfänge reichen bis ins 5. Jahrtausend v. Chr. zurück. Möglicherweise war es die erste Siedlung auf Malta; denn Għar Dalam, in dem im 5. Jahrtausend schon Menschen lebten, kann ja nicht als eine solche bezeichnet werden. In Skorba wurden neben den aus dem Grabkult übernommenen Kulträumen auch die Fundamente einer geraden Mauer freigelegt. Sehr interessant sind die im Nationalmuseum aufbewahrten Scherbenfunde (Abb. 94). Die älteren, grauen, aus dem frühen Neolithikum werden von den Wissenschaftlern Evans und Trump auf etwa 3600 v. Chr. geschätzt, die etwas jüngeren, roten, auf 3400 v. Chr. Diesen Schätzungen liegt die Radiocarbonmethode zugrunde. Andere Autoren, wie z. B. Harrison Lewis, zögern heute jedoch nicht, graues

AUSFLÜGE: MĠARR/RÖMISCHE BÄDER

Skorba auf 4700 v. Chr. und rotes auf 4400 v. Chr. anzusetzen und Skorba damit in die unmittelbare Nähe von Għar Dalam zu datieren. Vom Anblick der Ruinen erwarte man sich nicht zu viel. Sie bestehen aus wenigen Trümmern.

Mġarr Die beiden Tempel von Mġarr (Abb. 96), die nur eine Viertelstunde zu Fuß von Skorba entfernt liegen, lassen dagegen klar die Entwicklung aus dem Grabkult erkennen (s. S. 30). Noch sind die vier Kultnischen des *älteren* von beiden unregelmäßig groß und willkürlich gekappt, dafür aber von Mauerwerk ummantelt wie die Ġgantija auf Gozo (s. Grundriß S. 31). Sie gleichen damit von innen den in Stein gehöhlten Gräbern der Vorzeit. Es ist jedoch nicht unwichtig zu wissen, daß zur Zeit seiner Ausgrabung Mitte der zwanziger Jahre unseres Jahrhunderts der Zugang zu der kleinsten der Nischen, der rechts hinten gelegenen, aus drei großen Steinen gefügt vorgefunden wurde, daß also hier schon die monumentale Eingangstorform aller späteren Tempel angewandt wurde. Dieses Dreigestein ist in dem inzwischen vergangenen halben Jahrhundert zerfallen, wie überhaupt dieses kleine, 10,60 × 7,60 m große Heiligtum nicht sonderlich eindrucksvoll wirkt, jedoch schon fast alle Merkmale der späteren und zugleich die der Entstehung aus dem Grabkult trägt. Noch fehlt der mondförmige konkave Vorhof, den der größere, ebenfalls stark ummantelte Tempel von Mġarr schon zeigt, und ebenso die konvexe Schwelle, die in ihn hineinragt, typisch für alle späteren Tempelanlagen. Im *jüngeren* Tempel von Mġarr sind die Kleeblattform, der Eingangsflur und der Mittelhof schon vorhanden (s. Grundriß S. 30). Insofern lohnt sich der Ausflug nach Mġarr für den an der Entwicklung der Megalithkultur auf Malta Interessierten durchaus. Der Schlüssel zu den »Ta'Ħagrat« genannten Sanktuarien ist auf der Polizeiwache von Mġarr, die sich links von der Kirche befindet, erhältlich. Hier bekommen Sie jedenfalls, wenn nötig, Auskunft.

Römische Bäder Das schöne *Gnejа Valley*, das Sie nun durchfahren, scheint schon früh besiedelt worden zu sein; denn außer prähistorischen wurden hier auch römische Relikte und Gleitkarrenspuren gefunden. Die Gnejna Bay, der Golden Bay südlich benachbart, ist besonders reizvoll. Ehe Sie sich aber in einer dieser beiden Buchten ausruhen, biegen Sie, falls Sie die Römischen Bäder besichtigen wollen, auf dem Weg von Mġarr zur Küste rechts nach *Għain Tuffieħa* ab. Sie können das auch mit dem Bus tun, der an der Kirche von Mġarr abfährt und bei den Bädern hält. (Aber Sie müssen den Fahrplan kennen!) Għain Tuffieħa, die »Apfelbaumquelle«, ist eine ausgedehnte Badeanlage, mit allem versehen, was üblicherweise im alten Rom zu einer solchen gehörte. Überraschend ist ihre Entfernung von Mdina, falls sie wirklich für diese Stadt gedacht und nicht nur das Privatbad eines reichen Römers war. Vermutlich war aber Malta schon zu dieser Zeit ziemlich wasserarm, d. h. kaum anders als jetzt. Zamnit, der bedeutende maltesische Archäologe, hat die Bäder 1929 ausgegraben, und mit Hilfe der Unesco wurden sie 1961 so weit wie möglich restauriert. Ich wage Ihnen jedoch nicht zu einer Besichtigung zu raten, da in den letzten Jahrzehnten die meisten Reisenden, die Malta aufsuchen, längst andere, bessere und reichere römische Badeanlagen kennen und so gern auf diese nicht sonderlich bedeutende verzichten werden.

3 Gozo

Der Insel *Gozo* sollte man, wenn irgend möglich, mehr als einen Tag widmen. Sie ist grüner, urtümlicher und ländlicher als Malta, und ihre kleinen Buchten sind von unvergleichlichem Reiz. Der Ausflug nach Gozo, wenn nicht ein längerer Aufenthalt dort, gehört zu jeder Maltareise. Seit einigen Jahren fährt ein Dampfer in ca. zwei Stunden von *Sliema* aus an der Küste entlang zum einzigen Hafen der Insel, *Mġarr,* und kehrt abends zurück. Viele Einheimische benutzen ihn täglich hin und her, sogar die Schulkinder. Die Fahrt ist eigentlich zu jeder Jahreszeit schön, selbst im Winter, wenn man herrliche Sonnenuntergänge von Bord aus erleben kann.

Es gibt jedoch auch eine Landverbindung, die den Vorteil bietet, daß man mit dem Bus die ganze nordwestliche Küstenstraße passiert (Abb. 97–100), also an *St. Paul's Bay, Selmun Palace, Mellieħa* und *Mellieħa Bay* vorüberkommt und schließlich mit der Fähre von *Marfa,* an *Comino* und *Cominotto* vorbei, nach Mġarr übersetzt. Sollte man diesen Teil Maltas sonst nicht sehen, empfiehlt es sich, eventuell für Hin- und Rückfahrt einmal diesen und später den anderen Weg zu benutzen. Sie können auch einen Tagesausflug nach Gozo auf Malta selbst buchen, wenn Sie es nicht schon daheim (dann möglichst mit Anfahrt zum Hafen) getan haben, riskieren dabei allerdings, durch Ihnen vielleicht Unwichtiges, was man Ihnen zeigt, die Zeit zu versäumen, die Sie lieber für den Besuch der großartigen Ġgantija und für den des kleinen, aber guten Museums in Victoria neben der Kathedrale reservieren möchten.

Überhaupt ist man auf den so gebuchten Tagesausflügen während der Besichtigungszeiten sehr beschränkt; die Fähre ist selbst außerhalb der eigentlichen Saison, d.h. im Winter, erschreckend überfüllt, so daß nicht einmal jeder einen Sitzplatz findet; die Fülle der Reisegruppen, die alle vormittags die »Ġgantija« durchschwärmen und fotografieren, läßt höchstens einen ganz oberflächlichen Eindruck dieses Gigantenbaus entstehen. Je früher – oder später! – Sie kommen, desto stärker das Erlebnis.

Individualisten rate ich deshalb, eines von den zahlreichen Taxi, die Sie im Hafen finden, gegen einen vorher vereinbarten Preis zu mieten, das Sie zur Ġgantija und später nach Victoria bringt, eventuell auch zum Essen an eine der schönen Buchten. Auch nachdem Sie

GOZO: DIE ĠGANTIJA

den Fahrer schon entlohnt haben, werden Sie ihn oder einen anderen vermutlich an der gleichen Stelle zur Weiterfahrt vorfinden, so daß Sie Ihren Aufenthalt an keinem der Orte übereilen müssen. Die Taxi sind auf Gozo billiger als auf Malta.

Die Ġgantija

Es ist Vormittag, und so beginnen Sie mit dem Besuch des ältesten der großen Steinzeittempel auf den Inseln, dessen urtümliche Kraft Ihnen unvergeßlich werden wird. Sie wissen schon (s. S. 31), daß dies gewaltige Sanktuarium mit der starken Mauerummantelung der Volkssage nach von einer Riesin mit einem Säugling an der Brust innerhalb eines Tages und einer Nacht errichtet wurde, und erinnern sich sogleich dieser Überlieferung angesichts der gigantischen und rauhen Größe der Anlage (Farbt. 22, 23; Grundrisse s. S. 31).

Von den zwei Tempeln der Ġgantija ist der *südlich gelegene*, größere, der ältere (Abb. 102). Er zeigt noch die Kleeblattform, aber ihr wurden in späterer Zeit zwei weitere, kleinere Apsiden angefügt, so daß der Grundriß ungefähr einem fünfblättrigem Zweig gleicht. Noch ist die hinterste Apsis, die mit dem Chor unserer Kirchen zu vergleichen ist und vielleicht das Allerheiligste barg oder der Priesterschaft vorbehalten war, besonders groß (Abb. 104). Im kleineren *Nordtempel* dagegen ist diese Apsis sehr abgeflacht, eine Form, die dann beibehalten wurde, zweifellos aus kultischen Gründen. Der Südtempel hat eine Länge von 30 m und ist fast ebenso breit. Der jüngere Nordtempel ist nur 22,90 m lang, aber immer noch gewaltig genug in seinen eigentümlichen Ausmaßen. In den Apsiden fanden die Gläubigen Altäre und runde Herdstellen für die Opferfeuer vor. Auch deuten Schreine und Schranken (Abb. 103, 105) darauf hin, daß in ihnen Gegenstände der Verehrung standen, so in der Ġgantija ein mannshoher heiliger Stein, zweifellos ein Phallus, Symbol männlicher Fruchtbarkeit. Von den Apsiden des großen Tempels, die ein Kleeblatt bilden, ist jede 10 m lang; ihre urtümlichen, von dem massigen Steinwall eingeschlossenen Rundformen halten noch die Erinnerung an vorzeitliche Grabhöhlen wach. Um die hufeisenförmigen Räume zu bilden, hat man hohe, roh behauene Platten senkrecht nebeneinander aufgerichtet, die aus einem etwa fünf Kilometer entfernten Steinbruch stammen. Sie müssen auf Walzen – vielleicht aus Baumstämmen, vielleicht aus Stein – und mit Hilfe von ungefügen Steinkugeln transportiert worden sein und wurden dann nebeneinander in die vorbereiteten Gruben gesenkt und ineinandergepaßt.

Man hat lange gezweifelt, ob die so entstandenen Rundräume überdacht waren, bejaht aber heute diese Frage. Mehrere Gründe sprechen dafür: einmal die unverkennbare Entwicklung aus dem Grab- und Ahnenkult; sodann die Erfahrung, daß schon die erst ein halbes Jahrhundert alten Kopien des plastischen Schmucks von Ħal Tarxien bereits verwittern, weshalb man annehmen muß, daß niemals das kostbare Tempelinventar klimatischen Einflüssen ausgesetzt wurde; drittens eine nachweisbare Feuersbrunst im mittleren Tempel von Ħal Tarxien in vorgeschichtlicher Zeit, als das Sanktuarium noch in Gebrauch war. Ein Brand in diesen Steinbauten ist ausschließlich durch eine hölzerne

Bedachung zu erklären, und Holz gab es jedenfalls auf Malta und Gozo zu jener Zeit noch in ausreichendem Maße. Andererseits wären 2,50 m die größte Spannweite, die maltesische Steinplatten ohne eine Zwischenstütze überbrücken könnten. Kleine Tempel, Kapellchen nach heutigen Begriffen, sind wohl mit Steinplatten überdacht worden, wie es das kleine Kalksteinmodell eines Megalith-Heiligtums in einer Globigerinenkalksteinplatte im Nationalmuseum Valletta (Abb. 82) darstellt. Auch die Gänge der Sanktuarien, deren Monumentalität zweifellos viel zur Feierlichkeit des religiösen Erlebnisses beitrug, dürften, wo es ihre Breite zuließ, mit Steinplatten gedeckt gewesen sein. Was die Holzbedachung betrifft, so nimmt D. H. Trump an, daß sie aus Balken, Reisig und Lehm bestand.

Die Wände der Apsiden in der Ġgantija waren mit Lehm verschmiert, und ein dünner Kalksteinverputz lag darüber. Rote Farbreste zeigten, daß sie wie die Gräber der Urzeit die Farbe des Blutes trugen. Die fensterlosen Räume werden vom flackernd darüber hinhuschenden Schein des Opferfeuers zu magischer Lebenswirkung erhellt worden sein; und falls wirklich, wie man vermutete, ein großes, sorgfältig gebohrtes Loch unten in einer der dicken Platten von Priestern zur hallenden Verkündung von Orakelsprüchen gedient hat, so müssen sich die Gläubigen den Schauern eines rätselhaften und wildunheimlichen Jenseits ausgeliefert gefühlt haben.

Der Bezug zum Unterirdischen, zu Gräbern und Ahnen und zur Erdfruchtbarkeit schlechthin war wohl gerade in diesem ehrwürdig-uralten Heiligtum auf Gozo stark. Es war der geistige Mittelpunkt des kleinen einsamen Volkes auf dieser Insel. Im Museum der Casa Bondi in Victoria steht jetzt ein Trennstein aus dem Südtempel, der an der Schmalseite das vergehende Reliefbild einer aufwärts züngelnden Schlange trägt, des Tieres, das über und unter der Erde lebt, Symbol der Großen Göttin auf Kreta und im ganzen östlichen Mittelmeer (Abb. 106). Sollte es ein Hinweis darauf sein, daß dieses Sanktuarium sowohl die Lebenden wie die Toten vereinte? John D. Evans schreibt in seinem Malta-Buch: »Das Hypogäum steht weiterhin einzig da, doch besitzen wir ein im 18. Jahrhundert von einem gozitanischen Altertumsforscher verfaßtes Dokument, in dem ein aus Fels gehauenes Labyrinth beschrieben wird, das er unter dem Ġgantija-Komplex entdeckt und durchforscht haben will. Zwar blieben die Versuche, den Eingang zu finden, bislang ohne Erfolg, doch haben wir keinen Grund, dem Bericht zu mißtrauen.«

Auf dem Plateau von *Xagħra*, das jetzt die Ġgantija beherrscht, haben ehemals noch andere Sanktuarien gelegen. So stand 300 m westlich ein anderer Tempel, in seiner Nähe ein dritter und bei *Santa Verna*, 700 m weiter westlich, ein vierter. In zwei Grabkammern wurden 1912 4000 Jahre alte ockergefärbte Knochen gefunden. Dolmenreste und Scherben, sowohl aus der Ġgantija-Zeit wie aus der Tarxien-Periode, bezeugen, daß dies Plateau jahrhunderte-, wenn nicht jahrtausendelang ein heiliger Ort war.

Rundgang durch Victoria

Sie werden nun nach Victoria fahren, der Hauptstadt Gozos, die von den Einheimischen nach wie vor »Rabat« genannt wird, und werden dort zuerst, und falls Sie nur einen Tagesausflug nach Gozo machen, ausschließlich, von *It-Tokk*, dem Marktplatz, an dem auch die Tourist-Information liegt, den Hügel zum *alten Kastell* hinaufsteigen oder -fahren, um die Kathedrale, das Museum in der Casa Bondi und den Blick von dem Mauerring der Zitadelle über ganz Gozo zu genießen. Alles andere dürfen Sie ohne allzu großes Bedauern versäumen, es sei denn, Sie haben Zeit genug für einen Bummel in den durchaus hübschen Altstadtgassen hinter dem Markt und für einen Besuch der Kirche *St. George*, die, ursprünglich viel älter, 1673 vergrößert und auf gute Art barockisiert wurde und ein Altargemälde von Mattia Preti bewahrt.

Stadtplan von Victoria
1 Kathedrale 2 Casa Bondi (Gozo-Museum) 3 St. Sabina 4 St. Georg 5 Tourist-Information 6 St. James 7 Postamt 8 Bischofspalast 9 It-Tokk A Zitadelle

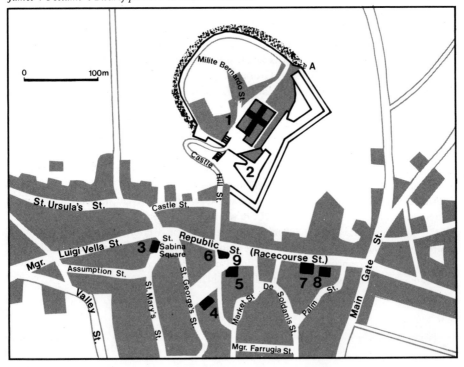

Die *Kathedrale*, an einem schön gestalteten Platz innerhalb der Zitadelle gelegen, ist ein von Lorenzo Gafà zwischen 1697 und 1711 errichteter Bau mit einer etwas kühlen Fassade. Eine festlich beleuchtete Nische füllt gleich rechts am Eingang eine lichtblau gewandete, reichlich sentimental geratene Madonnenstatue unseres Jahrhunderts, die offenbar hohe Verehrung genießt, da sie am Himmelfahrttag in einer Prozession durch die Stadt getragen wird. Die Kuppel der Kathedrale wurde nie vollendet, weshalb Antonio Manuele auf die flache Decke 1739 ein perspektivisches Gemälde als Ersatz malte.

Der Platz, zu dem Sie heute auf einer breiten Treppe zur Kathedrale hinaufsteigen, ist schon vor Jahrtausenden ein heiliger Ort gewesen. Hier stand ein Juno-Tempel, davor ein der punischen Astarte geweihter, und es liegt nahe anzunehmen, daß auch die Große Göttin der Jungsteinzeit hier schon verehrt wurde, ein »Gestaltwandel der Götter«, dem wir schon auf Malta in den Ruinen von Tas-Silġ begegneten (S. 180f.).

Stehen Sie auf dem Platz des Gran Castello vor der Kathedrale, so können Sie, wenn Sie links neben ihr das Sträßchen hinaufgehen, in ungefähr 20 Minuten den Rundgang um die *Mauern der alten Zitadelle* vollenden, die 1551 nach den Türkeneinfällen und den Entführungen verstärkt wurden, ohne jedoch künftige Überfälle und Raubzüge aller Art verhindern zu können. Sie werden von der Mauer immer wieder bezaubernde Ausblicke über fast ganz Gozo genießen.

Wenden Sie sich vor der Kathedrale nach rechts, so haben Sie nach dem Passieren eines kleinen Tores die *Casa Bondi* vor sich, einen alten Patriziersitz, in dem heute sehr reizvoll das kleine, aber interessante archäologische Gozo-Museum untergebracht ist. Dort finden Sie römische Amphoren aus den vielen Schiffen, die im Laufe der Jahrhunderte vor den Küsten der Insel kenterten, vor allem aber allerlei sehr fesselnde Funde aus den verschiedenen Kulturen, die über Gozo hinweggingen. Im Obergeschoß steht der schon erwähnte Pfeiler, der einmal in der Ġgantija zwei Apsiden trennte, auf dem noch die emporzüngelnde große Schlange zu erkennen ist, das Wesen, das, über und unter der Erde lebend, zum Kult der Großen Mutter gehörte (Abb. 106). Auch andere Funde aus dem Sanktuarium werden hier bewahrt, ferner römische Statuen und der schöne, unversehrte Grabstein eines zwölfjährigen Mädchens namens Maimuna aus dem Jahre 1174, also aus normannischer Zeit, der erhalten blieb, weil er an einem Haus als Baustein diente (Abb. 107, 108). Sehr eigenartig ist im Oberstock, hoch in einer Wandnische aufgestellt, eine Büste, über deren Herkunft leider nichts bekannt zu sein scheint (Abb. 111). Man möchte den Frauenkopf mit den etwas schrägen, großen Augen und dem gescheitelten Haar unter einer Haube für eine phönizische oder punische Arbeit halten. Neuerdings wird sie als punisch angesehen, jedoch ohne daß sie bisher datiert werden konnte. Andere punische Funde sahen wir schon im Museum von Valletta (Abb. 109, 110, 112, 113).

Ausflüge

Kalypso-Grotte Für Ausflüge auf Gozo bietet sich als Ausgangspunkt *Victoria* ebenso an wie auf Malta der Platz am Tritonenbrunnen vor den Toren. Alle Straßen und Buslinien führen von hier aus an die Strände und in die einzelnen Ortschaften. Man kann allerdings, wenn man schon auf dem Plateau von *Xagħra ist,* dort den Besuch zweier Tropfsteinhöhlen, *Xerry's Cave* und *Ninu's Cave* beim hübschen Dorf Xagħra, anschließen oder zur nahen *Ramla Bay* hinunterfahren, der Bucht mit dem schönsten goldfarbenen Sandstrand der Insel, die leider nicht mehr den Reiz vollkommener Einsamkeit besitzt wie noch vor wenigen Jahren. Sie gilt als die Bucht der Nymphe Kalypso, die dem schiffbrüchigen Odysseus auf seiner jahrzehntelangen Irrfahrt sieben Jahre lang auf Ogygia, dem heutigen Gozo, liebevoll die Heimkehr versagte, bis Hermes ihr den Befehl der olympischen Götter überbrachte, ihn freizugeben. Wenn der Dichter den geflügelten Götterboten die Nymphe in ihrer Grotte am Webstuhl antreffen ließ und sagt »und sie webte mit goldener Spule«, so könnte dies ein durch die Zeitenferne verschleierter Hinweis auf die uralte Herrin der Ġgantija sein, die den Menschen auf Gozo das Schicksal webte. Will man Homers Schilderung Glauben schenken – und moderne Wissenschaft bestätigt seine Angaben –, so war die kleine Insel mit Erlen, Pappeln und Zypressen bewaldet, vier Quellen bewässerten in unmittelbarer Nähe der Grotte blühende Wiesen, und ein Weinstock wölbte sich über der Grotte. Nachdem Kalypso Odysseus mit »eherner Doppelaxt« und Beil versehen hatte, konnte er zwanzig hohe Bäume schlagen und daraus ein seetüchtiges Boot zimmern, um damit heimzukehren. Homer schildert so den paradiesischen Zustand des maltesischen Archipels, bevor Phönizier und Punier kamen und ihn für ihren Schiffsbau zu entwalden und damit der Dürre anheimzugeben begannen. Die *»Grotte der Kalypso«* befindet sich nordwestlich der Ramla Bay und ist nur sehr mühsam zugänglich. Die Straße dorthin endet jäh an einem Felsabsturz und wird nicht zu Unrecht als »halsbrecherisch« bezeichnet.

Marsalforn Bay Ebenfalls an der Nordküste liegt Marsalforn, das im Begriff ist, aus einem stillen Fischerdorf zu einem bescheidenen Badeort zu werden. Hier wie auch an allen anderen von Fremden aufgesuchten Plätzen auf Gozo gibt es ein Überangebot an preiswerten Strick- und Häkelwaren, deren Wolle zum Teil aus dem fernen Schottland eingeführt wurde. Alle derartigen Arbeiten sind auf Gozo billiger als auf Malta.

Xlendi Reizvoller noch als Marsalforn scheint mir die winzige Bucht von Xlendi (Abb. 114), das nur wenig mehr als 3 km von Victoria im Südwesten gelegen ist. Bei Xlendi öffnet sich ein »Wied« zum Meer hin wie das Wied-iz-Żurrieq, von dem aus man die Blaue Grotte auf Malta befährt. Der Name »Wied« steht für eine Felsschlucht, die durch Erosion ausgewaschen wurde. So kommt man hier, nachdem man schöne Landschaften durchquert hat, in eine enge Felsenstraße, in der Busse und Wagen parken, und geht zu Fuß zu dem fjordartigen Strand hinunter, um den sich ein Halbkreis von hellfarbigen Häusern zieht, der leider auch hier in ständigem Wachstum begriffen ist.

Bay of Qawra Das liebenswerte Städtchen *Għarb* im Norden der Insel besitzt eine hübsche Barockkirche und reizende farbig getönte Häuserfronten, vor denen spitzenklöppelnde Frauen den Charme einer kleinen gozitanischen Landstadt vermitteln (Abb. 115). Es ist keine »Sehenswürdigkeit«, dafür jedoch typisch für den Frieden dieser Insel, der nun nicht mehr durch Piratenüberfälle gestört wird. Man kann dann abbiegen zur *Bay of Qawra*, die der 1651 von den Ordensrittern erbaute *Qawra Tower* bewacht (Abb. 70). Von der Bucht führt ein steiler Weg zu einem stillen Salzwassersee, *Qawra*- oder *Inland Sea* genannt, den ein natürlicher Felsentunnel mit dem Meer verbindet, den Sie durchschwimmen oder mit einem kleinen Boot durchfahren können. Links, also unmittelbar südlich, schließt sich die *Dwejra Bay* an, vor deren Halbrund der *Fungus rock*, der »Pilzfelsen« der Johanniter, aus dem Wasser ragt, von dem schon auf Seite 75 die Rede war. Die Ritter hüteten ihn streng, weil sie dem einzigartigen schwarzen Pilz (sucus cossineus melitensis), der nur dort gedieh, eine stark blutstillende Wirkung zuschrieben – nach moderner Analyse wahrscheinlich zu Unrecht.

Ta' Ċenċ Im Süden Gozos liegt hinter dem Ort Sannat das reizvoll gestaltete Hotel Ta' Ċenċ, in dessen Umgebung längere und kürzere Spaziergänge zu verfallenden Dolmen und zu Gleitkarrenspuren der Bronzezeit führen.

Kirchen auf Gozo Ihnen möchte ich keine besondere Bedeutung zuschreiben. Die *Basilika Ta' Pinu* ist zwar die größte Wallfahrtskirche des Archipels, aber ein neoromanischer Bau, der zwischen 1920 und 1936 durch freiwillige Arbeitsleistung entstand; die *Pfarrkirche von Nadur*, der zweitgrößten Stadt der Insel, wurde im 18. Jahrhundert von Bonnici errichtet und im 19. Jahrhundert renoviert; die *Kirche von Xagħra* stammt aus dem 19. Jahrhundert und bewahrt den auf Malta so beliebten Barockstil. *Xewkija*, halbwegs zwischen dem Hafen Mġarr und Victoria gelegen, baute seit 1952 an einer Riesenkirche, deren Kuppel noch die von Mosta und Malta übertrifft mit ihrem Durchmesser von 24 m und einer Höhe von 75 m. Hier wurde um das vorhandene, der Größe der Gemeinde wohl eher angemessene Gotteshaus herumgebaut, bis man es abriß, als die neue Kirche benutzt werden konnte. Gewiß werden Sie in fast jeder dieser Kirchen irgend etwas Schönes entdecken, und die Legenden, die sich um sie ranken, sind zum Teil bezaubernd, die Frömmigkeit, die sie entstehen ließ, beeindruckend, aber Sie lassen sich kaum etwas Wesentliches entgehen, wenn Sie auf Besuche, die sich nicht nebenher ergeben, verzichten. Die Landschaft Gozos ist anziehender.

Mġarr Ihr erster wie Ihr letzter Eindruck auf Gozo wird Mġarr sein, der von bunten Booten belebte Hafen, über dem die der Madonna von Lourdes geweihte Kirche aus dem 19. Jahrhundert wacht, und das auf der südlichen Landzunge gelegene *Fort Chambray*, das ein französischer Ritter in der Mitte des 18. Jahrhunderts bauen ließ. Da es schon lange nichts mehr zu verteidigen hat, wurde es zuerst noch als Gefängnis gebraucht, seit aber auch die Übeltäter Gozos nach Malta gebracht werden, dient es als Hospital.

4 Comino

Comino, die »Kümmelinsel«, mit nur 2,5 qkm die kleinste bewohnte Insel des Malteser Archipels, wurde von Sträflingen, die dort einmal gefangensaßen, gut durch Terrassen befestigt. Überwiegend felsig, ist sie in ihren kleinen Tälern fruchtbar, so daß sich ein Ausflug dorthin, wenn nicht gar ein Aufenthalt, der jetzt mühelos möglich ist, landschaftlich lohnt. Ursprünglich war Comino durch seine geschützten Buchten immer wieder ein Zufluchtsort für Seeräuber, so daß die Ordensritter sich gezwungen sahen, auf der höchsten westlichen Erhebung, etwa 70 m über dem Meer, den *St. Marija Tower* 1618 von Vittoria Cassar errichten zu lassen. Der Großmeister Alof de Wignacourt (Abb. 14a), sein Auftraggeber, ließ den Turm mit schweren und leichten Kanonen bestücken und durch eine Besatzung von 130 Mann sichern. Ein Weg führt von ihm an die Ostküste zu dem quadratischen *Fort* mit seinen vier Ecktürmen, das 1715 unter Großmeister Perellos erbaut wurde.

Die kleine Insel ist immer wieder bewohnt und immer wieder verlassen worden. An der Westküste fand man punisch-phönizische *Gräber,* an der St. Marija Bay einen *Sarkophag* in Amphorenform. Im 18. Jahrhundert hatte Comino 200 bäuerliche Einwohner, dann wurde es wieder verlassen. Die Johanniter benutzten es als Isolierstation, im letzten Krieg taten die Engländer das gleiche. Noch Ende der siebziger Jahre lebte nur eine kleine Bauernfamilie hier. Jetzt aber gibt es ein komfortables Hotel unter schweizer Leitung, am Meer gelegen, das einen beheizten Meerwasser-Swimmingpool und Tennisplätze besitzt und Gelegenheit zu Wassersport aller Art bietet. Die »blaue Lagune«, die besonders hell in wechselnden Farben zwischen Comino und dem winzigen Cominotto leuchtet, ist ein besonderer Reiz von Comino. Wer einsame Wanderungen liebt – hier findet er sie.

Praktische Reisehinweise

Wissenswertes vor Reiseantritt

Planung der Reise 194
Information in Deutschland 194
Diplomatische Vertretungen 195
Reisepapiere 195
Devisenbestimmungen 195
Einfuhrbestimmungen 196
Gesundheitsvorsorge 196
Reisezeit 196
Das Klima auf Malta 196

Anreise

. . . mit dem Flugzeug 197
. . . mit Auto oder Bahn 197

Kurzinformationen von A–Z

Ärztliche Versorgung 198
Apotheken 198
Auskünfte und Informations-
broschüren 198
Autofahren 199
Camping 199
Comino 199
Diplomatische Vertretungen 200
Einkäufe und Souvenirs 200
Essen und Trinken 201

Fauna 202
Feste und Feiertage 202
Frauen allein unterwegs 203
Gärten 203
Geld/Währung/Umtausch 203
Gozo-Fähre 204
Kartenmaterial 204
Kleidung 204
Museen 205
Notfallrufnummern 205
Öffnungszeiten 205
Photographieren 205
Polizei 205
Post 206
Radio, Fernsehen 206
Sport 206
Sprache 207
Stromversorgung 208
Telefon 208
Telegramm 209
Unterkunft 209
Verkehrsmittel 209
Zeit 211
Zeitungen 211

Anhang: Maltas Badebuchten
und ihre Umgebung 211

Wissenswertes vor Reiseantritt

Planung der Reise

Für einen *dreimonatigen Aufenthalt* genügen Personalausweis oder Paß, für längere Zeitdauer ist ein Visum von der Republik Malta, Viktoriastr. 7, 5300 Bonn-Bad Godesberg, Ø 363017 oder 363018, einzuholen.

Sollten Sie nur *14 Tage Zeit* für Malta haben und doch möglichst viel sehen wollen, so wäre eine Pauschalbuchung für Flug, Hotel und Führungen für Sie am vorteilhaftesten. Sie würden dann nicht nur sehr preisgünstig fliegen, sondern auch alles Wesentliche sehen und trotzdem an den sogenannten ›freien Tagen‹ Eindrücke vertiefen oder vorwegnehmen können: denn so groß ist Malta nicht, daß nicht genügend Zeit von den vorgeplanten Gemeinschaftsbesichtigungen unbelegt bliebe. Die Nachteile solcher Reisen, wie die zwangsläufige Oberflächlichkeit bei Gruppenunternehmungen, sind bekannt, hier jedoch geringer als anderswo, weil viel Kraft und Zeitaufwand durch eine gute Reiseleitung und zielgerichtete Busfahrten erspart werden können.

Zahlreiche Reiseunternehmen (es werden immer mehr, z. Zt. etwa 40) führen ein Malta-Programm mit Charter- oder Linienmaschinen durch, vermitteln Ferienwohnungen und veranstalten Bildungs- oder Wanderreisen. Auch Kurzreisen zu den großen Festen und zu Wochenenden werden seit einigen Jahren vermehrt angeboten.

Sind Sie *Autofahrer* und haben Sie mindestens *drei Wochen Zeit,* so lohnt sich schon der Einzelflug zum ermäßigten Preis, wenn man ihn mit der Buchung eines selbstgewählten Hotels und (oder) eines Autos auf Malta für den Gesamtaufenthalt oder einen Teil davon verbindet. Buchen Sie dann möglichst gleich den Transfer ins Hotel mit oder bestellen Sie den Wagen an den Flughafen Luqa, der ziemlich weit draußen liegt.

Im übrigen können Sie, wenn Sie ein gutes Mittelklassehotel selbst auswählen und dann den Flug mit der Hotelbestellung kombinieren, recht gut drei Wochen auf Malta für die gleiche Summe bleiben, die Sie andernfalls für die zweiwöchige Gruppenreise in einem Hotel der obersten Preisklasse zahlen.

Für einen *längeren Aufenthalt* ist in jedem Fall zuerst einmal eine direkte Informierung bei Hotels und Pensionen oder auch Appartementvermietern (auf englisch oder italienisch) zu empfehlen, ehe Sie ein Arrangement mit einem Touristikunternehmen treffen, das Ihnen auch dann noch entgegenkommen wird, wenn Sie sich Ihre Unterkunft selbst ausgesucht haben.

Information in Deutschland

Das *Fremdenverkehrsamt Malta*, Frankfurt/M., Schillerstr. 30–40, Ø 069/285890 und das *Air Malta-Büro* in Frankfurt/M., Kaiserstr. 13, Ø 069/281051 senden Ihnen auf Wunsch reichlich Prospektmaterial über die Inseln selbst, über Hotels, Ferienwohnungen, Ferienhäuser, Bungalows, familiengerechte Feriendörfer, Autovermietung, Fahrrad- und Motorradvermietung, öffentliche Verkehrsmittel, Sportmöglichkeiten wie Reiten, Tennis, Golf, Surfen, Tauchen, Vermietung von Booten aller Art, auch über Englischkurse und über Gruppenreisen mit Kultur- oder Wanderprogramm, zu. Die Preise der Hotels, deren Liste Sie miterbitten, sind verbindlich.

Diplomatische Vertretungen

Amtliche Auskünfte (Visum usw.)
erteilen:
Botschaft der Republik Malta
in der Bundesrepublik Deutschland:
Viktoriastr. 1
5300 Bonn-Bad Godesberg 2
✆ 02 28 / 36 30 17–18
Telex 8–85748 mlta d

Generalkonsulat Köln   ✆ 02 21 / 23 60 61–64
Konsulat Berlin   ✆ 030 / 8 91 70 70
Konsulat Frankfurt   ✆ 069 / 28 10 62
Konsulat Hamburg   ✆ 040 / 33 04 21
Konsulat Mainz   ✆ 061 31 / 47 31 00
Konsulat München   ✆ 089 / 18 45 22

Konsulat der Republik Malta in Österreich:
Kienmayergasse 15
A–1140 Wien
✆ 02 22 / 92 26 01

Konsulat der Republik Malta in der
Schweiz:
2 Parc Château Banquet
CH–1202 Genf
✆ 022 / 31 05 80

Reisepapiere

Zur Einreise wird ein gültiger Reisepaß oder Personalausweis benötigt. Ein Visum ist nur dann erforderlich, wenn Sie länger als drei Monate auf Malta bleiben. Man erhält es bei der Botschaft der Republik Malta, Viktoriastr. 1, 5300 Bonn 2.

Für Autoreisende mit eigenem Wagen genügen der internationale Führerschein und die grüne Versicherungskarte. Bei der Einreise wird das Kfz vom Zoll registriert; ein Duplikat des Zolldokumentes erhalten Sie bei der Ausreise zurück.

Devisenbestimmungen

50 maltesische Pfund dürfen pro Person in Banknoten und Münzen eingeführt werden. Der Betrag ist bei der Einreise zu deklarieren. Die Devisenbeschaffung in Deutschland, bis vor kurzem recht mühsam, ist jetzt schnell und günstig möglich.

Wechselkurs in Deutschland (Stand: 1988)
1 Maltapfund = 5,60 DM
1 DM = 0,18 Maltapfund

Ausländische Währungen, einschließlich Schecks und Reiseschecks, unterliegen keiner Einfuhrbeschränkung, sind jedoch ebenfalls deklarationspflichtig. Bitte beachten Sie dies, da nur bei der Einreise angegebene Devisen auch wieder ausgeführt werden dürfen.

Die Ausfuhr der Landeswährung ist auf 25 maltesische Pfund kontingentiert.

Einfuhrbestimmungen

Gegenstände des persönlichen Bedarfs dürfen zollfrei eingeführt werden, ebenso pro erwachsener Person 200 Zigaretten oder eine entsprechende Menge von Zigarren oder Tabak sowie eine Flasche Spirituosen oder zwei Flaschen Wein. Desgleichen ist das Mitbringen kleinerer Mengen Parfüms erlaubt.

Gastgeschenke hingegen sind zollpflichtig.

Die Einfuhr von Hunden und Katzen ist verboten.

Gesundheitsvorsorge

Reisende aus europäischen Ländern benötigen weder Impfbescheinigungen noch Gesundheitszeugnisse. Da zwischen Malta und der Bundesrepublik Deutschland kein Abkommen über ärztliche Behandlung besteht, ist der Abschluß einer entsprechenden Krankheitsversicherung unbedingt anzuraten.

Reisezeit

Die **Badesaison** ist auf Malta sehr lang. Man kann sogar noch den ganzen November im Mittelmeer baden, von den – vielfach beheizten – Swimmingpools der Hotels abgesehen. Die Engländer wissen das und kommen noch spät im Jahr auf die Insel. Sie nutzen in Scharen die dann niedrigen Hotelpreise. Natürlich sind die Tage zu dieser Zeit auch hier kürzer, aber doch sehr viel länger als im selben Monat in Deutschland. Und mit fünf Sonnenstunden täglich darf man mindestens rechnen. Da sich das Meer im Frühjahr erst langsam erwärmt, ist der *Herbst* für den, der viel baden möchte, eine geeignetere Jahreszeit. Dagegen bietet der *Frühling* schon Anfang März den Reiz des frischen Grüns und vieler wildwachsender Blumen. Im März steht schon alles auf Malta in Blüte, was bei uns in den Mai gehört. Und noch vieles mehr. Im allgemeinen gilt die Regel, daß auf Malta und Gozo alles drei Monate früher blüht und Frucht trägt als bei uns.

Vor allem in den heißen Monaten kommt zum Tragen, daß Malta eine schattenlose Insel ist, die wenige Bäume und überhaupt keinen Wald, ja nicht einmal ein Wäldchen hat, die wenigen öffentlichen Parks ausgenommen. Jedoch geht fast immer eine leichte, im Sommer sehr willkommene Brise vom Meer.

Das Klima auf Malta

	Sonnen-stunden	Luft °C Max.	Luft °C Min.	Wasser °C
Jan.	5,2	17,2	7,8	14,3
Febr.	5,1	17,8	8,3	13,8
März	6,9	20,0	8,9	14,1
April	8,5	22,2	10,6	15,3
Mai	10,2	25,6	13,3	17,6
Juni	11,7	29,4	17,2	21,3
Juli	12,6	33,3	20,6	24,4
Aug.	11,9	32,8	21,1	26,1

	Sonnen-stunden	Luft °C Max.	Luft °C Min.	Wasser °C
Sept.	9,1	30,0	20,6	25,0
Okt.	7,1	27,8	17,2	22,5
Nov.	5,9	23,3	12,2	19,4
Dez.	5,1	19,4	9,4	16,4

Anreise

Mit dem **Flugzeug:** *Air Malta* verfügt über sechs Boeing B-737 und eine Boeing B-720. Im deutschsprachigen Raum fliegt Air Malta im Liniendienst von Frankfurt, München und Zürich. Charterflüge gehen von München, Köln, Hamburg, Stuttgart und Westberlin. Die *Lufthansa* fliegt viermal die Woche ab Frankfurt. *Interflug* fliegt ab Berlin-Schönefeld nach Malta. Sowohl Air Malta als auch Lufthansa bieten einen ›Flieg- und Spar‹-Tarif an.

Auskünfte über Flugverbindungen und Preise erteilen folgende Büros der Fluggesellschaft *Air Malta:*

6000 Frankfurt 1
Kaiserstraße 13
∅ 069/281051
Telex 413041 km d
und
8000 München 2
Oberanger 45
∅ 089/269076
Telex 5213076 km d
sowie
alle Stadtbüros der *Deutschen Lufthansa*

Reisende kommen auf dem etwa in der Mitte der Insel gelegenen Flughafen Luqa an. Sehr

zu empfehlen ist eine Reisegepäckversicherung, da Gepäckbeschädigungen auf den Flügen nicht ausgeschlossen sind.

Urlauber, die mit dem **Auto** oder der **Bahn** nach Malta wollen, haben zwei Möglichkeiten, die Insel per **Schiff** zu erreichen.

Die längere Seereise beginnt in Neapel. Sie dauert fast 24 Stunden. Abreise nur am Donnerstagabend mit dem Autofährschiff der *Tyrrhenia-Linie*. Die Route führt über Reggio di Calabria – Catania – Syrakus nach Valletta.

Die kürzere Seestrecke beginnt in Reggio di Calabria. Abfahrten: Dienstag, Freitag und Sonntag über Catania, Syrakus nach Malta (Fahrzeit 14 Stunden; ab Catania 8½ Stunden und ab Syrakus 5 Stunden). Reservierung für Kfz-Plätze wird dringend empfohlen.

Generalagent der ›Navigazione Tirrenia‹ für Deutschland:
Karl Geuther GmbH & Co.
Heinrichstraße 9
6000 Frankfurt 1
∅ 069/730475
Telex 413624 fery d

Doch sollten sich Autofahrer gut überlegen, ob sie nicht besser einen Wagen in Malta mieten, schon in Deutschland mit Hotelaufenthalt gekoppelt. Es dürfte billiger und erholsamer sein, zumal die Entfernungen auf Malta gering sind.

Kurzinformationen von A–Z

Ärztliche Versorgung

Die medizinische Versorgung der Einheimischen und Touristen durch niedergelassene Ärzte wie auch Krankenhäuser ist durch das moderne staatliche Gesundheitswesen gewährleistet. Beachten Sie jedoch, daß es zwischen Malta und der Bundesrepublik Deutschland kein Abkommen über die Kosten ärztlicher Behandlung gibt, so daß Reisende aus Deutschland eine Zusatzkrankenversicherung abschließen sollten.

Viele Hotels verfügen über einen medizinischen Service; auf jeden Fall können sie einen Arzt vermitteln. Auch Polizeistationen und Apotheken helfen weiter.

Krankenhäuser:
Malta: St. Luke's Hospital, Gwardamangia, Ø 621251/607860
Gozo: Craig Hospital, Victoria, Ø 556851
Telefonnummern für Notfälle:
96 (Malta), 556851 (Gozo)

Apotheken

Apotheken gibt es auch in den kleineren Orten auf Malta und Gozo. Sie führen die international gebräuchlichen Medikamente, die teilweise auch ohne Rezept erhältlich sind. Öffnungszeiten: Mo–Sa 8.30–13 und 15–19 Uhr. Aus der Wochenendzeitung oder unter der Telefonnummer 24001 er-

fahren Sie die Apotheken, die sonn- bzw. feiertags geöffnet sind.

Auskünfte und Informationsbroschüren

Informationsbüros:

auf Malta:
Tourist Information Office
1, City Gate Arcade
Valletta
Ø 227747
Mo–Sa 8.30–12.30 und 13.15–18 Uhr, So 8.30–13 Uhr, feiertags 8.30–13 und 15–18 Uhr. Im Winter eingeschränkte Öffnungszeiten.

Weitere Informationsbüros finden Sie in Sliema (Bisazza Street), St. Julian's (Grenfell Street) und in Bugibba.

auf Gozo:
Tourist Information Office
Mġarr Harbour
Ø 553343

Tourist Information Office
It-Tokk Square
Victoria

Flugauskünfte: Flughafen Luqa, Ø 623455/6/7/8

Sehr zu empfehlen sind zwei Broschüren über Malta und Gozo mit aktuellen Orientierungshilfen wie Buslinienplan, Veranstaltungskalender, Fährenfahrplänen, Öffnungszeiten von Museen, Sehenswürdigkeiten und Geschäften, Notdiensten, Restaurants, Abendunterhaltung, Sportangeboten u. v. m.: »Welcome: The Holiday Guide« (Englisch/Deutsch) erscheint monatlich (im Winter alle 2 Monate) und wird kostenlos vom Informationsbüro am City Gate ausgegeben. »What's On in Malta and Gozo« (Englisch, mit Veranstaltungshinweisen in Deutsch und mehreren anderen Sprachen) erscheint alle 14 Tage und ist für ca. DM 1,- in Buchhandlungen und Souvenirläden erhältlich.

Autofahren

Jeder ein wenig geübte Autofahrer wird sich schnell an das Linksfahren gewöhnen. Auch ist der Verkehr kaum je dicht, und es gibt neuerdings breite und gute Straßen, die alle wesentlichen Orte verbinden. Die Beschilderung ist – zumindest auf den größeren Straßen – ausreichend.

In geschlossenen Ortschaften beträgt die zulässige Höchstgeschwindigkeit 40 km/h, auf Landstraßen 64 km/h. In den ›roundabouts‹ (Kreisverkehr) gilt die international übliche Rechts-vor-Links-Regelung.

Die Erkundung der Inseln per Auto ist die bequemste Möglichkeit; wenn Sie mit dem Flugzeug angereist sind, lohnt sich in vielen Fällen ein Mietwagen (s. Stichwort ›Verkehrsmittel‹).

Für den eigenen Wagen genügen der nationale (oder internationale) Führerschein, die Kfz-Papiere und die grüne Versicherungskarte. Für Mietwagen benötigt man eine Beglaubigung des Führerscheins (gebührenfrei erhältlich im Polizeipräsi-

dium in Floriana und im Police Licencing Office, Lascaris Wharf, Valletta, gegenüber dem Old Customs House).

Tankstellen gibt es auf Malta ausreichend. Auf Gozo sind sie etwas verstreuter; tanken Sie also vorzugsweise in Victoria oder an der Fährenanlegestelle in Mġarr. Das Einheitsbenzin kostet ca. DM 1,70 pro Liter.

Tankstellen sind von April bis September Mo–Sa 7–19 Uhr geöffnet, von Oktober bis März Mo–Sa 7–17.30 Uhr; an Sonn- und Feiertagen geschlossen.

Bei **Unfällen** sollten Sie aus versicherungsrechtlichen Gründen Ihren Wagen nicht fortbewegen, bis die Polizei eintrifft. Rufnummern:

Malta:
Polizei ✆ 991
Ambulanz ✆ 996
Gozo:
Polizei ✆ 556011, 556430
Ambulanz ✆ 556851

Camping

Es gibt auf den maltesischen Inseln noch keine organisierten Campingplätze. Wildes Campen ist verboten.

Comino

Die Insel Comino ist 2,5 km² groß, hat weniger als 20 ständige Einwohner und bietet

KURZINFORMATIONEN VON A–Z

Unterkunftsmöglichkeiten für 350 Urlauber. Ein kleines Paradies also abseits des Weltgeschehens. Es gibt weder Straßen noch Autos auf der Insel. Sandbuchten, Felsenriffe, befahrbare Kanäle und Grotten bieten optimale Voraussetzungen für Wassersportler.

Das Comino Hotel liegt direkt am Meer (Privatstrand San Niklaw-Bucht) und bietet guten Komfort inclusive Swimmingpool, Wassersportzentrum mit Surf- und Tauchschule, Tennisplätze. Ein Hotelboot verbindet Comino mehrmals täglich mit Marfa/Malta (Fahrzeit 20 Minuten; Auskunft ⌀ 573051/2)

Diplomatische Vertretungen

Botschaft der Bundesrepublik Deutschland: Il-Piazetta Building, Eingang B, 1. Stock, Tower Road, P.O. Box 48, Sliema, ⌀ 336531.

Österreich und die Schweiz werden z. Zt. durch ihre Botschaften in Rom vertreten.
A: Via Pergolesi 3
00198 Roma
⌀ 868–241/4
CH: Via Barnaba Oriani 61
00197 Roma
⌀ 803–641
Auf Malta amtiert als Honorarkonsul der Republik *Österreich* Mr. J. R. Darmanin in der Frederick Street 34, Valletta, ⌀ 229182/627356.
Als Honorarkonsul der *Schweiz* amtiert Mr. Malcolm Lowell, Zachary Street 6/7, Valletta, ⌀ 624159.

Einkäufe und Souvenirs

Auf Malta, besonders aber auf Gozo, werden von den Frauen so viele *Pullover, Jakken, Mützen, Schals* aus naturfarbener dikker Wolle gestrickt, daß der Preis dafür erstaunlich niedrig ist. Die großen Pakete mit Wollsachen gehören schon zum traditionellen Bild der vom Gozo-Ausflug Heimkehrenden. Auch *Spitzen* sind eine malteser Spezialität, die allerdings im Rückgang begriffen ist. Hier und da kann man noch vor den Häusern alten Frauen beim Klöppeln zusehen (Abb. 116). Eine *Handweberei* in unmittelbarer Nähe von St. Paul's Catacombs in Rabat verkauft im angrenzenden geräumigen Laden, den man ohne Kaufzwang betreten kann, ihre Erzeugnisse.

Malteser Glas (sehr hübsch z. B. die gläsernen Briefbeschwerer in verschiedenen Größen) ist ein weiteres beliebtes Mitbringsel. Eine Fabrik liegt zwischen Rabat und Mdina, im Kunsthandwerkszentrum Ta' Qali. Der Bus von Valletta nach Rabat hält dort, ebenso alle Busse, die von Rabat abfahren. Mo–Fr 8–16 Uhr, Sa 8–14 Uhr. In einer Werkstätte auf Manoel Island, der Sliema vorgelagerten Insel, kann man Glasbläsern bei der Arbeit zuschauen und Glaswaren – auch Stücke zweiter Wahl zu erheblich gesenktem Preis – kaufen. In der Saison Mo–Fr 8–16.30 Uhr, Sa 8–14 Uhr. Von Sliema fahren kostenlos Boote nach Manoel Island. Aber man kann malteser Glas auch sonst in vielen Läden und sogar in den großen Hotels erwerben. Ein Preisvergleich lohnt sich dabei immer, Herunterhandeln ist jedoch nicht üblich.

Im Kunsthandwerkszentrum Ta' Qali bei Mdina sind auch Silber- und Silberfiligranarbeiten preiswert zu erwerben. Mo–Fr 8–16 Uhr, Sa 8–14 Uhr.

Ein hübsches Reiseandenken sind die *Messingtürklopfer* in Delphinform, die in verschiedenen Größen überall in Valletta angeboten werden und als ›typisch maltesisch‹ gelten können. Auch möchte ich auf das große, ausgezeichnet geführte Porzellangeschäft hinweisen, das auf der linken Seite hinter dem City Gate in der Republic Street liegt. Dort werden so ziemlich alle *Markenporzellane* Europas, besonders aber alle großen englischen Marken, preisgünstig verkauft. Das Geschäft versendet auf Wunsch auch nach Deutschland.

Ein ausgebildetes Kunstgewerbe, das zu Käufen lockt, hat Malta noch kaum, und man wird besonders nach Erinnerungsstücken wie guten Postkarten, Abbildungen von Kunstwerken, von den steinzeitlichen Tempeln, Bauten der Johanniter-Ritter und Stücken aus den Museen vergeblich Ausschau halten. Im Kathedralmuseum von Mdina kann man noch einige große schöne *Stiche* kaufen. Im allgemeinen werden nur kleinere oder größere Diaserien bei den Sehenswürdigkeiten angeboten.

Öffnungszeiten der Geschäfte: Mo–Sa 9–19 Uhr; zwei bis vier Stunden Mittagspause

---

Essen und Trinken

Die maltesische Küche wechselt zwischen englischen, italienischen und spezifisch maltesischen Gerichten ab, bei denen Zusammengekochtes bevorzugt wird. *Kaninchen,* die als ›rabbit‹ auf der Speisekarte erscheinen, sind stets zahme, werden jedoch sehr gut zubereitet. Die großen *Kürbisse,* die man oft auf den Mauern nebeneinander aufgereiht sieht, sind ein Volksnahrungsmittel und werden z. B. auch mit Schweinefleisch zusammen gekocht. *Fische* gibt es reichlich. Schwertfisch, Seezunge und Thunfisch und die ganz kleinen, paniert in Öl gebratenen Fischlein, die nicht jedermanns Sache sind. ›Lampuki Pie‹ ist Fisch mit Tomaten, Oliven, Erbsen, Zwiebeln und anderem zusammen gebacken. Lampuki gilt als der beste maltesische Fisch.

Die einheimischen *Weine,* besonders der Rosé und der Rotwein, sind gut, ebenso das *Bier.* Eine malteser Spezialität ist *Kinnie,* ein sehr erfrischendes alkoholfreies Getränk, das aus Orangen mit Schale und Wermutkräutern hergestellt wird, aber weder nach dem einen noch nach dem andern und nicht süß schmeckt. Es ist überall zu haben, ist eisgekühlt besonders gut und dabei preiswert. Sollte es, da alkoholfrei, vielleicht gar arabischen Ursprungs sein?

In *Valletta* sollte man die berühmte *Konditorei Cordina* in der Republic Street besuchen. Alles dort Angebotene ist vorzüglich. Mehrmals am Tag werden hier frische, mit Weißkäse gefüllte Kuchen und Pasteten aller Art gebacken, die noch warm – meist stehend – gegessen werden und die ebenso ausgezeichnet wie billig sind.

Leitungswasser zu sich zu nehmen, sollte man tunlichst meiden. Es ist stark gechlort und manchmal etwas schweflig, zuweilen auch salzig. Notfalls greifen Sie, wie es auch malteser Hausfrauen tun, beim Kochen auf Mineralwasser zurück, das in Plastikflaschen zu eineinhalb Litern angeboten wird.

KURZINFORMATIONEN VON A–Z

Süßwasser ist übrigens kostbar auf Malta (obwohl es eine Meerwasserentsalzungsanlage gibt), und jeder sollte sparsam damit umgehen. Im Sommer gibt es für die Bevölkerung in der Regel sogar wasserfreie Tage. Für die Hotels hingegen wird nach Möglichkeit ausreichend gesorgt.

Fauna

In Mdina gibt es wenige Schritte hinter dem Stadttor rechts in dem schönen, von Giovanni Barbara 1730 als Kommunalpalast erbauten und nach seinem Auftraggeber ›Vilhena Palace‹ benannten Gebäude das *Natural History Museum,* in dem die in Malta heimischen Tiere gezeigt werden.

Großwild hat das waldlose Malta nicht mehr. *Wildkaninchen* waren bis vor einiger Zeit noch sehr zahlreich, da es aber für ihre Zubereitung ausgezeichnete Rezepte gibt, verringert sich ihre Zahl stetig von Jahr zu Jahr.

Die *Schlangen,* die man gelegentlich auf den Inseln sieht, sind alle ungiftig. Die goldfarbene schöne Leopardschlange erreicht eine Länge von einem halben Meter.

Skorpione können verletzen, und ihr Stich erfordert Behandlung, aber tödlich, wie in vielen anderen Ländern, ist er nicht.

Die *Zugvögel,* die über die Landbrücke Malta-Sizilien von Europa nach Afrika und zurückkehren, sind ein ständiges Thema für Urlauber auf Malta. Spätestens wenn man von Ḥaġar Qim zu den Tempeln von Mnaidra hinübergeht, wird man im Frühjahr und im Herbst die Vogelsteller am Werk sehen, die mit Lockvögeln und Netzen den Zugvö-

geln auflauern. Einmal darauf aufmerksam geworden, bemerkt man dann die unglücklichen kleinen Gefangenen in engen Käfigen auf Märkten, an Fenstern und Balkonen und in Autobussen neben dem Fahrer. An Sonn- und Feiertagen sind zusätzlich zahlreiche Schützen auf Jagd, und der Knallerei ist kein Ende. Wir wissen, Ähnliches ist in manchem Mittelmeerland üblich. Aber erst seit die *Norwegian Ornithological Society* und der *International Council of Bird Preservation* ermittelte, daß jährlich 1 Million Finken und 558000 andere Vögel (Reiher, Raubvögel, Tauben, Schwalben, Drosseln, Rotkehlchen) ihr Leben lassen müssen und also nicht zum Brüten nach Norden kommen, zeichnet sich eine Veränderung ab. Es gibt jetzt auch einen maltesischen Vogelschutzbund, MOS (*Maltese Ornithological Society,* Valletta, St. Lucia St. 34), und im Frühjahr 1988 fanden wir zum ersten Mal ein Flugblatt gegen den Vogelfang in maltesischer Sprache.

Feste und Feiertage

Die meisten Feste fallen in die Frühlings- und Sommermonate. Die Namenstage der Heiligen bescheren sie den Maltesern und ihren Gästen zu Dutzenden und möglichst auch noch mit einem Feuerwerk nach der üblichen Prozession. Sie im einzelnen zu erwähnen, ist überflüssig, da man von ihnen sowieso rechtzeitig erfährt.

Der *Karneval* fällt merkwürdigerweise in diesem streng katholischen Land auf das zweite Maiwochenende. Er geht auf die Zeit der Ordensritter zurück und beginnt mit der

›parata‹, einem Schwerttanz, womit an den Sieg über die Türken 1565 erinnert wird, ist also für Fremde in mehr als einer Beziehung interessant. Das gilt auch für *Imnarja,* ein Volksfest am Wochenende vor dem 29. Juni, in den Buskett Gardens mit Pferde- und Eselsrennen. Die große *Regatta* findet man Sonntag vor dem 8. September statt.

Gesetzliche Feiertage

1. Januar	Neujahr
10. Februar	Schiffbruch des Apostels Paulus
19. März	Tag des Hl. Joseph
31. März	Nationalfeiertag
beweglich	Karfreitag
1. Mai	Tag der Arbeit
29. Juni	Peter- und Paul-Tag
15. August	Mariä Himmelfahrt
8. September	Fest ›Our Lady of Victories‹ (Ende der Großen Belagerung von 1565)
21. September	Unabhängigkeitstag
8. Dezember	Mariä Empfängnis
13. Dezember	Tag der Republik
25. Dezember	Weihnachten

Ostermontag, Pfingstmontag und der 2. Weihnachtstag sind auf Malta keine Feiertage.

rückhaltung, auch in der Kleidung am Strand, zu empfehlen: Malta ist ein streng katholisches Land.

Gärten

Buskett Gardens, südlich von Verdala Palace gelegen, ist die größte öffentliche Parkanlage Maltas, mit Orangen- und Zitronenhainen (s. S. 144). *St. Anton's Garden* bei Attard besitzt viele seltene Pflanzen und sehr alte, riesige Gummi- und Drachenbäume (s. S. 135). Die Gartenanlage *Upper Barraccas* in Valletta bietet unvergleichliche Ausblicke über den Grand Harbour und ist vom City Gate in wenigen Minuten zu erreichen (s. S. 105).

Folgt man von hier der St. Barbara Bastion und dem Castle Curtain entlang dem Festungsgürtel Vallettas, so kommt man auf den *Lower Barraccas* zu einem anderen schönen, baumbestandenen Aussichtspunkt über den Mauern mit der Sicht auf den Grand Harbour (s. S. 107). Links vom City Gate innerhalb der Stadt ist *Hastings Gardens* zwischen *St. John's Bastion* und *St. John's Cavalier* eine dritte, jetzt der Erholung dienende Grünanlage (s. S. 106).

Frauen allein unterwegs

Ohne Bedenken können Frauen allein größere Ausflüge und Spaziergänge unternehmen. Man belästigt sie nicht, man ist nur höflich und freundlich. Trotzdem ist Zu-

---

Geld/Währung/Umtausch

Malta hat eine **Dezimalwährung;** 1 Maltesisches Pfund = 100 cents; 1 cent = 10 mils. Es gibt Münzen zu 2, 3 und 5 mils, zu 1, 2, 5, 10, 25 und 50 cents, und Scheine zu 1, 2, 5,

KURZINFORMATIONEN VON A–Z

10 und 20 Pfund. (In der Praxis ist Kleingeld überall knapp, besonders in den Bussen, wo die Strecken nur 3–10 cents kosten. Häufig ist es schon schwierig, 1 Pfund zu wechseln.)

Geld sollte man vorzugsweise in Banken **umtauschen** (Hotels legen einen ungünstigeren Kurs zugrunde). Die Banken sind nur vormittags geöffnet: 1. Oktober bis 14. Juni: Mo–Fr 8.30–12 Uhr, Sa 8.30–11.30 Uhr; 15. Juni bis 30. September: Mo–Fr 8–12 Uhr, Sa 8–11.30 Uhr. An Sonn- und Feiertagen sind alle Banken geschlossen, die kleineren auch samstags.

Geldumtausch außerhalb der offiziellen Schalterstunden: Bank of Valletta (Valletta, Republic Street und Sliema, The Strand): 15. Oktober bis 14. Juli Mo–Sa 15–18 Uhr, 15. Juli bis 14. Oktober zusätzlich in St. Julian's, Bugibba und St. Paul's Bay Mo–Sa 16–19 Uhr.

Für An- und Abreisende sind die Zweigstellen der Bank of Valletta und der Mid-Med Bank am Flughafen Luqa ganzjährig rund um die Uhr geöffnet.

Euroschecks werden bis zur Höhe von 60 Pfund eingelöst, an Samstagen nur bis maximal 50 Pfund. Der Eintausch von Bargeld ist jedoch bequemer, weil formloser; daher sollte man einige Hundert- und Fünfzigmarkscheine extra bei sich haben.

Kreditkarten: Viele Geschäfte, Hotels und Restaurants akzeptieren die gängigsten Kreditkarten (American Express, Diners Club, Eurocard, Mastercharge, Visa).

Wechselkurs: Der Umtausch auf Malta ist günstiger als in Deutschland; der Tageskurs hängt bei allen Banken aus.

Gozo-Fähre

Ein Fährschiff für Personen und Kraftfahrzeuge verkehrt mehrmals täglich (in der Hauptsaison etwa stündlich) zwischen Malta (Anlegestelle Ċirkewwa) und Gozo (Mġarr). Da die Fähre selbst im Winter oft überfüllt ist, sollte man frühzeitig an der Anlegestelle sein. Kraftfahrzeuge werden in der Reihenfolge des Eintreffens eingeschifft, Reservierung ist nicht möglich. Eine Fahrt kostet pro Person etwa DM 3,–, Kfz DM 12,–, Wohnwagen DM 20,–.

Informationsadressen: Gozo Channel Co. Ltd., Ċirkewwa (Malta), ∅ 571884, auf Gozo: ∅ 556114

Kartenmaterial

Die fast überall auf Malta angebotene Karte »The Maltese Islands« ist recht veraltet und bringt nicht die schönen neuen Hauptstraßen über die Insel. Ausgezeichnet dagegen ist die auch von vielen deutschen Reisegesellschaften gratis mit der Buchung ausgegebene »Hildebrand's Urlaubskarte«, die zudem noch zahlreiche nützliche Informationen (Stadtpläne, Straßenverzeichnisse usw.) liefert.

Kleidung

Trotz des typisch mediterranen Klimas brauchen Sie zu jeder Jahreszeit einige warme Sachen, schon wegen der Nächte und des Windes auf den baumarmen Inseln.

Museen

In Valletta ist das bedeutendste das *Archäologische Nationalmuseum,* das alle Funde der Prähistorie und der Antike enthält. Geöffnet 1. Oktober bis 15. Juni Mo–Sa 8.30–16.45 Uhr, So bis 16 Uhr; 16. Juni bis 30. September Mo–Sa 8–14 Uhr. An Feiertagen geschlossen. Lohnend auch das *Museum of Fine Arts* mit Bildern einheimischer Künstler (Öffnungszeiten s. oben).

In Rabat: die *Römische Villa* (geöffnet wie oben).

In Mdina: das *Erzbischöfliche Museum* bei der Kathedrale (geöffnet Mo–Sa 9.30–13 und 14–17.30 Uhr) und das *Naturhistorische Museum* im Vilhena Palace (Öffnungszeiten wie Archäologisches Nationalmuseum in Valletta). Auch das *Normannische Haus,* ein Privatpalais mit vielen Kostbarkeiten, ist sehenswert (geöffnet Mo, Mi, Fr 9–12.30 und 14–16 Uhr).

Auf Gozo sollte man das schöne kleine *Archäologische Museum* in der Casa Bondi, dicht bei der Kathedrale von Victoria, nicht auslassen. Geöffnet: 16. Juni bis 30. September 8.30–13.30 Uhr, 1. Oktober bis 15. Juni 8.30–13 und 14–16.30 Uhr.

Die meisten Museen haben **Eintrittspreise** von 1–2 DM pro Person. Sie sind an Feiertagen geschlossen.

Notfallrufnummern

Malta:
Unfall/Krankheit: ✆ 96

Krankenhaus: St. Luke's Hospital
✆ 621251/607860
Polizei: ✆ 991
Feuerwehr: ✆ 999

Gozo:
Unfall/Krankheit: ✆ 556851
Krankenhaus: Craig Hospital ✆ 556851
Polizei: ✆ 556011/556430
Feuerwehr: ✆ 55

Öffnungszeiten

Hauptpost (Merchants Street, Valletta): im Sommer Mo–Sa 8–18.30 Uhr, So 7.30–18 Uhr, im Winter täglich 7.30–18 Uhr.

Die meisten *Geschäfte:* Mo–Fr 9–13 und 16–19 Uhr, Sa bis 20 Uhr. *Apotheken:* 8.30–13 und 15–19 Uhr, So besteht ein Notdienst (s. Zeitung) bis 12.30 Uhr. *Restaurants, Bars* und *Cafés:* etwa 9–1 Uhr.

Photographieren

Auf Malta erhalten Sie alle gängigen Filmmarken, doch sind sie wesentlich teurer als in Deutschland, so daß die Überlegung lohnt, ob man sich nicht zu Hause eindeckt.

Polizei

Das Polizeihauptquartier befindet sich in Floriana. Anfragen: ✆ 224001, bei Unfäl-

KURZINFORMATIONEN VON A–Z

len: ∅ 991. Alle größeren Orte auf Malta unterhalten Polizeidienststellen.

Das Hauptquartier auf Gozo ist in Victoria, Republic Street 113, ∅ 556430/ 556011.

Der maltesische Fernsehsender, Xandir Malta, sendet einen Teil seines Programms in Englisch und bringt viele englische und amerikanische Filme. Außerdem kann man auf Malta die Programme der italienischen Fernsehsender empfangen.

Post

Postdienststellen gibt es in allen größeren sowie den meisten kleineren Orten; die Öffnungszeiten sind unterschiedlich. Hier die wichtigsten in den touristischen Gebieten: *Valletta*, Merchants Street (geöffnet im Sommer Mo–Sa 8–18.30, So 7.30–18 Uhr; im Winter täglich 7.30–18 Uhr); *St. Julian's,* Wilga Street 21/1; *Bugibba/Qawra*, Islets Promenade; *Sliema*, Manwel Dimech Street.

Auf Gozo: *Victoria*, Racecourse Street 129; *Mġarr*, St. Anthony Street.

Postgebühren:

Inland: Briefe 3 cents bis 30 Gramm; jeweils 1 cent mehr für weitere 30 Gramm; Postkarten 3 cents.

Europäisches Ausland: Briefe 8 cents bis 50 Gramm, 11 cents bis 100 Gramm; Postkarten 7 cents.

Radio, Fernsehen

Die Deutsche Welle sendet täglich um 15 Uhr MEZ. Ihre Sendungen sind am besten auf Mittelwelle, 1557 kHz, zu empfangen.

Sport

An erster Stelle steht jegliche Art von *Wassersport:* Tauchen, Windsurfen, Baden, Wasserski, Meeresangeln und Segeln.

Segelregatten werden von April–November durchgeführt. Im ›Valletta Yacht Club‹ am Couvre Porte werden auch Mitglieder auf Zeit aufgenommen.

In zahlreichen *Surfschulen* kann man neben dem Unterricht auch die verschiedensten Surfbretter leihen. Der Wochenpreis beträgt ca. DM 200,-. Wer mit dem eigenen Surfbrett anreist, muß lediglich die Wiederausfuhr garantieren. Vorausreservierung unbedingt erforderlich.

Wer *tauchen* möchte, benötigt eine maltesische Tauchkarte (Diving Card). Sie wird nur an Personen über 14 Jahre ausgestellt, die Tauchqualifikation Klasse CMAS oder VIT (2 Sterne) nachweisen können. Ausstellung durch: Department of Health + Environment, Kalafrana, Malta. ∅ 00356/ 226100.

Sie dürfen überall *angeln,* dagegen ist *Unterwasserfischen* absolut verboten, um die Meeresfauna zu schonen. *Schnorcheln* ist erlaubt, es gibt dafür auch richtige Tauchkurse und Leihmöglichkeiten für die Ausrüstung, speziell in St. Julian's Bay, St. Paul's Bay und Mellieħa Bay. Schnorcheln ist aber auch in Golden Bay und St. George's Bay möglich.

Daß Sie zum *Segeln* alles Nötige leihen können, versteht sich auf Malta von selbst. Im ›Malta Yachting Centre‹ (Manoel Island Bridge, Gzira) erfahren Sie alles Wissenswerte.

Baden ist überall erlaubt. Es gibt keine Gezeiten. Zwischen Mai und Oktober beträgt die durchschnittliche Wassertemperatur 22 °C.

Über 20 Hotels verschiedener Kategorien verfügen über *Tennisplätze*. Der ›Marsa Sports Club‹ bietet neben 18 erstklassigen Plätzen auch Tenniskurse für Anfänger und Fortgeschrittene an.

Montag, Mittwoch und Samstag wird im ›Marsa Sports Club‹ zwischen Mitte September und Mitte Juli *Polo* gespielt.

Der einzige *Golfplatz* in Malta wird vom Golfclub unterhalten. Der Platz hat 18 Löcher (4930 m und Par 68) und liegt ebenfalls im ›Marsa Sports Club‹. Schläger und Bälle können ausgeliehen werden, ein ständiger Pro steht zum Training zur Verfügung.

Reitschulen in Marsa, Naxxar, Qawra und Mellieħa Bay erteilen individuellen Unterricht für Anfänger und Fortgeschrittene. Man kann auch Pferde mieten.

Von Ende Oktober bis Mitte Mai veranstaltet der ›Marsa Sports Club‹ jeden Sonntagnachmittag *Pferderennen*. Überwiegend Trab-, gelegentlich auch Galopprennen.

Wenn Sie für die Dauer Ihres Aufenthaltes einem *Sportclub* beitreten wollen, bietet sich der ›Marsa Sports Club‹ (Marsa/Vorort von Valletta) an. Sie können dort tage- oder wochenweise Mitglied werden und Tennis, Squash, Polo, Golf, Cricket u. a. spielen. Die Einrichtung verfügt über Clubhaus und Restaurant sowie Swimmingpool. Mitgliedsbeitrag: ca. DM 13,– pro Tag oder DM 65,– pro Woche. Information: ☏ 624251/603464.

Sprache

Die Bewohner des Malteser Archipels gehören der semitischen Volksgruppe an und sprechen eine semitische Sprache, die sich aus dem Phönizisch-Punischen herleitet und im 9. Jahrhundert arabische Elemente aufgenommen hat, seltsamerweise jedoch kaum aus den langen Zeiten römischer und byzantinischer Besetzung und der Ordensherrschaft wesentliche Sprachreste bewahrte. Obwohl die Bevölkerung streng katholisch ist, stammen auch Traditionen aller Art (z. B. im Hausbau) nicht aus dem nördlichen, sondern aus dem südlichen und östlichen Mittelmeerraum. Natürlich sind in den letzten Jahrhunderten auch Lehnwörter aus dem Französischen, dem Englischen und dem nahen Sizilien in das ›Malti‹ eingedrungen.

Machen Sie also gar nicht erst den Versuch, etwas Maltesisch zu lernen. Er wäre zum Scheitern verurteilt. Außerdem können Sie sich überall, es sei denn auf entlegenen Bauernhöfen oder mit Hirten, auf Englisch oder Italienisch verständigen. Der englische Wortschatz ist bei dem Mann auf der Straße allerdings beschränkter, als man gewöhnlich annimmt. Die italienischen Fernseh- und Rundfunksendungen haben dazu geführt, daß die Kenntnis des Italienischen von Jahr zu Jahr wieder zunimmt.

KURZINFORMATIONEN VON A–Z

Man muß jedoch schon ein bißchen von der maltesischen Aussprache wissen, um die Orte und Sehenswürdigkeiten, die man erreichen will, für jeden verständlich zu bezeichnen. Daher geben wir hier einige Aussprachehilfen:

Aw wie au
ċ wie tsch
g wie g
ġ wie dsch, demnach Ġgantija = Dschgantija, mit Betonung des i
għ in Verbindung mit Vokalen verschieden: *għa wie gedehnt aa,* Għar Dalam also Aar Dalam
għi als Umlaut wie ei, *għu* als Umlaut wie ou
h stumm
ħ ausgesprochen, gehaucht
ie gedehntes i wie im Deutschen ie
j wie j
k wie k
q dem k ähnlich, doch rauh, ähnlich einem a mit folgendem ch, Ħaġar Qim also Hadschar Chim
x wie sch, also Xagħra = Schara und Tarxien = Tarschien
z wie z, also Gozo = Gozo
ż wie weiches s, also Żurrieq = Surriek
aj wie ai, also Mnajdra wie Mnaidra
ej wie ei

Alle Straßennamen und offiziellen Aufschriften sind englisch und maltesisch angegeben. Zur Aussprache der Ortsnamen siehe das Ortsregister.

Stromversorgung

Die Netzspannung auf den Maltesischen Inseln beträgt 240 Volt. Da die deutschen Normstecker nicht in die dreipoligen maltesischen Steckdosen passen, ist ein Adapter (mitbringen oder vor Ort kaufen) erforderlich.

Telefon

Malta und Gozo haben Übersee-Telefonverbindung mit der ganzen Welt (Überseeamt: ∅ 994, von Gozo aus: ∅ 894). Die Mehrzahl der europäischen Länder sind jedoch im Selbstwähldienst zu erreichen.

Vorwahlen ab Malta:
– in die Bundesrepublik Deutschland: 049
– nach Österreich: 043
– in die Schweiz: 041

Nach der Vorwahl wird die erste 0 der Ortsvorwahl weggelassen (also für München statt 089 nur 89 gewählt).

Auslandsgespräche kosten in den maltesischen Hotels zwei- bis dreimal so viel wie in den öffentlichen Telefonzellen, die man Ihnen auf Anfrage höflich nachweist.

Sonntags sowie zwischen 21 Uhr und 8 Uhr sind Telefonate um 25 % billiger.

Wichtige Rufnummern:

Telefonauskunft Inland	990
Zeitansage	995
Hauptpostamt	224421
Flugauskunft	623455/6/7/8
Wasserwerke	221901
Elektrizitätswerke	224097
National Tourist Organisation	224444
Fähre nach Gozo	571884

Telegramm

Auf Malta hat die Telemalta Corporation, St. George's Road, St. Julian's, einen 24stündigen Telegrammdienst eingerichtet. Telefonische Telegrammaufgabe: ✆ 33 40 42 (Gozo ✆ 83 40 42); Anfrage nach eingegangenen Telegrammen: ✆ 33 40 45 (Gozo ✆ 83 40 45).

Unterkunft

Die Maltesischen Inseln bieten Unterkunft in Hotels, Pensionen, Ferienwohnungen, Bungalows mit Selbstverpflegung u. dgl. Jährlich gibt das Fremdenverkehrsamt von Malta in Frankfurt eine Broschüre über Hotels und Pensionen mit offizieller Klassifikation und verbindlichen Preisen heraus. Vollständige Liste der touristischen Einrichtungen über National Tourist Organisation of Malta, Harper Lane, Floriana.

Auf Malta gibt es weit über 100 Hotels, die Feriendörfer nicht eingerechnet, und auch Gozo wird von Jahr zu Jahr mehr touristisch erschlossen.

Die großen Hotels liegen fast alle isoliert ziemlich weit von Valletta entfernt, wohin man immer wieder gern zurückkehren wird und das der Ausgangspunkt für alle Fahrten mit öffentlichen Bussen und dementsprechend auch der Mittelpunkt des Straßennetzes ist. (Eine Empfehlung aus der Praxis: Sie sollten nur dann außerhalb von Valletta Quartier nehmen, wenn Sie motorisiert sind.) Durch die Entfernung von der Hauptstadt binden die großen Hotels mit ihren Nebenkosten an Swimmingpool und Bar, mit Nachmittagstee und Getränken nach dem Abendbrot weitgehend an ihr Haus und dessen Preise. Ob man das will oder lieber in *Valletta* selbst oder in *Sliema* wohnt, wo es auch Strand und Swimmingpool gibt, sollte man sich überlegen.

Das *Frühstück* ist gewöhnlich dem englischen angeglichen, also besonders reichlich mit Eiergerichten, gebratenem Fisch oder Würstchen, außerdem mit Toast, Butter und Marmelade, dazu Fruchtsaft und Tee oder Kaffee. Doch beginnt man, auch das billigere, ›kontinentale‹ Frühstück anzubieten, das nur aus Weißbrot, Butter, Marmelade und Tee oder Kaffee besteht. Es ist wichtig zu wissen, welche Art Frühstück im Zimmerpreis eingeschlossen ist; denn danach kann es sich richten, ob man *Halb- oder Vollpension* wählt. Wer Halbpension nimmt, muß sich darüber klar sein, daß er wohl in *Valletta* und *Sliema* Bars, Cafés und kleine Restaurants für Zwischenmahlzeiten findet, außerhalb aber fast ausschließlich teure Hotels diesen Service bieten. Allerdings gibt es an den Swimmingpools, wo viele Gäste den Vormittag verbringen, gewöhnlich eine kleine Bar, die auch Sandwichs, Kekse und dergleichen bereithält. Getrocknete Feigen, Datteln und frisches Obst kann man fast überall der Jahreszeit entsprechend kaufen.

Verkehrsmittel

Busse
Nicht-Autofahrer als Einzelreisende sind auf Malta keineswegs übel dran. Vor dem

KURZINFORMATIONEN VON A–Z/MALTAS BADEBUCHTEN

Stadttor von Valletta ist ein großer Platz – wir haben ihn mit seinem Tritonenbrunnen schon kennengelernt – einzig den Bussen der ca. 60 Linien vorbehalten, die für Groschenbeträge bis in die entferntesten Dörfer der Insel fahren. Die Busse sind meist neu und sauber und fahren ab, sobald der letzte Platz besetzt ist. Müssen Sie umsteigen, werden Ihnen immer gleich mehrere Mitreisende behilflich sein wollen, vom Schaffner ganz abgesehen.

Nach Vororten wie Sliema verkehren Busse im Abstand von wenigen Minuten. Ansonsten variieren die Wartezeiten zwischen einigen Minuten und einer halben Stunde. Größere Orte werden bis gegen 23 Uhr angefahren, kleinere bis gegen 21.30 Uhr.

Wegen der häufigen Fahrplanänderungen ist es wenig sinnvoll, an dieser Stelle Streckennummern aufzuführen. Am besten holen Sie sich den neuesten Busplan im Informationsbüro unter den Kolonnaden links hinter dem Citygate in Valletta. Außerdem erscheint er alle 14 Tage in seiner aktuellen Version im Heftchen »What's on in Malta and Gozo«, das für 15 cents in Buchhandlungen und Souvenirläden erhältlich ist.

Busfahren auf Malta ist recht billig. Beim Umsteigen muß stets neu bezahlt werden, was angesichts des ständigen Kleingeldmangels bei Schaffnern und Fahrgästen sehr lästig ist.

Auf **Gozo** verkehren die Busse nicht so regelmäßig wie auf Malta. Die meisten Busrouten treffen sich am Busbahnhof in der Main Gate Street in Victoria, wo auch der Fahrplan angeschlagen ist. Die Hauptbuslinien verbinden Victoria mit Mġarr (Anlegestelle der Fähre von Malta) und, im Sommer, mit Marsalforn und Xlendi.

Mietwagen

Bei einem Malta-Urlaub lohnt sich die Überführung des eigenen Wagens finanziell nicht. Wer also von Pauschalarrangements und öffentlichen Verkehrsmitteln unabhängig Malta erkunden möchte, kommt am besten mit einem Mietwagen weg; Autofahrern, die außerhalb von Valletta Quartier nehmen, ist er sowieso dringend angeraten.

Mietwagen gibt es ab DM 30,- pro Tag inclusive Kilometerpauschale und Versicherung. Die Preise und Mietbedingungen unterliegen staatlicher Kontrolle. Wochen- und Monatsarrangements sind besonders preisgünstig.

Auch wenn man nicht jeden Tag größere Strecken fährt, lohnt sich das wochenweise Anmieten, denn die örtlich veranstalteten Gruppenreisen kommen in jedem Fall teurer und sind überdies unerfreulich, weil sie die erste und die letzte Stunde jedes Ausflugs mit langen Fahrten durch die häßlichsten Straßen zubringen, um alle ihre Gäste in den verschiedenen Hotels der Insel abzusetzen. Die dadurch verlorene Zeit wird durch eine wahre Besichtigungshetze (10 oder 15 Minuten für jede Sehenswürdigkeit) eingeholt. Dies gilt natürlich nicht für die ganz von deutschen Reiseunternehmen durchgeführten Bildungsreisen, die ein geschlossenes Programm haben, sondern nur für die örtlichen Veranstalter.

Autoverleihfirmen gibt es in allen größeren Orten auf Malta und Gozo. Auch Hotels vermitteln Mietwagen.

Um einen Wagen zu leihen, muß man mindestens 25 Jahre alt sein (Höchstalter 70 Jahre). Bei Abschluß einer Vollkaskoversicherung kann man bereits mit 21 Jahren einen Wagen mieten. An Papieren wird die grüne Versicherungskarte sowie ein beglaubigter Führerschein verlangt (Beglaubigungen kostenlos im Polizeipräsidium in Floriana und im Police Licencing Office, Lascaris Wharf, Valletta).

Lassen Sie das Mietfahrzeug überprüfen, damit Sie nicht plötzlich weitab von Telefon, Werkstatt und Helfern in der Einöde steckenbleiben.

Taxi

Man erkennt Taxen an ihrem roten Nummernschild und dem Buchstaben ›Y‹ vor den schwarzen Ziffern. Taxifahren ist verhältnismäßig teuer auf Malta. Alle Wagen sind mit Taxameter ausgerüstet (Achen Sie darauf, daß diese auch angestellt werden!). Am Flughafenausgang hängen die staatlich festgesetzten Kilometergebühren aus.
   Taxistände findet man am Flughafen Luqa, in Valletta an Citygate und Palace Square und in Sliema an der Promenade. In Gozo stehen Taxen am Hafen Mġarr und am It-Tokk Square in Victoria.

Für ganz- oder halbtägige Ausflüge im Taxi handelt man vorher Route, Wartezeiten und Preis aus. Ein Trinkgeld von 10 % gilt als üblich.

Zeit

Die maltesische Ortszeit entspricht der MEZ, ist also sommers wie winters gleich der Ortszeit in der Bundesrepublik Deutschland.

Zeitungen

Es gibt eine Tageszeitung in Englisch (»The Times«) und drei Wochenmagazine (»The Weekend Chronicle«, »The Democrat« und »The Sunday Times«). In Zeitungskiosken und Schreibwarengeschäften sind ferner Zeitungen und Zeitschriften aus diversen Ländern, u. a. Deutschland, erhältlich.

Anhang: Maltas Badebuchten und ihre Umgebung

Heute finden Sie an allen zum Baden geeigneten Stränden Hotels, Restaurants und Sportmöglichkeiten. Als besonders gute Badeplätze gelten die Strände von *Golden Bay, Għain Tuffieħa, Paradise Bay, Gnejna Bay* und *Mellieħa Bay*. Da die Nordwestküste nicht wie die Südostküste mit ihren Fischerhäfen die Buchten besetzt hält oder steil ins Meer abfällt wie bei den Dingli-Klippen, entstanden an ihren flachen Buchten oft gute Sandstrände.
   Sliema gilt zwar als Badeort, hat jedoch nur einige den Hotels gehörende kleine Felsstrände und Seewasser-Swimmingpools, dafür aber eine sehr lange, schöne Strandpromenade, und es empfiehlt sich durch die gute und schnelle Verbindung nach Valletta und eine Fülle von Restaurants und Geschäften.
   St. George's Bay, klein, aber recht beliebt, bietet schon Sportmöglichkeiten aller Art, Cafés u. dgl.

MALTAS BADEBUCHTEN / LITERATURHINWEISE

Salina Bay, etwas weiter nördlich gelegen, hat bereits in Urzeiten die Insel mit Salz versorgt, wie die bronzezeitlichen Gleitkarrenspuren, die jetzt ins Meer münden, bezeugen. In der weiten **St. Paul's Bay** stehen dann schon Ferienhäuser für Einheimische und Fremde bereit. Hier soll im Jahre 60 der Apostel Paulus, an eine Planke geklammert, schwimmend die eine der beiden vorgelagerten Inseln erreicht haben und von den Maltesern freundlich aufgenommen worden sein (s. S. 19). Auf der Felsenklippe erinnert ein 12 m hohes Denkmal an den Apostel, der als Gefangener auf dem Transport nach Rom hier strandete.

Nördlich der St. Paul's Bay liegt weithin sichtbar der schön gegliederte Bau des *Selmun Palace,* ein Werk des berühmten Domenico Cacchia aus dem 18. Jahrhundert. Lange kaum beachtet und vernachlässigt (obwohl mit seiner harmonischen Fassade eine der vollkommensten Schöpfungen dieses Jahrhunderts auf den Inseln), ist er jetzt einem vor wenigen Jahren eröffneten Hotelkomplex angegliedert und so in die Sehenswürdigkeiten Maltas einbezogen worden. (Besichtigung nur samstags ab 14 Uhr; Abb. 98). Ein Hügelrücken trennt die St. Paul's Bay von der benachbarten Mellieħa Bay und dem gleichnamigen Städtchen, das von einer eindrucksvollen Barockkirche aus dem 18. Jahrhundert überragt wird. Sie birgt in einer kleinen Kapelle aus dem 4. Jahrhundert ein Marienbildnis, das wohl später entstand, aber hohe Verehrung genießt, weil es als Werk des Apostels Lukas gilt. Aus dem gleichen rötlichen Korallenkalkstein wie die Kirche ist schon 1649 der nahe *Red Tower,* einer der Wachttürme um Maltas Küsten, vom Johanniterorden erbaut worden (Abb. 99). Erwähnenswert sind in Mellieħa noch die Troglodytenwohnungen in einer Felswand, die dem Ort gegenüber liegt.

An der *Nordküste,* die Comino und Gozo gegenüberliegt, und wo von Ċirkewwa die Fähre nach Gozo abgeht, dürfte Marfa Bay schon wegen seines Hotels die empfehlenswerteste der kleinen Badebuchten sein.

An der *Westküste* reihen sich dann Paradise, Anchor, Golden und Gnejna Bay mit besonders guten Stränden. Ein Curiosum: In der *Anchor Bay* erwartet Sie eine Überraschung. Ein amerikanisches Filmstudio hat hier in der Einsamkeit der Steilküste vor einigen Jahren ein *neufundländisches Fischerdorf* mit 16 Häusern, Kirche und Friedhof für seine Aufnahmen aufbauen lassen, das mit seinem schwarzen, nur langsam verwitternden Holz noch jahrelang zu sehen sein dürfte.

Literaturhinweise

Bradford, Ernle: *Kreuz und Schwert. Der Johanniter-Malteser Ritterorden,* Berlin 1972
Bradford, Ernle: *Der Schild Europas,* Tübingen 1976
Evans, John D.: *Malta,* Köln 1963
Hughes, Quentin: *Malta,* München 1972
Hughes, Quentin: *The Buildings of Malta during the period of the Knights of St. John of Jerusalem 1530–1795, London 1967*
Kümmerly, Walter (Herausgeber): Malta, Insel der Mitte, Kümmerly & Frey, Bern 1965
Lewis, Harrison: *Ancient Malta. A Study of its Antiquities,* Colin Smythe, Gerrards Cross, Bucks, England, 1977
Overhoff, Julius: *Wintertage auf Malta,* Landau i. d. Pfalz, 1979
Peterich, Eckart: *Italien,* Bd. 3, München 1963
Probst, Ulrich: *Das Regierungssystem der Republik Malta. Die Zeit von 1976 bis zur Gegenwart,* (tuduv-Verlagsgesellschaft) München 1980
Reden, Sibylle von: *Die Megalith-Kulturen,* Köln 1979
Ridley, Michael, *The Megalithic Art of the Maltese Islands,* The Dolphin Press, Link House, West Street, Poole, Dorset, 1971 and 1976
Trump, D. H.: *Malta: An Archaeological Guide,* London 1972
Weimert, Franck: *Malta kennen und lieben,* Lübeck 1973
Zammit, T.: *The Copper Age Temples. Tarxien Malta,* Malta 1980
Zeitschrift DU, 26. Jahrg., März 1966, Atlantis-Verlag, Zürich (Malta-Heft)

Nachweis der Abbildungen

Farbtafeln

Wolfgang Müller, Oberried: Umschlagvorderseite, Umschlagklappe vorn, Umschlagrückseite; Farbt. 1–16, 18, 20–24
Zentrale Farbbild Agentur GmbH, Düsseldorf: Farbt. 17, 19

Schwarzweiß-Abbildungen

Gunda Amberg, Gröbenzell: Abb. 15, 91
Fremdenverkehrsamt Malta, Frankfurt/M.: Abb. 5, 6, 68, 116
Dr. R. Goldammer, Meckenheim: Abb. 1–4, 8–11, 13, 16–21, 25–29, 33, 38, 39, 44–70, 72, 73, 75, 76, 79, 80, 83, 84, 86–90, 92–95, 97–101, 103–113, 115
Stefan Herpin, Köln: Abb. 22–24, 114
Herzog August-Bibliothek, Wolfenbüttel: Abb. 7, 12
G. Mairani, Mailand: Abb. 14
Nach: John D. Evans, *Malta*, Köln 1963: 30–32, 34–37, 40–43, 71, 74, 77, 78, 81, 83, 85, 96, 102

Abbildungen im Text

Arnold Heiderich, Köln: Abbildungen auf den Seiten 2, 8, 11, 12, 15, 32, 35, 134, 143, 171, 173, 175, 176, 178, 181
Herzog August-Bibliothek Wolfenbüttel: Abbildungen auf den Seiten 68, 70, 72
Nach: Quentin Hughes, *The Buildings of Malta*, London 1967: Abbildungen auf den Seiten 99, 101 unten, 103, 104, 105, 110
Nach: John D. Evans, *Malta*, Köln 1963: Abbildungen auf den Seiten 26, 27, 29, 30, 31, 37, 39, 111, 130, 131, 133, 141, 142, 177, 179, 180
Nach: D. H. Trump, *Malta*, London 1972: Abbildung auf der Seite 139
DuMont Buchverlag: Pläne auf den Seiten 109, 136, 188 und in den Umschlaginnenklappen

---

Adressen, Telefonnummern und Bestimmungen aller Art können sich aus den verschiedensten Gründen manchmal rasch ändern. Wir bitten dafür um Ihr Verständnis. Verlag und Autor sind daher für jeden ergänzenden Hinweis dankbar (DuMont Buchverlag, Mittelstraße 12–14, 5000 Köln 1).

Raum für Reisenotizen

Raum für Reisenotizen

Register

Ortsregister

Einige Aussprachehilfen in eckigen Klammern hinter dem Namen

Ägäis 34
Akkon 42, 43
Alexandria 45
Algier 67
Amalfi 42
Anatolien 13
Anchor Bay 212
Äolische Inseln 14, 178
Aquädukt bei Attard 73, **135**; *Abb. 45*
Attard 135
– Marienkirche 183
Augusta 75

Baħrija [Baríja] 17, 41
Bari 42
Bay of Qawra (Gozo) **191**
– Qawra Tower 191; *Abb. 70*
Birgu s. **Vittoriosa**
Birkirkara 20, **182 f.**
– Church of the Assumption 73, **182,** 183; *Abb. 89, 90*
– St. Helen 74, **183**
Birżebbuġa [Bírsebbúdscha] 178, 180
Blaue Grotte s. Wied-iż-Żurrieq
Blaue Lagune 192
Borġ-in-Nadur (Bordsch-in-Nadúr) 17, 41, 170, 178, 179; *Abb. 83, 86; Fig. S. 179*
Buskett Gardens 144, 203

Chania 46
Ċirkewwa 212
Comino 9, 46, 185, **192, 199 f.**
Cominotto 186, 192

Cordes 170
Corradino-Höhen 28
Cospicua 112
Cottonera 112

Damiette 45
Dingli-Klippen 144, **169 ff.**
– Sog. ›Karrenspuren‹ **169 ff.,** 179; *Abb. 67; Fig. S. 171*

England s. Großbritannien

Famagusta 43
Filfla 175
Floriana 74, 98, **108**
– Getreidespeicher 108; *Abb. 16*
– Phoenicia Hotel 98, 108
– St. Publius 74, 108; *Abb. 17*
Fort Chambray (Gozo) 80, **191**
Fort Ricasoli 80
Frankfurt 43
Frankreich 77, 80
Fungus rock (Pilzfelsen; Gozo) 75, 191

Gaulos (= Gozo) 18
Genua 77
Ġgantija [Dschgantíja] (Gozo) 25, 26, 27, 28, 29, **31 ff.,** 38, 41, 131, 132, 184, **185 ff.,** 189, 190; *Farbt. 22, 23; Abb. 102–106; Fig. S. 31, 32*
Għain Tuffieħa [Ain Tuffíeha] 184, 211
Għarb [Arb] (Gozo) **191**
Għar Dalam [Aar Dalám] 13 f., 29 f., 41, **177 f.,** 183, 184; *Abb. 81, 85; Fig. S. 178*
Ġneja Valley 184

217

ORTSREGISTER

Gnejna Bay 182, 184, 211, 212
Golden Bay 182, 184, 211, 212
Gozo 9, 10, 23, 31 ff., 46, 67, 75, **185 ff.**, 200;
Farbt. 21–24; Umschlagrückseite, Abb.
102–106, 114–116
Gozo-Fähre 185, **204**
Großbritannien 11, 22 f., 72

Ħaġar Qim [Hádschar Chím] 27, **33 ff.**,
173 ff.; *Farbt. 17, 18; Abb. 71–77; Fig. S. 2*
Ħal Saflieni siehe Hypogäum
Ħal Tarxien [Al Tarschíen] 12, 16, 28, 34,
36 ff., 39, 41, 100, 106, **112**, **129 ff.**, 132, 174,
179, 186, 187; *Farbt. 15, 16; Abb. 25–39;*
Fig. S. 37, 130, 131, 133
– Plan 111
Hamrun 108
Hypogäum von Ħal Saflieni [Al Saflíeni] 34,
38 ff., 41, 100, 106, **132 f.**, 140, 142, 176, 187;
Abb. 40–44; Fig. S. 39, 133

Inquisitor's Palace (im Girgenti Valley) **144**;
Abb. 64, 65
Italien 17, 76, 178, 183

Jerusalem 42, 43, 45, 137

Kalabrien 17, 21
Kalypso-Grotte (Gozo) **190**
Karthago 17, 18
Konstantinopel 67, 73
Kordin 27, **29**; *Fig. S. 29*
Krak des Chevaliers 42
Kreta 39 f., 129, 187
Kykladen 30

Lepanto 75, 76
Lipari 16
Luqa Airport 172, 197, 198

Manoel Island 107, 200
Marfa 186
Marfa Bay 212
Marfa Ridge *Abb. 97, 99, 100*
Marsa 68, 112
Marsalforn Bay (Gozo) **190**, 210
Marsaskala 10
Marsaxlokk [Marsaschlók] (früher Marsasci-
rocco) 10, 68, **180**, 181; *Farbt. 14; Fig.*
S. 181

Marseille 42
Mdina 19, 20, 48, 65, 67, 110, 134, **135 ff.**;
Farbt. 8–12; Umschlagvorderseite; Abb.
47–56
– Erzbischöfliches Museum 74, **137 f.**, 205;
Abb. 50–52
– Kathedrale St. Peter und Paul 74, **137**;
Farbt. 10–12; Abb. 47, 48 a, b
– Mdina Gate 135; *Farbt. 8*
– Naturhistorisches Museum im Vilhena
Palace 135, 202, 205
– Normannischer Dom (zerstört) 21, **137**
– Normannisches Haus **137**, 138, 205;
Abb. 49
– St. Agathas Kapelle 135, 137
– Stadtplan 136
Melite (= Malta) 18, 139
Melite (= Mdina) 19, 20, 135
Mellieħa [Mellíeha] 185, **212**
– Kirche **212**
Mellieħa Bay 12, 71, 185, 206, 207, 211, 212
Messina 42, 46, 75
Mġarr [Imdschárr] (Hafen von Gozo) 185,
191
Mġarr [Imdschárr] (Ta'Ħagrat [Hadschrát])
26, 27, **30 f.**, 41, **184**; *Abb. 96; Fig. S. 30, 37*
Mnajdra 28, 33, **35 f.**, 39, 130, 173, 174,
175 ff.; *Farbt. 19, 20; Umschlagklappe vorn;*
Abb. 78–80; Fig. S. 35, 175, 176, 177
Monte Sciberras [Schibérras] 48, 72 f., 74
Montmajour 170
Mosta 20, **183**; *Abb. 46*
– Rotunda **183**, 191; *Abb. 91*
Msida 108 f.
Mykene 15, 17, 179

Nadur (Gozo) 74, 191
– Pfarrkirche 191
Naxxar, Dolmen *Abb. 92*
Ninu's Cave (Gozo) 190
Nizza 46

Ogygia (= Gozo) 18, 190

Palästina 14, 42, 178
Paola 38, **112**
Paradise Bay 211, 212
Paris, Louvre 181
Philermo 44

Pietà   108 f.
Porto d'Ercole   102

Qala Hills [Ahla] (Gozo)   170
Qormi [Órmi]   74
Qrendi [Réndi]   33, 173

Rabat   74, 134, 135, 137, **138 ff.**
– Römische Villa   19, 20, 135, **138 f.**, 205;
   Abb. 58–61; Fig. S. 139
– St. Agathas-Katakomben   **142 f.**
– St. Domenic's Convent   181
– St. Pauls-Katakomben   **139 ff.**, 143; *Farbt. 13*
– St. Paul's Church   140
– Stadtplan   136
Ramla Bay   190
Ramleh   45
Red Tower   212; *Abb. 99*
Reggio di Calabria   75, 197
Rhodos   22, 42, 43, 44 ff., 65, 67, 70, 135
– Stadt Rhodos   44, 45
Rom   18, 140, 142
– Pantheon   183
– St. Spirito   74
Römische Bäder   **184**

Salina Bay   12, 170, 212
San Niklaw Bay (Comino)   200
St. Anton's Garden   **135,** *203*
St. George's Bay   110, 180, 207 211
St. Julian's   110; *Abb. 88; Fig. S. 110*
St. Julian's Bay   206
St. Paul's Bay   12, 185, 206, 212
– Paulus-Denkmal   212
Sannat (Gozo)   191
– Hotel Ta'Ċenċ [Ta Tschentsch]   191
Santa Venera   188
Sardinien   76
Selmun Palace   74, 185, **212;** *Abb. 98*
Senglea   48, 68 ff., 110; *Fig. S. 70*
– Fort St. Michael   48, 68 ff., 110; *Abb. 7, 20,*
   21
Siġġiewi [Sidschíwi]   74
Sizilien   13, 14, 15, 16, 18, 19, 21, 30, 75, 76,
   135, 178, 183
Skorba   27, **29 f.,** 41, **183 f.;** *Abb. 93, 94*
Sliema   98, 107, **110,** 185, 211; *Abb. 22–24*
Spanien   19, 22
Syrien   14, 42, 178

Ta'Ħagrat   s. Mġarr
Ta'Pinu, Wallfahrtskirche (Gozo)   **191**
Ta Qali [Ta Ali]   200 f.
Tannenberg   43
Tas-Silġ [Tas Síldsch]   **180 ff.**
– Astarte-Tempel   180
– Juno-Tempel   180
– Melkart-Tempel   180, 181
Tortosa   43
Tripolis   46, 48, 67, 69
Tunis   20, 67, 77

Ungarn   73

Valletta   10, 16, 20, 22, **71 ff.,** 74, 76, 78, 80,
   98 ff., 135, 201, 203, 209, 210; *Farbt. 1, 3–5,*
   7; Abb. 2, 5, 6, 8–15
– Archäologisches Nationalmuseum
   (= Auberge de Provence)   24, 29 f., 34, 36,
   39, 40, **99 f.,** 133, 174, 177, 179, 181, 187,
   189, 205; *Abb. 30–40, 44, 74, 75, 77, 82–84,*
   94, 95, 109, 110, 112, 113; Fig. S. 99
– Auberge de Castile et Léon   74, **105,** 107;
   Farbt. 7
– Auberge d'Italie   105; *Fig. S. 105*
– Auberge de Provence   s. Archäol. National-
   museum
– Bischofspalast   73
– Bus Terminal (Citygate Terminal)   98, 107
– City Gate (Porta Reale, King's Gate)   73, 98
– Cordina-Café   103, 201
– Fort St. Elmo   48, 68 ff., 72, 99, 107, 108
– Grand Harbour   10, 23, 48, 74, 80, 105, 106,
   107 f., 110, 112; *Farbt. 1, 2; Abb. 5, 18, 20;*
   Fig. S. 68, 109
– Griechisch-orthodoxe Kirche   104
– Großmeisterpalast   73, **103 f.;** *Farbt. 4;*
   Abb. 8–11; Fig. S. 103
– Hastings Gardens   **106,** 203
– Jesuitenkirche   **104**
– Kathedralmuseum   **102**
– Lower Barraccas, Gartenanlage   **107,** 203
– Manoel-Theater   **106**
– Marsamxett [Marsamschétt] Harbour   106,
   110
– National Library   **102 f.**
– National Museum of Fine Arts   **106**
– Ordenshospital (Mediterranean Conference
   Centre)   74, **106 f.;** *Abb. 12*
– Our Lady of Victories   **99**

PERSONENREGISTER

- St. Barbara **99**
- St. James 74
- St. John's Co-Cathedral (Johannis-K.) 73, 76, **100 ff.**, 103, 137; *Abb. 6, 13, 14, 15; Fig. S. 101*
- St. Paul's Church 105, 106
- St. Paul-Kathedrale 106
- Stadtplan: in der hinteren Umschlagklappe
- Tritonenbrunnen **98**
- Upper Barraccas, Gartenanlage 105, 107, 203

Varennes 77
Venedig 75, 77
Verdala Palace 73, 76, **144;** *Abb. 66*
Victoria (= Rabat) (Gozo) 80, 185, **188 f.**, 198; *Farbt. 21*
- Astarte-Tempel 190
- Casa Bondi (Archäologisches Museum) 24, 185, 187, **189,** 205; *Abb. 106–108, 111*
- Juno-Tempel 190
- Kathedrale 181, **190**
- St. George **188**
- Stadtplan 188
- Zitadelle 189
Viterbo 46
Vittoriosa (früher **Birġu** [Bírdschu]) 48, 65, 68 ff., 74, *110, 112; Farbt. 2; Fig. S. 70, 79*

- Astarte-Tempel 112
- Fort St. Angelo 20, 48, 68 ff., 110, 112; *Farbt. 6; Fig. S. 108*
- Inquisitorenpalast 112
- St. Angelo-Kirche 112

Wachttürme der Johanniter 172, 182, 191, 192; *Abb. 69, 70, 99; Fig. S. 173*
Wied-iż-Żurrieq [Súrrie] **(Blaue Grotte)** 172, 173; *Abb. 68*

Xagħra [Schára] (Gozo) 187, **190**
- Kirche 191
Xemxija [Schemschíja] **26,** 27, 38; *Fig. S. 26*
Xerry's [Schérry's] Cave (Gozo) 190
Xewkija [Schekíja] (Gozo) 191
Xlendi [Schlendi] (Gozo) **191,** 210; *Abb. 114*

Żebbieh [Sebbíe] 183
Żebbug [Sebbúdsch] 10, 26, 41; *Abb. 95; Fig. S. 27*
Żejtun [Seitún] 20, **182**
- St. Catherine 74, 182
- St. Gregory 182
Żurrieq (Súrrie) 172
Zypern 43

Personenregister

Alexander VII., Papst 112
Anjou 21
Aphrodite 39
Araber **20 f.,** 22, 48, 67, 112, 135, 138
Aragon 21, 173
Aristoteles 75
Astarte 18, 39, 180, 190
Attard, Giovanni 73, 135
Aubusson, Pierre d', Großmeister 45
Avicenna 75

Baal 18
Baal Hammon 181 f.
Bachofen, Johann Jakob 25
Barbara, Giovanni 74, 202
Belizar 19

Benediktiner 42
Berber 67, 69 ff., 76
Bonici, Giuseppe 74, 191
Bouillon, Gottfried von 137
Bradford, Ernle 44, 66, 69, 107
Bruch, Karl 171 f.
Byzantiner **19,** 20, 66

Cacchia, Domenico 74, 105, 183, 212
Caraffa, Gregor Großmeister 47
Caravaggio, Michelangelo da 102
Cassar, Girolamo 73, 74, 100, 103, 144, 182
Cassar, Vittorio 73, 182, 192
Cicero 18, 180
Clemens V., Papst 43
Clermont-Gessant, Annet de, Großmeister 47
Cotoner, Nicola, Großmeister 47, 100, 112
Cotoner, Raffael, Großmeister 47, 100, 112

Dalila 139
Despuig, Raymond, Großmeister 47
Deutschritter 43
Dingli, Tommaso 73, 135, 182, 183
Dragut 67, 69, 72, 180
Dürer, Albrecht 137f.

Egger, Herbert 169
Elisabeth I. von England 72
Engländer 11, 21, 192
Euphemia, Hl. 46
Evans, John D. 16, 30, 34, 130, 133, 169, 174, 183, 187

Favray, Antoine de 102
Ferdinand II. der Katholische, von Aragon 22
Ferdinand IV. von Neapel 75
Franzosen 77ff.
Friedlaender, Ludwig 40

Gafà, Lorenzo 74, 100, 137, 140, 189
Gafà, Melchiorre 74
Galenus 75
Garcia, Don, Vizekönig von Sizilien 71
Garzez, Martin, Großmeister 47
Gautier, Théophile 9
Geiserich, Vandalenkönig 19
Georg VI. von England 23
Gerhard, Gründer des Johanniterordens 42, 43, 76
Gessel, W. M. 141
Goya, Francisco de 138
Grazie, H. S. 169
Griechen **18,** 66
Grien, Hans Baldung 138
Grognet, George 183
Große Göttin, Große Mutter 25, 28, 31, 32, 37, 39, 129, 179, 186, 187, 189, 190; *Abb. 29*

Heilige Drei Könige 102
Heinrich VI., Kaiser 21
Herkules 18, 139
Hermes 190
Hippokrates 75
Homedes, Juan de, Großmeister 47, 48
Homer 9, 18, 190
Hompesch, Ferdinand von, Großmeister 47, 78ff.
Hughes, Quentin 74

Innozenz XI., Papst 112
Isabella von Kastilien 22
Issels, Professor 13, 177

Jakob, Hl. 102
Johannes der Täufer 42, 46, 80, 100
Johanniter 21, 22, **42ff.,** 100, 103, 107, 108, 135, 172f., 180, 182, 191, 192, 212
Juan d'Austria, Don 75
Juden 143
Juno 18, 180, 190
Justinian, Kaiser 19

Kalypso 18, 33, 190
Karl V., Kaiser 22, 46, 48, 67
Karl von Anjou 21
Katharina, Hl. 102
Konradin 21
Konstanze, Kaiserin 21

La Cassière, Jean l'Evêque de, Großmeister 47, 74, 76, 100
Laparelli di Cortona, Francesco 72, 73, 103
Lascaris-Castellar, Jean de, Großmeister 47
La Sengle, Claude de, Großmeister 47, 110
La Valette, Jean Parisot de, Großmeister 47, 65, 67ff., 103; *Farbt. 3*
Lewis, Harrison 183
Lindquist, Sune 36
L'Isle Adam, Philippe Villiers de, Großmeister 45f., 47, 48, 110, 142
Ludwig XVI. von Frankreich 73

Mahomet ibn Khafadha 20
Maimuna 189
Mamelucken 45
Manuele, Antonio 189
Melkart 18
Mendez de Vasconcellos, Louis, Großmeister 47
Mintoff, Dom 23
Mohammed II., Sultan 45
Monte, Pierre del, Großmeister 47
Mustafa Pascha 70

Napoleon I. 22, 78ff., 105, 180
Necker, Jacques 77
Normannen **21,** 173

221

PERSONENREGISTER

Ochiali 75
Odysseus 18, 190
Omphale 139
Ostgoten 19, 20

Paule, Antoine de, Großmeister 47, 135
Paulus, Apostel 19, 137, 139 f., 212
Perellos y Roccaful, Raymond, Großmeister 47, 104, 192
Perez d'Aleccio, Matteo 104
Perugino 143
Peter III., d. Gr. von Aragon 21
Peterich, Eckart 9, 102
Philipp der Schöne 43
Phönizier 15, 17, 18, 66, 135, 170, 182, 190
Pinto de Fonseca, Manuel, Großmeister 47, 77, 103, 105
Pinturicchio 143
Piranesi 138
Pius IV., Papst 72, 73, 103
Pommer, Götz 47
Ponte, Pierino del, Großmeister 47
Poussin, Nicolas 102
Preti, Mattia 100, 102, 137, 172, 188
Publius, Statthalter 137, 140
Punier 10, 15, 17, 135, 138, 169, 170, 181 f., 190

Redin, Martin de, Großmeister 47
Rembrandt 138
Roger von Hauteville 21, 112, 137
Rohan-Polduc, Emmanuel de, Großmeister 47, 75
Römer 10, 18 f., 66, 135, 138
Rubens, Peter Paul 102
Rychener, Hans 14

Saint-Clement, Admiral 75
Saint-Jaille, Didier de, Großmeister 47

Sarazenen 20
Sebastian, Hl. 102
Simson 139
Soliman der Prächtige, Sultan 45 f., 67 ff..
Spanier 21 f.
Staufer 21

Taafe, J. 66
Templer 43
Teonge, Henry 74
Theoderich, Ostgotenkönig 19
Trump, D. H. 27, 29, 41, 170, 171, 175, 183, 187
Türken 10, 22, 65, 67 ff., 75, 103, 107, 110, 144, 173

Valenti, Giuseppe 102
Vandalen 19
Venus von Malta 34; Abb. 77
Venus von Willendorf 32, 34
Verdala, Hugues Loubeux de, Großmeister und Kardinal 47, 76, 144
Verres, Statthalter
Victoria, Königin von England 102
Vignoli, Vignolo del 43
Vilhena, Manuel de, Großmeister 47, 106, 135
Villaret, Fulko von, Großmeister 43, 44
Villiers, Johann von, Großmeister 42 f.
Vos, Judocus de 102

Westgoten 19
Wignacourt, Adrien de, Großmeister 47
Wignacourt, Alof de, Großmeister 47, 135, 192; Abb. 14 a

Yimenes de Texada, Francesco, Großmeister 47

Zamnit 184
Zondadari, Marc Antonio, Großmeister 47

Von Ingeborg Tetzlaff erschienen in unserem Verlag:

Griechische Vasenbilder

Die Themen, Symbole, Zweck und Form
Über Kult, Verbreitung und Ausstrahlung
152 Seiten mit 8 farbigen und 107 einfarbigen Abbildungen, Tabelle der Vasenformen, Bildregister (DuMont Taschenbücher, Band 89)

»Ingeborg Tetzlaff beschreibt die Formen und Funktionen der keramischen Kannen, Krüge, Schalen, Becher, Dosen etc., charakterisiert die Themen, die die Vasenmaler bevorzugten, und erläutert die Symbole, die in der Antike allgemein geläufig waren. Ein Buch, das den Blick für eine spezielle Form der antiken Kunst schärft und ohne Bildungshochmut Verständnis weckt.«
Die Welt

Drei Jahrtausende Provence

Vorzeit und Antike, Mittelalter und Neuzeit
328 Seiten mit 46 farbigen und 126 einfarbigen Abbildungen, 144 Zeichnungen und Plänen, 14 Seiten praktischen Reisehinweisen, Glossar und Register (DuMont Kunst-Reiseführer)

»Als Titelbild wurde der Kreuzgang von St. Trophime in Arles ausgewählt, während auf der Rückseite Vincent van Gogh's Ölbild ›Straße mit Zypressen‹ zu sehen ist, das der geniale Künstler 1890 in St. Rémy malte. So ist der Bogen bereits gespannt, zwischen großer Geschichte und richtungsweisender Kunst, die dieser Landschaft an den Grenzen, die in ihrer attraktiven Milde immer wieder die Völker anlockte, sozusagen in den Schoß fielen.
Dies in unaufdringlicher, fern jedes prätentiösen Akademismus, aber kenntnisreich und gar spannungsvoll vermittelt zu haben, ist das Verdienst dieses Buches, das bei allem Sinn für den in unerschöpflicher Fülle vorhandenen Charme dieser Landschaft, keinen narzistischen Impressionismus betreibt, sondern sachlich und stets präzise jene Strömungen nachzeichnet, die den französischen ›Midi‹ so sehr geprägt haben.«
Belgischer Rundfunk

Licht der Provence

253 Seiten mit 14 Farb- und 43 Schwarzweiß-Fotos, Register (DuMont Reiseberichte)

Romanische Engelsgestalten in Frankreich

139 Seiten mit 11 farbigen und 95 einfarbigen Abbildungen (DuMont Taschenbücher, Band 199)

Romanische Kapitelle in Frankreich

Löwe und Schlange, Sirene und Engel
144 Seiten mit 100 einfarbigen Abbildungen (DuMont Taschenbücher, Band 38)

Romanische Portale in Frankreich

Waage und Schwert, Schlüssel und Schrift
139 Seiten mit 104 einfarbigen Abbildungen (DuMont Taschenbücher, Band 56)

DuMont Kunst-Reiseführer

»Kunst- und kulturgeschichtlich Interessierten sind die DuMont Kunst-Reiseführer unentbehrliche Reisebegleiter geworden. Denn sie vermitteln, Text und Bild meist trefflich kombiniert, fundierte Einführungen in Geschichte und Kultur der jeweiligen Länder oder Städte, und sie erweisen sich gleichzeitig als praktische Führer.« *Süddeutsche Zeitung*

Alle Titel in dieser Reihe:

- Ägypten und Sinai
- Entdeckungsreisen in Ägypten 1815–1819
- Algerien
- Arabien
- Entdeckungsreisen in Südarabien
- Belgien
- Die Ardennen
- Bhutan
- Brasilien
- Bulgarien
- Bundesrepublik Deutschland
- Das Allgäu
- Das Bergische Land
- Bodensee und Oberschwaben
- Bremen, Bremerhaven und das nördliche Niedersachsen
- Die Eifel
- Franken
- Hannover und das südliche Niedersachsen
- Hessen
- Hunsrück und Naheland
- Kölns romanische Kirchen
- Die Mosel
- München
- Münster und das Münsterland
- Zwischen Neckar und Donau
- Oberbayern
- Oberpfalz, Bayerischer Wald, Niederbayern
- Ostfriesland
- Die Pfalz
- Der Rhein von Mainz bis Köln
- Das Ruhrgebiet
- Sauerland
- Schleswig-Holstein
- Der Schwarzwald und das Oberrheinland
- Sylt, Helgoland, Amrum, Föhr
- Der Westerwald
- Östliches Westfalen

- Württemberg-Hohenzollern
- Volksrepublik China
- DDR
- Dänemark
- Frankreich
- Auvergne und Zentralmassiv
- Die Bretagne
- Burgund
- Côte d'Azur
- Das Elsaß
- Frankreich für Pferdefreunde
- Frankreichs gotische Kathedralen
- Korsika
- Languedoc–Roussillon
- Das Tal der Loire
- Lothringen
- Die Normandie
- Paris und die Ile de France
- Führer Musée d'Orsay, Paris
- Périgord und Atlantikküste
- Das Poitou
- Die Provence
- Drei Jahrtausende Provence
- Licht der Provence
- Savoyen
- Südwest-Frankreich
- Griechenland
- Hellas
- Athen
- Die griechischen Inseln
- Alte Kirchen und Klöster Griechenlands
- Tempel und Stätten der Götter Griechenlands
- Korfu
- Kreta
- Rhodos
- Großbritannien
- Englische Kathedralen
- Die Kanalinseln und die Insel Wight
- London

- Schottland
- Süd-England
- Wales
- Guatemala
- Holland
- Indien
- Ladakh und Zanskar
- Indonesien
- Bali
- Irland
- Island
- Israel
- Das Heilige Land
- Italien
- Apulien
- Elba
- Das etruskische Italien
- Florenz
- Gardasee, Verona, Trentino
- Lombardei und Oberitalienische Seen
- Die Marken
- Ober-Italien
- Die italienische Riviera
- Von Pavia nach Rom
- Rom – Ein Reisebegleiter
- Rom in 1000 Bildern
- Das antike Rom
- Sardinien
- Südtirol
- Toscana
- Umbrien
- Venedig
- Die Villen im Veneto
- Japan
- Nippon
- Der Jemen
- Jordanien
- Jugoslawien
- Karibische Inseln
- Kenya
- Luxemburg
- Malaysia und Singapur
- Malta und Gozo
- Marokko

- Mexiko
- Unbekanntes Mexiko
- Nepal
- Österreich
- Burgenland
- Kärnten und Steiermark
- Salzburg, Salzkammergut, Oberösterreich
- Tirol
- Wien und Umgebung
- Pakistan
- Papua-Neuguinea
- Portugal
- Madeira
- Rumänien
- Die Sahara
- Sahel: Senegal, Mauretanien, Mali, Niger
- Die Schweiz
- Tessin
- Das Wallis
- Skandinavien
- Sowjetunion
- Georgien und Armenien
- Kunst in Rußland
- Moskau und Leningrad
- Sowjetischer Orient
- Spanien
- Die Kanarischen Inseln
- Katalonien
- Mallorca – Menorca
- Nordwestspanien
- Spaniens Südosten – Die Levante
- Südspanien für Pferdefreunde
- Sudan
- Südamerika
- Südkorea
- Syrien
- Thailand und Burma
- Tunesien
- USA – Der Südwesten
- Zypern

Alle Bände mit vielen, zum Teil farbigen Abbildungen; dazu Zeichnungen, Karten, Grundrisse, praktische Reisehinweise.